Das große Kosmos Angelbuch

KOSMOS

Inhaltsverzeichnis

Auf den Fisch gekommen 4

Angeln ist ein Hobby, das wie kein anderes Spannung und Entspannung vereint. Es bedeutet, das richtige Gerät und den richtigen Ort für den erhofften Fisch zu wählen und nach geduldigem Warten in wunderschöner Natur im entscheidenden Moment den Anhieb zu einem spannenden Drill zu setzen. Diese Kombination aus Natur und Leidenschaft, verbunden mit einer gehörigen Portion Spannung, machen dieses Hobby zu einer der meistausgeübten Freizeitbeschäftigungen in der ganzen Welt. Aber Vorsicht: Einmal mit dem Angeln begonnen, wird es schnell zur Leidenschaft mit Suchtpotential!

Friedfischangeln 6

Das Angeln auf Friedfische wie Rotaugen, Brassen oder Karpfen bietet uns Petrijüngern große Vielfalt hinsichtlich der Fischarten und Angelmethoden. Schon so mancher Petrijünger ist nach seinem Einstieg über die Angelei auf Friedfische, niemals davon losgekommen. Die geeigneten Geräte, die besten Methoden und die klassischen Fische werden detailliert vorgestellt und sind anhand übersichtlicher Tabellen auf einen Blick zusammengefasst. Lesen Sie mehr über das Angeln mit Pose, Bibberspitze oder Futterkorb!

Raubfischangeln 100

Beuteschema und Jagdverhalten der verschiedenen Raubfische wie Hecht, Zander oder Wels unterscheiden sich stark. Daher sind gute Artenkenntnis und viel Flexibilität seitens des Anglers erforderlich. Die Raubfischarten sowie die jeweils fängigsten Angelmethoden werden ausführlich erläutert und im Überblick dargestellt. Werden Sie selbst zu Experten, was das Angeln mit Grundblei, Kunstköder oder Schleppmontage angeht!

Meeresangeln　　　　　　　　　　　　　158

Dieses Kapitel stammt von „Rute & Rolle"-Redakteur Tobias Norff. Als Experte für das Meeresangeln führt er Sie in diese spannende Art des Angelns ein. Ob Küsten-, Molen- oder Kutterangeln – aus anglerischer Sicht hat das Meer viele Gesichter.
Zeigt es sich in einem Moment lammfromm und mit spiegelglatter Oberfläche, kann es im nächsten Augenblick rau, wild und unbezwingbar erscheinen. Diese Faszination zieht sowohl Einsteiger als auch Profis in ihren Bann und lässt sie mit Pilker und Co. Jagd auf Dorsche, Meerforellen oder Hornhechte machen.

Fliegenfischen　　　　　　　　　　　　180

Carsten Scharf ist Fliegenfischer aus Leidenschaft. Er zeichnet verantwortlich für dieses Kapitel. Außerordentliche Harmonie mit der Natur, sorgfältig zusammengestelltes Material und unvergleichliche Drills charakterisieren die Königsdisziplin aller Angelmethoden. Neben Forellen, Hechten oder dem schwer zu fangendem Lachs lassen sich auch zahlreiche weitere Fische mit der Fliege fangen. Das richtige Gerät, die passende Fliege und etwas Übung beim Wurf sorgen auch bei Ihnen für packende Drills und baldigen Fangerfolg!

Service　　　　　　　　　　　　　　　196

Kosmos Infoline
Zum Weiterlesen
Adressen
Register
Impressum

Auf den Fisch gekommen

Sicherlich haben Sie einen Freund oder Bekannten, der Ihnen von seinen Angelerlebnissen berichtet hat und Sie somit auf dieses Hobby neugierig machte. Oder Sie sehen an Ihrem Gewässer „um die Ecke" im morgendlichen Sonnenlicht die Fische springen und möchten gerne einmal einen dieser Burschen mit der Angel fangen. Nein, bestimmt haben Sie als kleiner Bub bereits mit einem Bambusstock und einem Stück Schnur Ihre ersten Fische gefangen und haben nun den Wunsch an die vergangenen Tage anzuknüpfen. Oder aber du bist selbst der kleine (oder große) Junge, hast Gefallen an der Fischerei gefunden und möchtest dich nun etwas ernsthafter mit der Angelei auf die heimischen Fische auseinandersetzen.

Wie dem auch sei. Sie alle haben den Entschluss gefasst, mit der Angelrute ein paar geruhsame und hoffentlich erfolgreiche Stunden am Wasser zu verbringen. Gut so, denn Sie haben das schönste aller Hobbys für sich entdeckt. Denn Angeln ist mehr als langweiliges „Würmer baden". Angeln ist Spannung und Entspannung in einem. Der Fang eines Fisches ist hierbei nur die Spitze des Eisberges. Auf dem Weg zum Fisch können Sie dem Alltag entfliehen und sich in tollen Naturerlebnissen verlieren. Ein farbenprächtiger Sonnenaufgang untermalt mit dem Singen der Vogelwelt, das vorbeihuschende Eichhörnchen oder der prasselnde Sommerregen üben eine unvergleichliche Faszination auf uns aus und machen das Fischen zu einer Leidenschaft. Doch Angeln besteht aus mehr als dem reinen Naturerlebnis. Angeln bedeutet natürlich in erster Linie Fische fangen. Vielleicht ist Petrus uns nicht immer wohlgesonnen, aber die Freude über einen guten Fang kann den Angeltag zu einem unvergesslichen Erlebnis werden lassen. Der Fangerfolg ist beim Angeln jedoch keineswegs reines Glück. Denn nicht umsonst sind einige Angler immer ein wenig erfolgreicher als andere. Allerdings kann man Angeln leicht erlernen. Hierbei möchte ich Ihnen mit diesem Buch den Weg ebnen und Ihnen einen Überblick über das optimale Gerät und die grundlegenden Angelmethoden geben, aber auch über Köder, die richtige Wahl des Angelplatzes und den gezielten Ansitz auf die wichtigsten Fischarten.

Und so werden Sie, mit ein wenig Optimismus und Ausdauer, vom Einsteiger zum Könner und haben bald das Grundwissen, um auf alle heimischen Fischarten erfolgreich anzusitzen.

Petri Heil!

◄ Mit einem Stock in der Hand und einem Stück Schnur fängt es meist an…

▼ Angeln ist mehr als nur Fische fangen. Am Wasser können Sie mal so richtig die Seele baumeln lassen und Kraft für den Alltag sammeln.

Friedfischangeln

8	Ran an den Friedfisch
9	Angelgerät für Einsteiger
17	Weiteres Zubehör
28	Das Auffinden aussichtsreicher Angelplätze
36	Die Methoden
64	Köder für Friedfische
84	Vom Anhieb bis zum Hakenlösen
90	Die Friedfischarten

Ran an den Friedfisch

Der Friedfisch ist unbestritten der am häufigsten beangelte Fisch in unseren heimischen Gewässern. Dies ist kaum weiter verwunderlich, denn er kommt in allen Gewässertypen, teilweise sehr zahlreich, vor. Zudem ist er für den Einsteiger mit wenig Aufwand erfolgreich zu befischen und beschert uns eine spannende und kurzweilige Art der Fischerei. Das Wissen um die Angelmethoden auf den Friedfisch stellt für den Angler die Basis für die weitere Fischerei dar.

Und so werden wir uns im Verlauf dieses Buchteils zunächst eine preiswerte Allroundausrüstung zusammenstellen, mit der wir einer ganzen Reihe von Situationen am Wasser gewappnet sein werden. Später begeben wir uns auf die Suche nach geeigneten Gewässern, suchen uns Erfolg versprechende Angelplätze aus und lernen die Grundlagen der fängigen Angelmethoden kennen. Schritt für Schritt erlernen wir so das Posenfischen in den unterschiedlichen Gewässertypen, das Grundangeln mit Bodenblei oder Futterkorb, und wir werfen natürlich auch einen Blick auf die spannendste Art der Friedfischangelei – das Oberflächenfischen. Jede dieser Angelarten hat ihre Daseinsberechtigung, denn die äußeren Umstände variieren von Gewässer zu Gewässer sehr stark. Erweist sich eine Methode als Mittel erster Wahl für das eine Gewässer, kann sich die gleiche Methode – an einem anderen Gewässer angewandt – als absolut erfolglos darstellen. Doch die Angelei ist kein Buch mit sieben Siegeln und so erlernen wir die unterschiedlichen Praktiken nach und nach und entwickeln uns Schritt für Schritt zum erfahrenen Angler.

Angelgerät für den Einstieg

Nun stehen Sie also im Angelfachgeschäft, und sehen den Wald vor lauter Bäumen nicht. Hunderte von Ruten ragen an die Decke des Verkaufsraumes, die Wände sind voll mit den unterschiedlichsten Angelrollen und die Regale quellen über mit Zubehörteilen, bei denen Sie nicht mal erahnen könnten, welchen Zweck sie erfüllen sollen.

Welche Rute, welche Rolle mag die richtige sein? Um sich in diesem Gerätedschungel zurechtzufinden, stelle ich Ihnen hier nun eine brauchbare Allroundausrüstung vor, mit der Sie in vielen Situationen am Gewässer Ihre Beute machen können. Heutzutage ist es durchaus möglich, für verhältnismäßig wenig Geld eine brauchbare Einsteigerausrüstung zu erstehen, an der Sie – bei entsprechender Pflege – einige Jahre Freude haben werden.

◄ Wer Fische fangen will, benötigt ein kleines Grundlagenwissen über Methoden und Technik. Hier hat alles geklappt!

◄ Ein Rutenwald – im wahrsten Sinne des Wortes. Wer soll da den Überblick behalten?

Die Angelrute

Die Angelrute stellt bei der Fischerei unseren verlängerten Arm dar und hilft uns, den Fisch aus dem Wasser zu dirigieren. Die Rute soll die Fluchten des Fisches abfangen und unseren Köder beim Auswurf an den Angelplatz befördern. Die Rutenmodelle unterscheiden sich in ihrer Biegekurve, wir sprechen von ihrer Aktion. Es gibt Modelle mit Spitzenaktion, mittlerer Aktion und durchgehender (parabolischer) Aktion. Bei Ruten mit einer Spitzenaktion biegt sich bei Belastung nur das erste Drittel der Rute. Für unseren Zweck ist solch eine Rute nicht geeignet, denn durch die Steifheit dieser Rute gingen uns im Drill allzu viele Fische verloren, da die Rute die Fluchten und Schläge eines kämpfenden Fisches nur schlecht abfangen kann. Besser ist eine mittlere oder durchgehende Aktion. Solche Ruten erlauben auch mal einen kleinen Fehler im Drill, ohne uns durch das Ausschlitzen des Hakens zu bestrafen. Nehmen Sie die Rute beim Kauf in die Hand und lassen Sie eine andere Person an der Spitze festhalten. Nun ziehen Sie die Rute mit gefühlvollem Druck nach oben und Sie können leicht die Aktion der Rute erkennen.

Im Handel werden zwei Arten von Ruten angeboten: Teleskopruten und Steckruten. Die Teleskopruten haben den großen Vorteil ihres platzsparenden Transportes, denn die Einzelteile der Rute lassen sich nach dem Angeln problemlos ineinanderschieben und so wird aus einer 3,60 Meter langen Rute ein gut zu verstauendes Gerät mit nur noch 80 Zentimetern Länge. Die Steckruten hingegen bestehen zumeist aus 2–3 Teilen und werden zum Transport auseinandergesteckt. Auf den ersten Blick scheint damit die Teleskoprute die bessere Wahl zu sein, jedoch hat eine solche Rute eine bedeutend schlechtere Aktion als eine Steckrute, denn sie besteht aus wesentlich mehr Einzelteilen und bei jedem Übergang der Verbindungen wird die Rute versteift und hat somit keine gleichmäßige Aktion. Dieses sollte gegeneinander abgewogen werden. Bezeichnend ist jedoch, dass das Profigerät fast ausnahmslos aus Steckruten besteht.

Zwei weitere wichtige Kaufkriterien sind die Länge und das Wurfgewicht einer Rute. Für unseren Zweck ist eine Rute mit einer

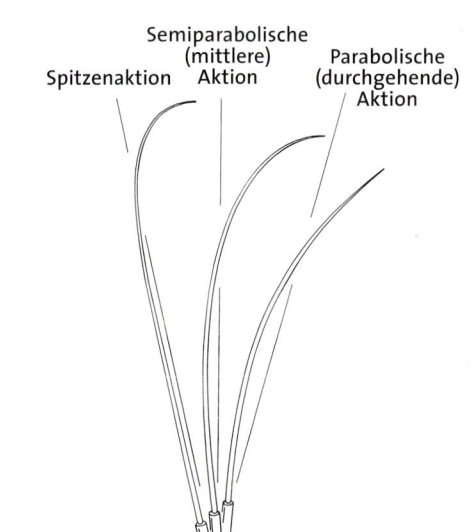

▶ Die drei Rutanaktionen: Spitzenaktion, mittlere Aktion und durchgehende Aktion

▶ Am besten testen Sie zu zweit die Aktion der Rute. Dieses Modell verfügt über eine parabolische Aktion.

Angelgerät für den Einstieg

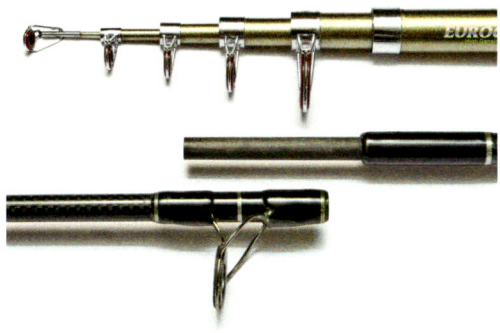

◄ Oben eine Teleskoprute, bei der die Teile auseinandergezogen werden, unten eine Steckrute.

◄ Schön zu erkennen, wie sich die Rute beim Wurf auflädt, um den Köder hinauszukatapultieren.

Länge von 3,30–3,90 Metern ideal. Unter 3,30 Meter sollte die Rute nicht ausfallen, wirkt sie auch noch so lang im beengten Verkaufsraum. Ruten mit dieser Länge laden sich beim Werfen wie ein Flitzebogen auf und katapultieren unseren Köder regelrecht in das Wasser.

Die Länge und das optimale Wurfgewicht für unsere Rute ist stets knapp über dem Handteil auf die Rute aufgedruckt. Eine Rute mit einem Wurfgewicht von 10–50 Gramm ist für unsere Zwecke optimal.

Die Rutenringe dienen dazu, unsere Schnur an der Rute entlangzuführen. Hat eine Rute zu wenig Ringe – bei unserer Rute sollten es nicht weniger als 7 sein – kann die Kraftübertragung auf die Rute sehr ungleichmäßig ausfallen und sie arbeitet nicht optimal, das heißt die Aktion der Rute wird ungleichmäßig. Bei Steckruten sind die Ringe durch sogenannte Stege auf die Rute aufgebunden. Zwei-Stegringe sind langlebiger als Ein-Stegringe und verbiegen zudem auch nicht so schnell.

Das Handteil der Rute besteht zumeist aus Kork oder Moosgummi. Wofür Sie sich entscheiden, hängt einzig von Ihrem persönlichen Geschmack ab. Beachten sollten Sie jedoch Folgendes: Beim Kauf der Rute ist oftmals eine kräftige Folie um den Griff geschweißt. Entfernen Sie die Folie nach dem Kauf, denn bei nassem Wetter setzt sich Feuchtigkeit darunter und der Griff beginnt zu schimmeln.

Rutenpflege

Gelegentlich die Rute komplett abwaschen. Schmutzig gewordenes Kork kann mit Schmirgelpapier wieder ansehnlich gemacht werden. Regelmäßiges Kontrollieren der Rutenringe auf Risse in den Ringeinlagen oder angetrockneten Schmutz, da diese die Schnur beschädigen und so zum Fischverlust führen können.

◄ Länge und optimales Wurfgewicht sind meist knapp über dem Handteil aufgedruckt.

◄ Im Vergleich: Zweisteg- und Einstegring. Erstgenannte sind robuster und stecken eher kleine Unachtsamkeiten weg.

Die Rolle

Die Rolle wird auf die Rute geschraubt und dient dazu, unsere Schnur zu fassen und diese beim Auswurf ohne Widerstand ablaufen zu lassen. Des Weiteren dient die Rolle als Bremse bei flüchtenden oder stark kämpfenden Fischen und verhindert ein Reißen der Schnur. Sie dient zudem dazu, unsere ausgeworfene Schnur wieder aufzuwickeln. Es gibt unterschiedliche Arten von Rollen. Fragen Sie im Fachgeschäft nach einer sogenannten Stationärrolle. Andere Modelle sind für recht spezielle Angelmethoden konstruiert worden.

Unsere Rolle sollte eine Schnurfassung von etwa 150–200 Metern 0,25 Millimeter dicker Schnur haben. Angegeben ist die Schnurfassung auf der Spule der Rolle. Bei einigen Modellen ist sogar noch eine Ersatzspule dabei. Die Spulen können mit ein paar Handgriffen ausgetauscht werden. Eine Ersatzspule hat den Vorteil, dass wir diese mit einer anderen Schnur bespulen können und somit am Wasser flexibel auf sich ändernde Umstände reagieren können.

Eine etwas untergeordnete Rolle spielt die Übersetzung der Angelrolle. Sie beschreibt, wie oft sich der Rotor um die Spule dreht, während wir eine einzelne Umdrehung mit der Rollenkurbel gemacht haben. Eine Übersetzung von 6:1 bedeutet demnach, dass wir mit einer Kurbelumdrehung sechs Umdrehungen des Rotors bewirken. Je höher die Übersetzung, desto zügiger kann die Schnur eingeholt werden. Ich empfehle eine Übersetzung im mittleren Bereich,

▶ Die Schnurfassung einer Spule wird vom Hersteller für unterschiedliche Schnüre auf der Spule angegeben.

▶ Die Übersetzung der Rolle gibt Auskunft darüber, wie oft sich der Rotor mit einer Kurbelumdrehung um die Spule dreht.

Angelgerät für den Einstieg

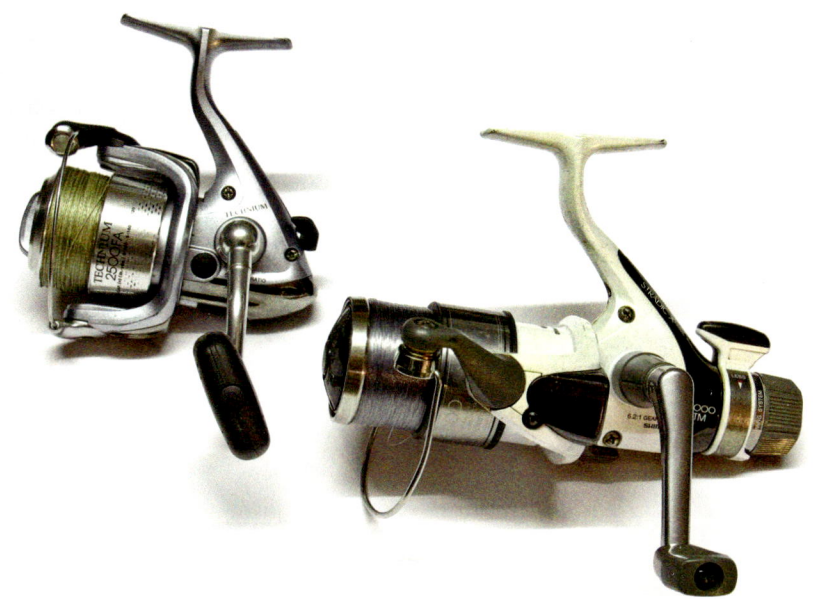

◄ Links eine Rolle mit Frontbremse, rechts mit Heckbremse.

also etwa 5:1. Die Angabe befindet sich meist auf dem Rollengehäuse oder auf der Spule in englischer Fassung und wird als Gear Ratio bezeichnet.

Die Rolle sollte ruhig und gleichmäßig laufen und dabei sehr leichtgängig sein. Klappen Sie ruhig einige Male den Schnurfangbügel um und achten Sie genau darauf, ob er sich bei der Kurbelumdrehung leicht schließen lässt. Das Schnurlaufröllchen, über das die Schnur umgelenkt und auf die Spule gewickelt wird, muss unbedingt glatt und leichtläufig sein. Im Idealfall läuft es auf einem Kugellager. Dies ist die Stelle, die der größten Belastung ausgesetzt ist und über die unsere Schnur immer wieder und wieder gerollt wird.

Das wichtigste Teil unserer Rolle ist die Bremse. Die Rollenbremse dient dazu, im Falle einer blitzartigen Flucht des gehakten Fisches, Schnur von der Spule freizugeben, um somit einem Reißen der Schnur vorzubeugen. Die Bremse wird immer auf die verwendete Schnur abgestimmt. Am besten fädelt man die Schnur durch die

Schnurfüllung

Achten Sie beim Aufspulen der Schnur auf die richtige Füllhöhe der Spule. Ist die Spule zu wenig gefüllt, wird der Reibungswiderstand der ablaufenden Schnur beim Auswerfen zu hoch, wir können nicht mehr weit genug auswerfen. Ist die Spule jedoch bis über den Spulenrand hinaus gefüllt, springt sie beim Werfen unkontrolliert von der Spule und verwickelt sich in einer unlösbaren „Perücke". Die Spule ist erstklassig gefüllt, wenn die aufgewickelte Schnur etwa bis einen Millimeter unter den Spulenrand reicht.

◄ Während auf der linken Spule viel zu wenig Schnur aufgespult wurde, ist es bei der rechten viel zu viel. Optimal ist die mittlere Spule gefüllt.

Friedfischangeln

Rutenringe und bittet einen Angelkollegen an der Schnur zu ziehen. Wenn die Rute im letzten Drittel ihrer Biegekurve ist, sollte die Schnur mit einem knarrenden Geräusch von der Rolle ablaufen. Eine Rolle, die nur mürrisch oder stockend die Schnur abgibt, ist von schlechter Qualität und sollte auf keinen Fall gekauft werden. Wenn erst einmal ein kapitaler Fisch verloren gegangen ist, da die Rolle im entscheidenden Augenblick die Schnur nicht freigegeben hat, ist es zu spät.

Die heutigen Angelrollen verfügen wahlweise über Heck- oder Frontbremsen.

Rollenpflege

Eine Angelrolle ist ein kleines Kunstwerk und bedarf gelegentlich einer kleinen Pflege. Schrauben Sie in der Winterpause den Rollenkörper auf, befreien das Innere vom alten Rollenfett und tragen neues auf. Ein Tropfen Rollenöl an den drehenden Teilen lässt die Rolle über Jahre schadlos ihren Dienst verrichten. Oberflächlicher Schmutz sollte regelmäßig mit einem feuchten Tuch abgewischt werden, damit dieser nicht in das Innere der Rolle gelangt.

Die Heckbremse ist am unteren Ende des Rollenkörpers angebracht und wird ebenso durch das Verdrehen eines Knopfes fester oder loser gestellt wie die Frontbremse, welche sich auf dem Spulenkopf befindet. Für welche Sie sich entscheiden, hängt davon ab, womit Sie besser zurecht kommen. Ich halte jedoch Frontbremsen für weniger anfällig gegen eventuelle Defekte. Haben wir uns für eine Rolle entschieden, müssen wir lediglich noch die Schnur aufspulen, um mit ihr fischen zu können.

▶ Die regelmäßige Pflege erhöht die Lebensdauer ihrer Rolle beträchtlich.

▶ Eine „Perücke" auf der Rolle. Von so etwas bleibt man nie ganz verschont...

Die Schnur

Die Angelschnur ist die einzige Verbindung, die wir zu einem gehakten Fisch haben und so sollten wir ihrem Kauf auch größter Bedeutung beimessen. Viele Angler schauen bei dem Kauf ihrer Angelschnur nur auf die Tragkraft und nicht auf andere bedeutende Dinge wie Abriebfestigkeit oder Dehnung der Schnur.

Zunächst ist es wichtig, dass das Material, also Rute, Rolle und Schnur gut aufeinander abgestimmt sind, denn nur so kann unsere Ausrüstung optimal ausgelastet werden.

Ist die Schnur für unsere Rute zu schwach, gelangt sie bei einem größeren Fisch schnell an ihre Grenzen und wird reißen, da die Rute für diese feine Schnur nicht ausgelegt war. Ist die Schnur hingegen zu stark gewählt, wird die Rute zu stark beansprucht und kann leicht zerbrechen. Beides müssten wir mit dem Verlust eines schönen Fisches bezahlen. Unsere gewählte Rute ist mit einer Schnur mit einer Tragkraft von etwa 4–5 Kilogramm genau richtig dimensioniert; erst wenn die Rute keine „Reserven" mehr in ihrer Aktion hat, wird die Leine reißen (und nicht die Rute zerbrechen).

Im Handel werden gerne die geflochtenen Schnüre hochgepriesen, denn sie verfügen bei einem geringen Durchmesser über eine enorme Tragkraft. Sie werden aus mehreren Einzelschnüren hergestellt, die miteinander verflochten werden. Auf den ersten Blick scheint die hohe Tragkraft ein großer Vorteil zu sein, jedoch hat dieses Material auch Nachteile. Nicht nur, dass Verwicklungen kaum zu beseitigen sind. Der größte Nachteil ist die fehlende Dehnung dieser Schnüre. Denn nicht nur die Aktion unserer Rute, auch

Knotenfestigkeit

Beachten Sie neben der Tragkraft auch die Knotenfestigkeit der Angelschnur. Die normale Tragkraft sagt aus, wie viel Kraft benötigt wird, um die Schnur zu zerreißen. Da wir jedoch Dinge wie Haken und Wirbel anknoten müssen, schwächen wir mit jedem Knoten die Schnur. Probieren Sie es ruhig aus und ziehen Sie kräftig an den Enden einer verknoteten Schnur. Die Schnur wird meist am Knoten reißen.
Die Hersteller werben gerne mit einer hohen Knotenfestigkeit ihrer Materialien. Vertrauen Sie auch hier einem erfahrenen Angler oder dem Fachhändler.

◀ Diese junge Anglerin hat offensichtlich die richtige Gerätezusammenstellung gewählt.

◀ Schnur ist nicht gleich Schnur - genaueres Hinsehen lohnt sich!

die Dehnung der Leine verhindert effektiv den Verlust von gehakten Fischen. Beides zusammen wirkt ähnlich wie ein Gummiband, an dem sich der Fisch müde schwimmt und der Sitz des Hakens im Maul abgepuffert wird. Friedfische haben teilweise sehr weiche Mäuler, bei einer dehnungsarmen Schnur schlitzt der Haken schnell aus. Geflochtene Schnüre sind in vielen Angelbereichen nicht mehr wegzudenken, für die Friedfischangelei aber meist nicht die erste Wahl.

Deshalb greifen wir lieber zu einer monofilen Schnur. Diese aus Nylon hergestellten Schnüre bestehen aus einer einzelnen Faser, welche in der Produktion gestreckt wird und somit jeder beliebige Durchmesser hergestellt werden kann. Monofile Schnüre verfügen über die nötige Dehnung. Wir benötigen eine Schnur mit einem Durchmesser von etwa 0,25 Millimetern.

Die angebotenen Schnüre besitzen oft unterschiedliche Abriebfestigkeiten. Ein Faktor, auf den es sich zu blicken lohnt, denn unsere Schnur wird zwangsläufig im Wasser über Hindernisse wie Muscheln, Steine oder versunkenes Astwerk gezogen. Eine abriebfeste Schnur verzeiht solche Kontakte mit Hindernissen nachhaltig. Fragen Sie Ihren Angelgerätefachhändler oder einen erfahrenen Angler nach seiner Empfehlung.

Schnurpflege

Sie schonen die Schnur, wenn Sie sie nicht der Sonne aussetzen und möglichst dunkel lagern. Außerdem sollten Sie Ihre Schnüre regelmäßig wechseln, um immer mit einer hochwertigen Schnur zu fischen. Spätestens nach einer Angelsaison muss die Schnur ausgetauscht werden.

Weiteres Zubehör

Die Regale beim Händler sind voll mit den unterschiedlichsten Zubehörteilen. Schwierig nur, beurteilen zu können, was wir davon wirklich brauchen. Ein kleines Grundsortiment an Haken, Bleien, Posen usw. sollte jeder Friedfischangler mit sich führen. Damit sich nicht lauter unnötiges Material in unserem Angelkasten wiederfindet, stellen wir uns nun eine kleine, brauchbare Auswahl an Angelgeschirr zusammen.

Rutenständer

Um die Angelrute nicht über die gesamte Angelzeit in der Hand halten oder auf den Boden legen zu müssen, aber auch, um beim Grundangeln eine optimale Bissanzeige erhalten zu können, ist es ratsam, zwei Rutenständer mit an das Wasser zu führen. Achten Sie beim Kauf darauf, dass bei der abgelegten Rute die Schnur bei einem Biss ungehindert ablaufen kann. Die Rute sollte also nicht auf der Schnur aufliegen. Da der Boden am Ufer nicht immer eben ist, sollten Sie sich nach teleskopierbaren Rutenständern umschauen, damit ist es Ihnen möglich, auch größere Unebenheiten auszugleichen.

Haken/Vorfach

Haken in allen Größen und Formen gibt es zu kaufen, doch welcher mag der richtige sein? Zunächst sollten wir Gebrauch von den vorgebundenen Haken machen, an denen bereits das sogenannte Vorfach angeknüpft ist. Dies erleichtert anfangs enorm das etwas fummelige Anknoten der Haken.

Doch warum eigentlich ein Vorfach? Die Antwort ist einfach. Die Tragkraft des Vorfaches sollte stets ein wenig geringer gewählt werden als die der Hauptschnur. Hiermit bauen wir uns quasi eine Sollbruchstelle in unsere Verbindung vom Haken bis zur Rolle. Dies bringt uns einen gravierenden Vorteil, wenn sich beispielsweise unser Haken in einem Hindernis unter Wasser verfängt – und das kommt gar nicht so selten vor! Alles Ziehen und Zerren hilft nichts, der Haken ist einfach nicht zu lösen und wir müssen die Montage sprengen, um diesen Hänger zu entfernen. Hätten wir

◀ Kampstarke Karpfen können an dehungsreicher Schnur rasch ausgedrillt werden.

> ### Hakentausch
>
> Haken werden nach einiger Zeit stumpf und gewährleisten bald nicht mehr ein optimales Eindringen in das Fischmaul. Fehlbisse sind die Folge. Tauschen Sie regelmäßig Ihre Haken aus und schmeißen Sie sie weg. Nur mit einem nadelscharfen Haken können Sie regelmäßig Fische fangen.

◀ Schwierig, bei solch einer Auswahl den Überblick zu behalten.

◀ Ein schöner Spiegelkarpfen ist hier ins Netz gegangen.

▸ Vorgebundene Haken gibt es für alle zu erwartenden Fischarten.

▸ Beim Kauf der Rutenauflage sollte darauf geachtet werden, dass diese teleskopierbar ist und die Schnur ungehindert hindurchlaufen kann.

nun eine durchgehende Schnur zwischen Haken und Angelrute, würde bei stärkerem Zug die Schnur an einer x-beliebigen Stelle zerreißen. Würde die Schnur an der Rutenspitze gesprengt werden, hätten wir neben etlichen Metern unserer teuren Hauptschnur auch noch den gesamten Rest unserer Montage verloren. Viele Meter Schnur würden so im Wasser treiben und könnten eine sichere Todesfalle für Wasservögel und andere Lebewesen darstellen. Mit einem schwächeren Vorfach hingegen reißt die Schnur in der Nähe des Hakens und

wir hätten nur ihn eingebüßt und nicht den Rest der gesamten Montage. Wir knoten also lediglich ein neues Vorfach an und können sogleich mit dem Angeln fortfahren. Aber auch im Falle eines Fischverlustes können wir beruhigt aufatmen, denn der verlorene Fisch muss nur mit einem kurzen Stück Schnur im Maul davonschwimmen und zieht nicht meterweise unsere Montage hinter sich her. Fair geht vor!

Für welches Hakenmodell wir uns nun entscheiden, hängt ganz davon ab, für welchen Fisch bzw. Köder wir uns entschieden haben. Die angebotenen Modelle sind jeweils für ganz bestimmte Angel- und Fischarten abgestimmt. Meist ist dies auf der Vorderseite der Hakenpäckchen aufgedruckt und wir können uns ganz gezielt die richtigen Modelle aussuchen.

Mit einer kleinen Auswahl von 5–10 Päckchen kommen wir eine Zeitlang aus und werden den meisten Situationen am Angelgewässer gerecht.

Die wichtigsten Angelknoten im Überblick

Biss, Anhieb, Drill und Landung. In dieser Reihenfolge soll der Fang eines Fisches vonstatten gehen. Wichtigste Voraussetzung hierfür ist, dass das Gerät dem wild kämpfenden Fisch standhält und ihn effektiv ermüdet, um ihn am Ende über den Kescherrand führen zu können. Sie kennen den Spruch: „Eine Kette ist nur so stark wie ihr schwächstes Glied." Bei unserer Verbindung zum Fisch sind dies die Knoten in unserer Angelschnur, mit denen wir die unterschiedlichen Bestandteile unserer Montage miteinander verbinden. Ohne Knoten geht es nicht und deshalb ist es wichtig, die Knoten sorgfältig zu binden und vor dem Zusammenziehen ein wenig (mit Spucke) anzufeuchten. Auf diese Weise wird die Angelschnur nur ganz leicht geschwächt und behält nahezu 100 % ihrer angegebenen Tragkraft. Testen Sie jeden Angelknoten, bevor sie die Angel auswerfen, auf seine Reißfestigkeit, indem sie kräftig an beiden Schnurenden ziehen. So ersparen Sie sich frustrierende Erfahrungen in Form von abgerissenen (Traum-) Fischen.

Nachfolgend stelle ich Ihnen die wichtigsten Angelknoten durch selbsterklärende Zeichnungen vor. Alle Knoten haben sich tausendfach in der Praxis bewährt und sind – mit ein wenig Übung – zügig gebunden.

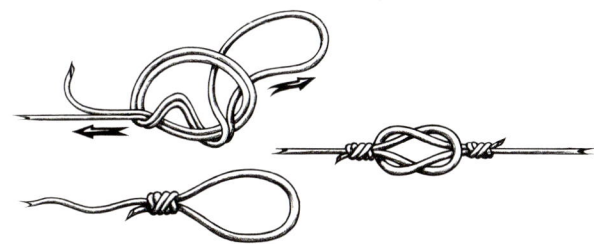

3. Chirurgen-Knoten
Der Chirurgen-Knoten ist ein einfach zu bindender, doppelter Überhandknoten zum Herstellen einer Schlaufe. Er hat eine Tragkraft von bis zu 95 % der verwendeten Schnur.

4. Schlaufenverbindung
Möchte man zwei Schlaufen miteinander verbinden, eignet sich die hier vorgestellte Verbindung hervorragend. Der Zug auf die Schnur wird auf beide Schlaufen gleichmäßig verteilt.

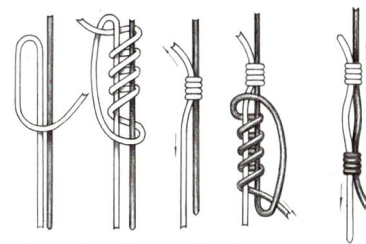

5. Doppelter Grinner-Knoten
Dieser Knoten wird dazu verwendet, zwei Schnurenden miteinander zu verbinden, zum Beispiel Schlagschnur und Hauptschnur. Das Binden wirkt auf den ersten Blick recht kompliziert, doch eigentlich handelt es sich lediglich um zwei sich gegeneinander schiebende Stopperknoten. Dieser Knoten besitzt eine relativ hohe Tragkraft.

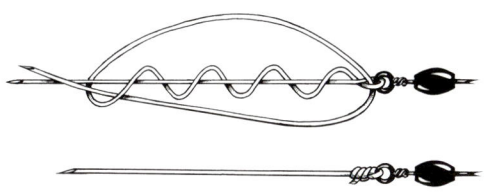

1. Clinch-Knoten
Einer der wichtigsten Knoten, um Kunstköder, Wirbel oder andere Montageteile mit einer Öhrverbindung anzuknoten. Die Tragkraft bleibt zu ca. 90 % erhalten.

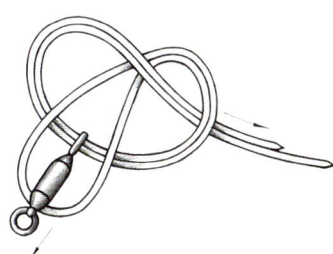

2. Palomarknoten
Der Palomarknoten wird ebenfalls eingesetzt, um Montageteile mit Öhrverbindung verknoten zu können. Die Tragkraft bleibt fast zu 100 % erhalten, leider muss die Schnur doppelt durchgefädelt werden, was bei sehr kleinen Öffnungen nicht immer möglich ist.

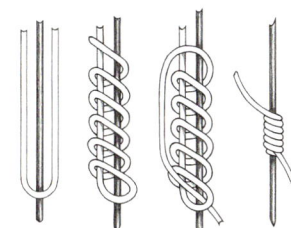

6. Stopperknoten
Der Name verrät es bereits: Der Stopperknoten wird gebunden, um frei auf der Schnur gleitende Montageteile (Laufpose, Blei etc) am weiteren Durchlaufen zu hindern. Der Stopperknoten kann mit monofiler und mit geflochtener Schnur gebunden werden. Die Stärke des Zusammenziehens des Knotens entscheidet, wie leicht der Knoten auf der Schnur verschoben werden kann, um sich ändernden Bedingungen anpassen zu können. (zum Beispiel abweichende Angeltiefe bei Laufposen)

Friedfischangeln

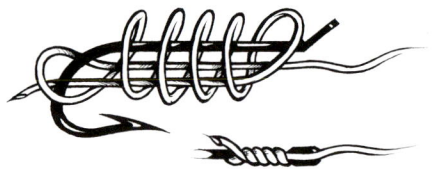

7. Plättchenhaken-Knoten
Viele Friedfischhaken werden nicht mit Öhr, sondern mit einem Plättchen am Hakenende versehen. Der hierfür vorgestellte Plättchenhaken-Knoten ist ein wenig „fummelig" zu binden und verlangt ein wenig Übung. Im Handel werden fertig gebundene Vorfächer zum Kauf angeboten.

▶ Wirbel gibt es in verschiedenen Größen und sollten auf die Stärke des Angelgerätes angepasst sein.

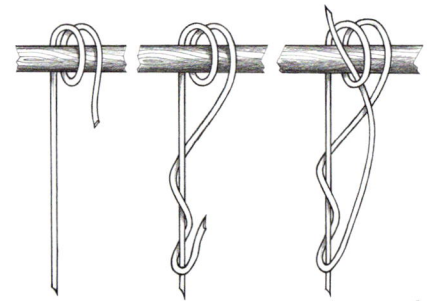

8. Spulenachsen-Knoten
Dieser Knoten wird verwendet, um die Schnur auf der Spulenachse festbinden zu können.

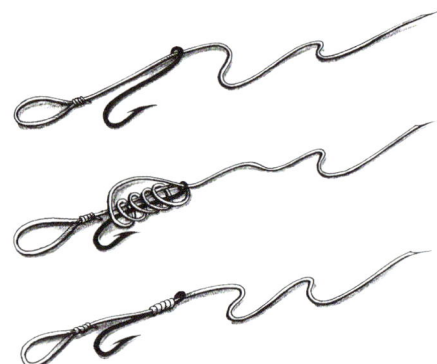

9. No-Knot Knoten
Dieser Knoten ist eigentlich gar kein richtiger Knoten, eignet sich aber ganz vorzüglich dazu, Öhrhaken schnell und zuverlässig anknoten zu können. Besonders Karpfenangler schätzen diesen Knoten, denn wenn man das überstehende Ende der Schnur lang heraus stehen lässt, kann daraus gleichzeitig das „Haar" für die Festbleimontage geknotet werden.

Wirbel

Der Wirbel stellt das Verbindungsglied zwischen Hauptschnur und Vorfach dar. Es gibt sie in unterschiedlichen Größen und mit unterschiedlicher Tragkraft. Wir wählen Modelle mit einer Tragkraft, die knapp über der unserer Schnur liegt. Im Handel werden Modelle mit und ohne Einhänger angeboten. Der Einhänger (Karabiner) erleichtert das Anbringen des Vorfaches.

Posen

Posen helfen uns nicht nur, unseren Köder kontrolliert in einer bestimmten Tiefe oder an einem bestimmten Platz anzubieten, sie dienen in erster Linie auch dazu, uns den Biss anzuzeigen. Wir unterscheiden zwischen feststehenden Posen und Laufposen.
Feststehende Posen kommen immer dann zum Einsatz, wenn unsere gewählte Angeltiefe geringer ist als die Länge unserer Rute. Diese Art von Posen werden durch ein Gummi auf der Hauptschnur fest fixiert und halten so den Köder in der gewünschten Tiefe. Je weiter wir werfen müssen und je stärker der Wind ist, desto schwerer muss unsere Pose ausfallen, jedoch wird hiermit auch die Sensibilität der Bissanzeige geringer. Grundsätzlich gilt für alle Posenmodelle: So fein wie möglich, aber so schwer wie nötig! Am effektivsten ist das Friedfischangeln im Stillwasser mit 1–5 Gramm tragenden Posen.

Weiteres Zubehör

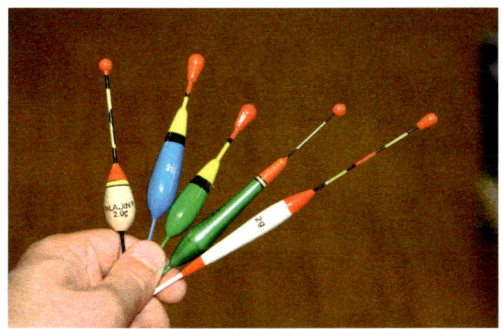

◀ Eine kleine Auswahl feststehender Posen

◀ Die Pose auf dem linken Bild ist exakt austariert, während bei der rechten Pose eindeutig zuviel vom Körper aus dem Wasser herausschaut.

◀ Laufposen gleiten frei auf der Hauptschnur und werden durch einen Stopperknoten in gewünschter Tiefe gestoppt.

Ist die Gewässertiefe größer als die Länge unserer Rute, wird es ein wenig knifflig. Sie können sich sicher vorstellen, was passiert, wenn wir unsere feststehende Pose auf 5 Meter Wassertiefe einstellen, unsere Rute aber nur 3,60 Meter lang ist. Beim Auswurf würden die letzten zwei Meter unserer Montage auf dem Boden aufliegen, während die Pose kurz unter der Rutenspitze baumelt. Keine gute Voraussetzung für einen gezielten Auswurf. Deshalb müssen wir eine Pose montieren, die frei auf der Hauptschnur gleiten kann und uns somit beim Wurf nicht behindert. Laufposen werden deshalb nur mit einer Öse an ihrem unteren Ende auf die Schnur gefädelt. Nach dem Auswerfen sinkt der beschwerte Köder zu Boden und zieht die nachfolgende Hauptschnur durch die Öse der an der Oberfläche schwimmenden Laufpose. Erst wenn die Schnur durch einen Stopperknoten gestoppt wird, wird der Köder in der anvisierten Tiefe durch die Pose gehalten, welche sich nun aufrichtet. Von großer Bedeutung ist das richtige Austarieren der Pose. Jede Pose besteht aus einem Schwimmkörper und einer Antenne, die den Biss anzeigen soll. Die Antenne soll hierbei aus dem Wasser ragen, während der Schwimmkörper lediglich dazu dient, den Köder in der gewünschten Tiefe zu halten. Eine Pose ist dann opti

mal austariert, wenn nicht einmal mehr ein Millimeter des Schwimmkörpers aus dem Wasser schaut, denn der Schwimmkörper hat immensen Auftrieb, und jeder Auftrieb bedeutet für den Fisch bei der Aufnahme des Köders einen gewaltigen Widerstand, den er unter Wasser ziehen muss, sodass er schnell unser Angebot missachten würde. Messen Sie deshalb dem Austarieren der Pose mittels kleiner Klemmbleie größte Bedeutung bei!
Kaufen Sie 5 schlanke, feststehende Posen mit 1–5 Gramm Tragkraft, sowie 5 schlanke Laufposen mit 3–8 Gramm Tragkraft und Sie sind zunächst ausreichend ausgerüstet.

Stopperknoten und -perlen

Stopperknoten gibt es vorgebunden auf kleinen Kunststoffröhrchen im Fachgeschäft zu kaufen. Sie dienen dazu, eine Laufpose in der gewünschten Angeltiefe halten zu können. In dem kleinen Päckchen befinden sich zugleich auch kleine Stopperperlen, die zwischen die Laufpose

▶ Klemmbleie dienen zur feinen Bebleiung und werden auf die Schnur geklemmt.

▶ Eine kleine Auswahl verschiedener Grundbleie

und den Stopperknoten geschaltet werden, damit sich das Öhr der Pose nicht in dem recht kleinen Stopperknoten verfängt oder darüber hinwegrutscht. Die Montage gestaltet sich leicht: Einfach die Hauptschnur durch das Röhrchen fädeln, auf dem die Stopperknoten locker aufgebunden sind. Nun den Stopperknoten über das Röhrchen auf die Schnur bewegen und festziehen. Die überstehenden Enden des festgezogenen Stopperknotens werden mit einer Schere abgeschnitten. Nachdem wir das Röhrchen wieder von der Hauptschnur abgezogen haben, wird zunächst eine Stopperperle und dann die Laufpose aufgefädelt. Jetzt muss nur noch ein Wirbel mit Vorfach angebunden und die Pose austariert werden. Fertig ist die Laufposenmontage! Der festgezogene Stopperknoten kann mit Daumen und Zeigefinger auf die

gewünschte Angeltiefe eingestellt werden und gleitet dank seiner geringen Größe beim Auswurf leicht durch die Rutenringe. Selbstverständlich kann der Stopperknoten auch selbst gebunden werden. Wie dies funktioniert, habe ich Ihnen im Kapitel über die Knoten vorgestellt.

Bleigewichte

Um unseren Köder in der gewünschten Angeltiefe anbieten zu können, um die Posen auszutarieren, aber auch um die nötige Wurfweite erreichen zu können, müssen wir unsere Angelschnur beschweren. Dies geschieht durch Bleigewichte. Um unsere Posen auszutarieren, benötigen wir kleine Klemmbleie, auch Bleischrot genannt. Diese kleinen Kügelchen, die es in praktischen Spendern mit unterschiedlichen Größen zu kaufen gibt, verfügen über eine Einkerbung, in die unsere Schnur eingelegt wird.

Nun wird das Bleischrot zusammengedrückt, um es auf der Schnur zu fixieren. Es müssen so viele Bleie angebracht werden, bis der Schwimmkörper vollständig unter Wasser gezogen wird und nur noch die Posenspitze aus dem Wasser schaut. Um eine möglichst sensible Bissanzeige zu gewährleisten, sollten die Bleischrote zum Haken hin immer kleiner ausfallen.

Nun benötigen wir für das Grundangeln noch eine kleine Auswahl Laufbleie mit unterschiedlichen Gewichten. Hier werden zwei Modelle angeboten. Bleie mit einer Bohrung in der Mitte (Durchlaufbleie), durch die die Hauptschnur gefädelt wird, und Bleie mit einem eingegossenen Wirbel, um das Blei hieran einzuhängen. Ich tendiere zu Birnenbleien mit eingegossenem Wirbel. Das Blei dient uns beim Grundangeln als Wurfgewicht, aber auch

Weiteres Zubehör 23

◂ Anti-Tangle-Booms erleichtern das Gleiten der Schnur bei einem Anbiss.

dazu, den Köder dort hinzubringen, wo wir später fischen wollen – auf den Gewässergrund. Einem beißenden Fisch darf das Blei bei der Köderaufnahme keinen Widerstand bieten, sonst ließe der Fisch mit großer Wahrscheinlichkeit schnell vom Köder ab. Das Blei sollte also bei einem Biss auf dem Gewässergrund liegen bleiben, während der abziehende Fisch ungehindert die Schnur hindurchziehen kann. Leider ist dies bei Durchlaufbleien nicht immer möglich. Ist der Gewässergrund mit einer dünnen Schlammschicht überzogen, würde das Blei nach dem Absinken in die Schlammschicht einsinken, und die Schnur könnte nicht mehr durch das Blei hindurchlaufen.

Mit einem kleinen Hilfsmittel, welches ich Ihnen rechts im gelben Kasten vorstellen möchte, können die Birnenbleie mit eingegossenem Wirbel so verwendet werden, dass ein freies Hindurchgleiten der Schnur stets gewährleistet ist.

Kaufen Sie eine gemischte Dose Schrotbleie sowie eine kleine Auswahl an Birnenbleien mit Gewichten von 10, 20, 30, 40 und 50 Gramm und Sie sind für den Anfang gewappnet.

Castingboom

Ein Castingboom ist ein kleines, etwa 5–7 Zentimeter langes, leicht gewinkeltes Kunststoffröhrchen, auf dem mittels eines kleinen Aufsatzes ein Einhänger fixiert ist. In diesen können wir unsere Birnenbleie einhängen und nach Belieben austauschen, ohne die Montage neu knüpfen zu müssen. Bei sich ändernden Bedingungen am Fischwasser können wir uns binnen Sekunden anpassen und das Bleigewicht austauschen. Dieses kleine Zubehörteil hat den entscheidenden Vorteil, dass es zuverlässig dabei hilft, die Hauptschnur ohne Widerstand durch das Röhrchen hindurchgleiten zu lassen. Es funktioniert auch bei etwas schlammigerem Grund, wo normale Durchlaufbleie versagen würden. Zwar wird das Blei einsinken, aber das Kunststoffröhrchen, durch das die Schnur gleitet, liegt dank des geringen Gewichtes auf dem Schlamm auf.

Mit etwa 10 Castingbooms sind Sie für den Anfang gut ausgestattet.

► Der Einhängebissanzeiger wird in die Schnur geklemmt und wandert bei einem Biss nach oben und unten.

► Futterkörbe (links) und Madenkörbe (rechts) ermöglichen es, ein wenig Futter in Hakennähe zu platzieren.

Einhängebissanzeiger

Einhängebissanzeiger werden mit einem Faden am Rutenständer befestigt und bei der abgelegten Rute in die Schnur geklemmt und zeigen uns so den Biss eines Fisches an. Zieht der Fisch Schnur ab, wandert der Bissanzeiger nach oben und wir können uns auf den Anhieb vorbereiten. Beim Anheben der Rute gibt der Schnurclip des Bissanzeigers die Schnur frei und wir können ungehindert drillen.

Futterkorb

Der Futterkorb ist ein hervorragendes Hilfsmittel für das aussichtsreiche Grundangeln auf Friedfische. Im Handel werden die unterschiedlichsten Modelle angeboten. Alle erfüllen den Zweck, Lockfutter oder Maden in die direkte Nähe des Hakenköders zu transportieren. Ganz besonders haben sich die Modelle aus Drahtgeflecht bewährt, welche dafür vorgesehen sind, pulverförmiges Lockfutter an den Angelplatz zu befördern und dort die Fische anzulocken. Die Modelle sind unterschiedlich groß und mit unterschiedlichen Bleigewichten versehen. Hierbei gilt: Je stärker die Strömung oder je weiter die Wurfdistanz, desto schwerer sollte das Bleigewicht ausfallen. Für das Stillwasser genügen uns mittelgroße Modelle, bis etwa 30 Gramm Wurfgewicht.
Darüber hinaus hält der Handel noch Modelle bereit, die mit Maden gefüllt werden. Nach dem Auftreffen auf den Gewässergrund, krabbeln nach und nach die Maden heraus und stellen so einen Leckerbissen für die Fische dar, die durch diese Beigabe die Scheu vor unserem Hakenköder verlieren.
Futterkörbe werden, genau wie das Birnenblei, einfach in den Karabiner des Castingbooms eingehängt. Um den Knoten am

Unterfangkescher

Kleinere Fische mögen wir problemlos mit unserer Angelrute aus dem Wasser heben können, doch wie verhalten wir uns, wenn ein Fisch von drei, fünf oder gar zehn Pfund an unserer Angel hängt? Würden wir versuchen, ihn mit der Rute aus dem Wasser zu heben, würde unweigerlich die Schnur reißen oder der Haken ausschlitzen. Wir hätten unseren Fisch verloren.

◄ Größere Fische sollten mit einem Unterfangkescher aus dem Wasser geholt werden, will man sie nicht noch in letzter Sekunde verlieren.

◄ Ein Angeltag geht mit einem schönen Karpfen im letzten Sonnenlicht zur Neige.

Wirbel vor dem schweren Futterkorb beim Auswerfen zu schützen, sollten wir zunächst das Castingboom und dann eine Stopperperle auf die Hauptschnur fädeln, bevor wir den Wirbel mit Vorfach anknoten.

Mit einer kleinen Auswahl von 5–7 Drahtfutterkörben und 2–3 Madenkörben sind wir für den Anfang gut bedient und werden sicherlich einige Fische auf die Schuppen legen können.

Nun haben wir eine solide Ausrüstung für den Fang unserer ersten Friedfische zusammengestellt und wir könnten eigentlich mit der Fischerei beginnen. Doch der Angeltag endet nicht mit dem ersten sehnsuchtsvoll erwarteten Biss. Schließlich müssen wir den gehakten Fisch auch sicher an Land bringen und waidgerecht versorgen können. Hierfür benötigen wir noch einige weitere wichtige Hilfsmittel.

Deshalb sollten wir niemals ohne Unterfangkescher ans Wasser gehen, der zumeist sogar fischereirechtlich vorgeschrieben ist. Wir müssen lediglich den ermatteten Fisch in die Maschen des Keschers manövrieren und können ihn nun hiermit aus dem Wasser heben.

Beim Kauf eines Keschers sollten wir auf eine Kescherstiellänge von mindestens 1,50 Meter achten, um ein komplikationsloses Landen des Fisches zu ermöglichen. Die Bügelbreite beträgt mindestens 60 Zentimeter. Grundsätzlich wählen wir den Kescher lieber zu groß als zu klein, denn haben wir erst mal einen richtig kapitalen Burschen an der Leine, werden wir über einen geräumigen Kescher froh sein. Es sind schon viele Fische wegen eines zu kleinen Keschers, indem der Fisch keinen Platz gefunden hat, verloren gegangen.

▶ Ein Hakenlöser gehört in jeden Angelkasten.

▶ Zum Lösen von festsitzenden Haken eignen sich Arterienklemmen ganz hervorragend.

▶ Grundausstattung für das rasche Versorgen seines Fanges

Halskette

Viele Modelle haben eine kleine Öse am Griffende. Einige pfiffige Angler binden sich hieran eine große Schlaufe und tragen beim Fischen den Hakenlöser wie eine Kette um den Hals. So geht er nicht verloren und muss beim Versorgen des Fisches nicht lange gesucht werden.

Hakenlöser

Haben wir unseren ersten Fang an Land gebracht, müssen wir den Haken lösen. Hat der Fisch den Haken etwas tiefer geschluckt und wir können ihn mit den Fingern nicht mehr erreichen, benötigen wir einen Hakenlöser. Auch hier gibt es unterschiedliche Modelle. Für die Friedfischangelei entscheiden wir uns für ein stäbchenförmiges Modell in der Größe eines Bleistiftes, denn es eignet sich auch für kleinere Fische, die sich an unseren Köder verirren. Vorne befindet sich der Lösekopf, der aus einem Schlitz und einer Einkerbung besteht.

Beim Kauf eines Hakenlösers sollten Sie auf eine möglichst auffällige Farbe achten, denn dieser kleine Helfer geht schnell im hohen Ufergras verloren. Ein weiterer und sehr nützlicher Gebrauchsgegenstand zum Hakenlösen ist eine Arterienklemme, die hervorragende Dienste beim Entfernen eines festsitzenden Hakens leistet. Durch die gebogene Spitze ist es möglich, den Haken auch an tiefer sitzenden Stellen zu greifen und mit einem kurzen Ruck zu lösen. Verzichten Sie nicht auf dieses Hilfsmittel.

Zentimetermaß/Schlagstock/Messer

Möchten wir unseren Fang in der Küche verwerten, müssen wir ihn waidgerecht versorgen. Zunächst ist zu vermessen, ob er die gesetzlich vorgeschriebene Mindestlänge aufweist. Danach ist der Fisch waidgerecht zu töten. Hierfür benötigen wir einen Fischtöter oder Schlagstock, mit dem wir den Fisch mit einem kräftigen Hieb auf den Kopf betäuben. Schlagstöcke gibt es im Handel zu kaufen. Meist sind dies kurze Knüppel mit einem Metallkopf oder Metalleinlage am Schlagende, jedoch tut es ein abgesägter Besenstiel ebenfalls. Ist der Fisch betäubt, muss er mit einem Herzstich getötet werden.
Zentimetermaß, Fischtöter und Messer sind laut Gewässerordnung an jedem Gewässer vom Angler mitzuführen.

Ein wenig Komfort

Nun haben wir unsere Grundausstattung für das Posen- und Grundangeln zusammengestellt und können erste Erfahrungen am Wasser sammeln. Doch schon bald werden Sie merken, dass man auf ein wenig Komfort beim Fischen nicht verzichten mag. Deshalb stelle ich Ihnen einige Utensilien vor, mit denen Sie nicht unbedingt mehr Fische fangen, zumindest aber die Zeit am Wasser, auch bei schlechter Wetterlage, ein wenig angenehmer verbringen können.

Es ist sehr anstrengend, die vielen Stunden am Wasser hockend auf einem Baumstumpf oder Stein zu verbringen. Deshalb sollten Sie ruhig einen Angelstuhl mit ans Wasser nehmen. Es gibt sehr luxuriöse Modelle mit Armlehnen und einzeln verstellbaren Füßen für unebene Ufer im Handel zu kaufen, jedoch hat dieser Luxus seinen Preis und ein günstiger Gartenstuhl tut ebenfalls seinen Dienst.
Wetterfeste Bekleidung in gedeckten Farben sollte jeder Angler besitzen, denn ein Angeltag kann schnell zur Qual werden, wenn man nach einem kurzen Regenschauer in durchnässter Kleidung weiterfischen müsste. Einen tollen Wetter- und Windschutz stellen die angebotenen **Anglerschirme** dar. Diese haben einen Durchmesser von meist 2,30 oder 2,50 Metern, werden mit einem Erdspeer in den Boden geschoben und sind in aller Regel vollständig grün, um sich der Natur farblich anzupassen. Kaufen Sie hier bitte nicht das günstigste Modell, denn das Material ist häufig dünner und schlechter verarbeitet. Fraglich, wie lange man Freude an diesen Produkten haben wird. Ordnung ist das halbe (Angler-)Leben. Um nicht den Überblick über Ihr Kleinteil-Equipment zu verlieren, sollten Sie sich einen **Angelgerätekasten** mit vielen unterschiedlich großen Fächern einrichten. Dies kann ein preiswertes Modell aus dem Baumarkt sein. Beachten Sie beim Kauf, dass Ihre Angelausrüstung mit Sicherheit immer umfangreicher wird. Der Kasten darf also ruhig ein wenig zu groß ausfallen.
Um Ihre Angelrute (noch ist es nur eine …) und die Rutenständer geschützt transportieren zu können, ist es ratsam, sich eine spezielle **Rutentasche** zuzulegen. Diese Taschen sind aus sehr widerstandsfähigen Materialien hergestellt und bieten Platz

▲ Wetterfeste Kleidung in gedeckten Farben, hält an kalten Tagen warm und trocken und passt sich gut in die Natur ein.

Friedfischangeln

▲ Ein geräumiger Angelkasten hilft beim Angeln die Übersicht über die vielen Kleinteile zu bewahren.

▶ Wer zwei solche Schleien vorzeigen darf, hat am richtigen Platz gesessen.

für mehrere Ruten und Rollen, aber auch für unsere Rutenständer, Kescher und den Angelschirm.

Mit den hier vorgestellten Produkten besitzen Sie nun eine gute und solide Grundausstattung und können Ihre ersten Ansitze auf die Fischwaid unternehmen. Mit der Zeit wird Ihre Ausrüstung sicherlich wachsen, denn Sie werden mit steigendem Erfolg auch immer speziellere Angelmethoden kennenlernen und immer tiefer in dieses schöne Hobby eintauchen. Doch vorerst geht es erst mal raus ans Fischwasser ...

Das Auffinden aussichtsreicher Angelplätze

Gewässer- und Platzwahl

An dieser Stelle möchte ich Ihnen die verschiedenen Gewässertypen vorstellen und Hilfestellung bei der richtigen Platzwahl geben, damit Sie vom ersten Tag an dicht am Fisch sind. Es handelt sich hierbei um grundlegende Tipps zum Auffinden guter und erfolgversprechender Angelstellen, denn die Fische stehen nicht willkürlich im Wasser verteilt. Echte Gewässerkenntnis, also das richtige Gespür, wann die Fische wo anzutreffen sind und wie sie sich verhalten, erhält man erst nach vielen Angeltrips an das jeweilige Gewässer. Dieses kann man sich in keinem Buch anlesen, denn Gewässerkenntnis erhält man nur durch Erfahrung und ständiges Beobachten der Umstände am Gewässer.

Flache Seen

Am einfachsten zu befischen ist für den Einsteiger ein überschaubares Gewässer mit einer Gewässertiefe von maximal drei Metern in Wurfentfernung. Doch wo mögen sich in diesem See die Fische aufhalten? Zunächst können wir uns auf eine Reihe ganz offensichtlicher Anhaltspunkte verlassen. So sollten wir möglichst die ausgetretenen Angelplätze anderer Mitangler meiden, denn auch die Fische bekommen schnell mit, wo oft geangelt wird und meiden solche Stellen. Meist liegen diese Plätze dicht an einem Parkplatz und sind mit wenigen Schritten gut zu erreichen. Viele Angler sind eben faul. Bieten Sie Ihren Köder ruhig dicht an Seerosenfeldern oder Krautbetten an. Achten Sie aber darauf, dass ein gehakter Fisch möglichst nicht in das Dickicht hineinschwimmt, denn sonst wäre er verloren.

Wo keine Seerosen- oder Krautfelder auffindbar sind, lohnt es sich, ein Augenmerk auf Schilfwände oder überhängende oder ins Wasser gestürzte Bäume zu werfen, denn auch hier sind die Fische oftmals anzutreffen. Gerade nach einem kräftigen Regenguss werden von den überhängenden Blättern Kleinstlebewesen in das Wasser gespült und locken so auf natürliche Weise die Fische an. Doch auch im Sommer sind dies gute Angelstellen, denn die Bäume bieten den Fischen Schutz und spenden Schatten.

Sind all diese Anzeichen nicht vorhanden, lohnt es sich, auf den Wind zu achten. Im Sommer folgen die Fische gerne einem kühlenden Wind und sind häufig an der Uferseite anzutreffen, auf die der Wind steht. In der kälteren Jahreszeit verhält es sich andersherum und die Fische folgen eher einem warmen Wind.

An vielen Gewässern gibt es kleine Einläufe, durch die frisches Wasser in den See fließt. Auch dies sind lohnenswerte Angelplätze, ganz besonders nach einem Regenschauer, wenn größere Mengen Wasser und dadurch gleichzeitig viel frische Nahrung in den See gespült werden.

Aber auch ein Blick direkt auf das Wasser hilft, den Aufenthaltsort der Fische zu finden. Ist die Wasseroberfläche ruhig und glatt, ist es am einfachsten, die Zeichen von vorhandenen Fischen auszumachen. Aufsteigende Luftblasen können von Fischen stammen, die am Grund nach Nahrung suchen (gründeln). In besonders flachen Bereichen oder sehr klarem Wasser kann es sogar vorkommen, dass am Grund wühlende Fische große Schlammwolken aufwirbeln, welche bis zur Oberfläche sichtbar sind. Sollten Sie solche Zeichen entdecken, muss sofort der Köder an dieser Stelle landen. Der Biss wird nicht lange auf sich warten lassen.

▼ Ein aussichtsreicher Angelplatz: Neben den überhängenden Büschen wird sicherlich bald ein Fisch beißen.

▼ Wehre sind erfolgversprechende Angelplätze, aber wenn solch ein Trubel herrscht sollten wir eine andere Stelle wählen.

Fußmarsch

Die besseren Plätze sind oftmals die, zu denen wir einen kleinen Fußmarsch zurücklegen müssen. Wenn diese noch in der Nähe von Seerosen- oder Krautfeldern liegen, haben wir einen ausgezeichneten Platz gefunden, denn hier finden die Fische natürliche Nahrung und können sich vor großen Raubfischen verstecken.

▶ Hören Sie auch das Herzklopfen dieses Anglers, kurz vor der Landung eines kapitalen Fisches?

▶ Erkennen Sie die kleine Sandbank zwischen Insel und Ufer? Wo würden Sie ihren Köder auslegen?

Gerade an kleinen, flachen Gewässern sind die Fische zwar schnell gefunden, aber auch schnell vergrämt, denn die Fische verabscheuen Lärm am Ufer und suchen schnell das Weite. Verhalten Sie sich also am Angelplatz ruhig und vermeiden sie starke Trittgeräusche mit dem festen Schuhwerk, ansonsten nützt Ihnen auch der beste Angelplatz nicht viel.

Große Seen

Die genannten Anhaltspunkte für die Wahl eines lohnenden Angelplatzes gelten natürlich für alle Gewässer, doch bei steigender Gewässergröße wird die Auswahl schwieriger. Bei sehr großen Gewässern sollten Sie sich deshalb vorab auf Teilbereiche beschränken und nicht das Gewässer als Ganzes ansehen, denn wo sollten Sie sonst mit der Suche nach verheißungsvollen Angelstellen beginnen? Konzentrieren Sie sich auf Buchten, Inseln oder ins Wasser ragende Landzungen und versuchen Sie dort Ihr Glück.

Tiefer See

Das Angeln an tiefen Seen ist für den Einsteiger etwas schwieriger als an flachen Gewässern – ganz besonders, wenn mit der Pose gefischt werden soll. Eine feststehende Pose eignet sich nicht und es muss eine Laufpose montiert werden. Die Wahl für den richtigen Angelplatz richtet sich an tiefen Gewässern jedoch nicht nur nach äußeren Anzeichen. Viel wichtiger ist hier, wie das Gewässer unter der Oberfläche beschaffen ist und welche Tiefe es aufweist. In tiefen Gewässern suchen wir also nach der richtigen Bodenstruktur. Erhebungen unter Wasser, Kanten oder Mulden ziehen hier die Fische magisch an. Wie wir solche Stellen durch genaues Ausloten ausmachen können, erkläre ich Ihnen an anderer Stelle.

Kanäle

Kanäle zeichnen sich optisch ganz besonders durch ihre Monotonie aus. Kerzengerade ziehen sie sich kilometerweit durch die Landschaft. Wo soll man hier angeln? Die Antwort ist einfach! An den Stellen, die sich von der Gleichförmigkeit abheben. Schleusenbereiche sind immer ein Garant für erfolgreiches Friedfischangeln, aber auch an Wendebecken oder kleineren Häfen und Anlegestellen lohnt sich immer ein Versuch.

◀ Zwei Flussarme fließen zusammen. Hier lohnt immer ein Angelversuch!

◀ Buhnen sind magische Anziehungspunkte im fließenden Wasser.

Einläufe und Bereiche, wo sich weitere Arme in den Kanal einfügen, dürfen ebenfalls nicht außer Acht gelassen werden. Aber nicht nur die offensichtlichen Stellen versprechen einen aussichtsreichen Angeltag, denn wenn man beim Ausloten kleine Unebenheiten im Gewässergrund gefunden hat, kann sich auch ein Versuch an einem sonst einheitlich wirkenden Teil des Kanals lohnen.

Weit ausgeworfen werden braucht in Kanälen in aller Regel nicht, denn vom Rand des Kanals geht es meist schnell in die Fahrrinne über. Am Fuße dieser Rinne, oder aber mitten drin, sollten wir unser Glück versuchen. Leider erschwert die Schifffahrt die Angelei zum Teil enorm, dafür beißen die Fische aber oftmals sehr zahlreich.

Flüsse

Aufgrund der Strömung gestaltet sich das Angeln in kleineren und größeren Flüssen anfangs nicht gerade einfach. Beim Flussangeln kann man sich nicht einfach in den Angelstuhl fallen lassen und darauf warten, dass ein Fisch anbeißt. Der Köder muss in dem strömenden Wasser stets unter Kontrolle sein und darf nicht in fischleere Bereiche abtreiben. Doch wo stehen die Fische im Fluss? Grundsätzlich sollte man dort fischen, wo die Strömung unterbrochen oder zumindest verändert wird, denn hier sammelt sich die natürliche Nahrung der Fische. Daher scheint es überzeugend, auch dort die Fische zu beangeln. Achten Sie deshalb auf strömungsberuhigte Bereiche, zum Beispiel hinter Hindernissen. Einen genaueren Augenmerk sollten Sie auch auf die tiefen ausgespülten Außenkurven des Flusses legen. Nur allzu gerne sammeln sich hier die Fische und warten auf vorbeitreibende Nahrung.

In großen Flüssen sind es ganz besonders die weit in den Strom herausragenden Buhnen, die die Fische magisch anziehen. Im Inneren der Buhnenfelder herrscht eine Drehströmung, welche bestimmte Bereiche tief ausspült. Genau hier stehen alle Arten von Fischen und warten auf einströmendes Futter. Hinter Wehren und Schleusen lohnt sich ebenfalls jederzeit ein Versuch.

Die Ufer großer, schiffbarer Flüsse werden oftmals mit Steinpackungen geschützt. Diese reichen einige Meter in den Fluss hinein und gehen dann meist in sandigen Boden über. Genau an dieser Stelle, wo die Steinpackung endet, mitten in der Strömung können wir unseren Köder anbieten und mit guten Fängen rechnen, auch wenn das Ufer etwas eintönig erscheint.

Loten und Anfüttern

Viele Angler erscheinen am Wasser, stellen ihr Gerät bereit und beginnen mit der Fischerei, ohne sich ein Bild davon gemacht zu haben, wie es an diesem Angelplatz am Grund ausschaut. Ein fataler Fehler, denn oftmals wird der Köder wegen einer schlecht eingestellten Angeltiefe über den Köpfen der fressenden Fische angeboten oder er versinkt ungeahnt im Schlamm, wo er nicht wahrgenommen werden kann. Jeder erfahrene Angler lotet deshalb seinen Angelplatz vor dem Fischen ausgiebig aus, um sich ein Bild von der Bodenstruktur zu machen. Posenangler haben es hierbei besonders einfach, denn Sie montieren ihr Gerät zunächst so, wie es später auch eingesetzt werden soll. Ist die Pose so ausgebleit, dass nur noch die Antenne aus dem Wasser schaut, kann mit dem Loten begonnen werden.

Hierfür klemmen wir ein extra großes Bleischrot oder ein spezielles Lotblei aus dem Fachgeschäft auf den unbeköderten Angelhaken. In diesem Zustand ist die Pose überbleit, wird also beim Einwerfen in das Wasser von den Bleigewichten unter Wasser gezogen, sollte die Gewässertiefe die eingestellte Angeltiefe überschreiten. Ist die eingestellte Tiefe hingegen größer als die tatsächliche Gewässertiefe, liegen die Bleigewichte nach dem Auswurf auf dem Gewässergrund auf, sodass die Pose sich nicht aufrichten kann.

Nun holen wir die Posenmontage wieder ein und verändern die Einstellung der Gewässertiefe auf die geschätzte, tatsächliche Tiefe. Dies wiederholen wir so lange, bis unsere Pose an unserem späteren Angelplatz nur noch mit der Antenne aus dem Wasser schaut, denn jetzt liegt das Lotblei auf dem Gewässergrund auf, während die Bleischrote, die zum Austarieren der Pose benötigt werden, frei im Wasser hängen und die Pose aufgerichtet haben. Auf diese Weise haben wir die exakte Tiefe des Gewässers herausgefunden.

Nehmen Sie sich vor Beginn des Angelns die Zeit zum Ausloten Ihres Angelplatzes. Mit etwas Übung benötigen Sie nicht mehr

> **Genaues Loten**
>
> Um uns ein Bild von dem umliegenden Bereich unseres Angelplatzes zu verschaffen, werfen wir die Montage auch in die umliegenden Bereiche unseres Angelplatzes, denn so erkennen wir schnell abfallende Kanten oder etwas flachere Bereiche. Dort, wo die Pose unter Wasser gezogen wird, ist es tiefer als an der zuerst ausgeloteten Stelle, dort, wo sie sich nicht aufrichtet, ist es flacher. Nach und nach bekommen wir mit dieser Methode ein sehr präzises Bild unseres Angelplatzes und können später ganz gezielt unseren Köder dort anbieten, wo wir die Fische vermuten. Als besonders ertragreiche Stellen haben sich stets Kanten, Erhebungen oder etwas tiefere Löcher am Gewässergrund bewiesen, auch wenn der Tiefenunterschied kaum mehr als 30 Zentimeter ausmacht.

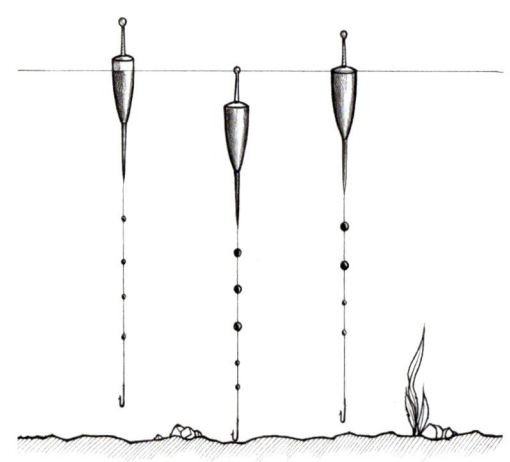

▶ Links: eine Pose mit zuwenig Blei, Mitte: Diese Pose ist überbleit, Rechts: Exakt austariert

Das Auffinden aussichtsreicher Angelplätze

◀ Ein bulliger Schuppenkarpfen ist der Lohn für richtiges Ausloten

◀ Erst die richtige Stelle loten, dann ein wenig Futter ins Wasser einbringen, so wird der Erfolg nicht lange auf sich warten lassen.

als 15 Minuten für die Prozedur, wissen aber immer genau, an welcher Stelle Sie ihren Köder den Fischen präsentieren. Es ist sicherlich effektiver eine viertel Stunde weniger am richtigen Ort zu angeln als drei Stunden am falschen Platz. Profis fahren ihre Gewässer sogar oftmals mit einem Boot und Echolot ausgiebig ab und erstellen sich eigene Gewässerkarten, um sich einen genauen Überblick über die Bodenstruktur des Gewässers zu machen. Sicherlich ist dies für den Einsteiger übertrieben, aber es soll zeigen, wie wichtig das Ausloten des Angelplatzes ist.

Wählen Sie im Frühling die etwas flacheren Angelplätze, wo sich bei den steigenden Temperaturen das Wasser am schnellsten erwärmt, während Sie zur etwas kühleren Jahreszeit tiefer angeln sollten, da hier das Wasser nicht so schnell auskühlt.

Mit dem Lotblei können wir nicht nur die Gewässertiefe erkunden, wir können sogar noch weitere Informationen über unseren Angelplatz sammeln. Verwenden wir ein etwas schwereres Lotblei, bringen wir viel über die Beschaffenheit des Gewässergrundes in Erfahrung. Heben wir nach dem Absinken des Bleies die Rute gefühlvoll an und das Blei lässt sich nur zäh, wie bei Kaugummi, aus dem Untergrund lösen, haben wir es mit einem schlammigen Grund zu tun, aus dem sich das Blei nur schwer löst. Sehr schlammiger Grund ist selten produktiv und wir sollten unseren Köder möglichst einige Zentimeter darüber anbieten.

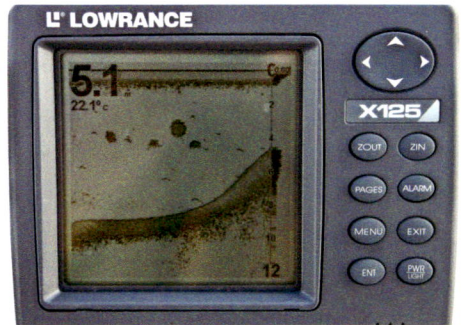

◀ Ein Echolot stellt die bequemste Art des Lotens dar, kann aber nur vom Boot aus benutzt werden.

▶ Peilen Sie 2 markante Punkte an, um stets die gleiche Stelle im Gewässer wiederzufinden.

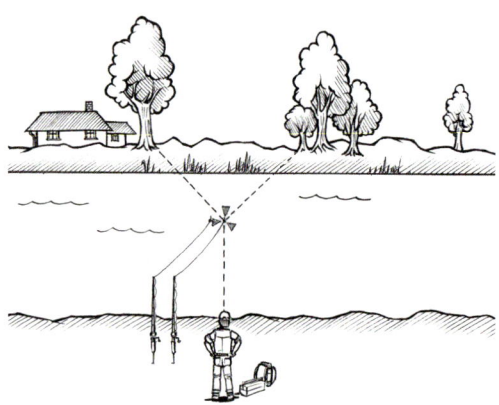

Bei sehr festem Grund lässt sich das Blei sehr gut vom Boden anheben. Hier lohnt sich das Servieren unseres Köders direkt am Grund. Ist der Grund allerdings mit Wasserpflanzen bewachsen, haben wir meist Reste davon an unserem Lotblei hängen und sollten unseren Köder knapp darüber anbieten, andererseits würde er von den Fischen kaum gefunden werden. Ist der Grund mit Hindernissen übersät, wird sich schon beim Loten die Montage über kurz oder lang darin festhängen. Dies wäre ein denkbar schlechter Angelplatz, denn wir müssten mit dem Verlust angebissener Fische rechnen, die sich darin verfangen könnten.

Nachdem Sie einen geeigneten Angelplatz gefunden haben und sich ein genaues Bild über die Bodenstruktur gemacht haben, kann die Fischerei beginnen. Werfen Sie so genau wie möglich die Stelle an, wo Sie die Fische vermuten. Durch Wind oder die Oberflächenströmung wird Ihre Montage beim Posenangeln wahrscheinlich immer wieder vom Angelplatz weggedrückt werden. Auch wenn es müßig erscheint, holen Sie in diesem Falle die Montage ein und werfen erneut auf diese Stelle. Es ist nicht sehr erträglich, die abgetriebene Montage über längere Zeit in einem fischleeren Bereich liegen zu lassen. Doch auch beim Grundangeln muss die Montage peinlichst genau dort abgelegt werden, wo wir uns nach dem Loten entschieden haben zu angeln. Zwei Meter zu weit ausgeworfen kann schon über Fangen oder nicht Fangen entscheiden.

Doch wir wollen nicht so lange warten, bis die Fische zufällig an unserem Platz vorbeikommen, denn wir können die Wartezeit ganz erheblich verkürzen, indem wir die Fische an unseren Angelplatz locken. Für kleinere bis mittlere Friedfische wie Brassen, Schleien, Rotaugen etc. nehmen wir ein sich auflösendes Futter, dass die Fische zunächst anlockt und neugierig machen, aber keinesfalls sättigen sollte. Im Köderkapitel gehe ich näher darauf ein und stelle Ihnen einige Rezepte vor.

Wir formen unser angefeuchtetes Futter zu kleinen Ballen und werfen es zielgenau an die Stelle, die wir zuvor ausgelotet haben. Hierbei ist unbedingt darauf zu achten,

Loten ohne Pose

Etwas schwieriger gestaltet sich das Loten ohne die Posenmontage. Binden Sie hierfür einfach ein schweres Grundblei von etwa 40 g an die Hauptschnur und werfen es auf den Angelplatz. Nach dem Eintreffen auf die Wasseroberfläche zählen Sie innerlich gleichbleibend die Sekunden mit, bis die Schur erschlafft und das Blei am Grund angekommen ist. Wiederholen Sie dies an unterschiedlichen Stellen und Sie werden schon bald ein Gefühl dafür bekommen, wo das Blei längere Zeit zum Absinken benötigt und wo es in flacherem Wasser etwas schneller zum Grund sinkt. Es ist zwar schwierig, hieran die tatsächliche Gewässertiefe zu bemessen, aber zumindest erkennen Sie die flacheren und tieferen Bereiche.

dass das Futter nicht zu weit verstreut wird, denn angelockte Fische würden sich ebenfalls dorthin verteilen, wo das Futter gelandet ist. Am einfachsten gestaltet sich das punktgenaue Anfüttern, indem Sie sich ein oder zwei markante Punkte am gegenüberliegenden Ufer merken und beim Werfen des Futters diese anpeilen. Dies können Bäume, Häuser oder andere feste Punkte sein. Nehmen Sie beim Werfen stets die gleiche Position ein und halten sich immer an die angepeilten Punkte, landet das Futter stets an der gleichen Stelle. Beachten Sie bei strömendem Wasser bitte, dass das Futter – je nach Gewässertiefe und Strömungsstärke – nicht dort zum Liegen kommt, wo Sie es eingeworfen haben, sondern durch die Strömung ein ganzes Stück weit fortgetragen werden kann. Deshalb muss das Futter in diesem Fall unbedingt oberhalb der Strömung eingeworfen werden, damit es punktgenau dort zum Liegen kommt, wo Sie auch Ihren Hakenköder anbieten.

Hilfsmittel zum Anfüttern

Das Füttern in Ufernähe können Sie zunächst durch Werfen vornehmen, aber ab einer gewissen Entfernung wird dies schwierig und Sie benötigen Hilfsmittel. Für die Futterballen lohnt sich die Anschaffung eines sogenannten „Groundbaiters". Dieser Groundbaiter gleicht einer Schaufel und wird auf einen 1,50–2,00 Meter langen, stabilen (Kescher-)Stab geschraubt. Nun wird eine feste Kugel aus der Anfütterung geformt und in den Groundbaiter gelegt. Nehmen Sie den Stab fest in beide Hände und schleudern nun die Kugel mit einer kräftigen Bewegung über Ihren Kopf hinweg an Ihren Angelplatz. Entfernungen bis über 20 Meter können hiermit

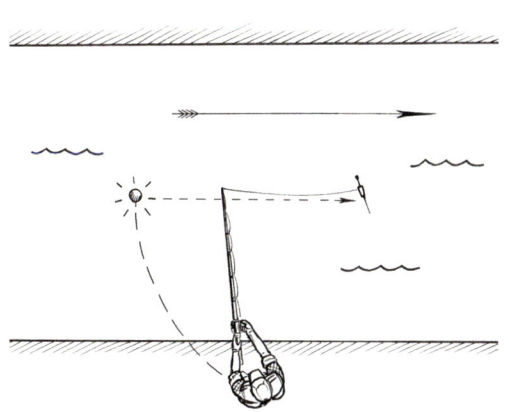

◀ Im strömenden Wasser sollte das Futter etwas stromauf eingeworfen werden, damit es an entsprechender Stelle am Grund ankommt.

überwunden werden. Nicht nur Futterballen, auch alle Arten von Partikelködern oder Boilies können mit dem Groundbaiter an den Angelplatz befördert werden.
Einige lose Beigaben Ihres verwendeten Hakenköders können in das Futter mit eingeknetet werden oder lose eingeworfen werden. Ist die Entfernung für das Werfen der losen Bestandteile mit der Hand zu groß, kann man eine Zwille/Katapult verwenden. Diese werden im Angelgeschäft angeboten und eignen sich für alle Köder.
Ein weiteres Hilfsmittel, das für das Füttern mit Boilies entwickelt wurde, ist ein Wurfrohr. Hierbei handelt es sich um ein einfaches, meist gebogenes Rohr mit einem Griffstück und einer Öffnung. Oben werden 1–3 Boilies eingefüllt und dann wird das Rohr in einer pfeilschnellen Bewegung mit dem rechten Arm weit ausholend nach vorne geschleudert. Nach einigen Probewürfen kann man mit seinen Boilies auf Distanzen von über 80 Metern anfüttern.
Haben wir es auf größere Fische abgesehen, sollten wir auf wolkenbildendes Futter verzichten und eher einige Händevoll unseres Hakenköders anfüttern. Wolkenbilden-

Friedfischangeln

▶ Mit einer Futterkelle (auch Groundbaiter genannt) lässt es sich über weitere Distanzen anfüttern.

▶ Dieser Angler nutzt ein Katapult, um seine Boilies auf den Futterplatz zu schießen.

des Futter lockt eher kleinere Fische an, während Partikelköder oder Boilies von ihnen nicht so schnell gefressen werden können und den größeren Fischen vorbehalten sind. Auch hier sollten Sie bei strömendem Wasser daran denken, den Köder etwas oberhalb der Strömung einzuwerfen.

Die Methoden

Der Weg zum Fisch ist geebnet und es stellt sich die Frage, mit welcher Methode wir fischen wollen. Jede Angelart entwickelte sich aus gewissen Beweggründen und stellt sich in bestimmten Situationen als die perfekte Methode dar. Trotzdem sind die unterschiedlichen Arten der Friedfischangelei auch immer eine Frage des persönlichen Geschmacks und so haben viele Petrijünger ihre eigene favorisierte Praktik, den Fischen nachzustellen. Einige dieser Angler entwickelten „ihre" Methode stets weiter, passten sie den Gegebenheiten am Wasser an und wurden zu wahren Spezialisten in ihrem Fach. Doch seien Sie unbesorgt, der Großteil der Fische wird immer noch auf dem klassischen Weg gefangen und Sie werden mit den vorgestellten einfachen Methoden gute Fänge machen. Für alle hier vorgestellten Wege eignet sich zunächst ihre erworbene Einsteigerausrüstung. Haben Sie jedoch auch die Vorliebe für bestimmte Methoden erkennen können, gibt es im Fachgeschäft sehr spezielles Zubehör zu kaufen.

Posenangeln

Das Posenangeln ist sicherlich die spannendste Art zu fischen. Zum einen kann der Köder mit der Pose in allen Wasserschichten angeboten werden, zum anderen gibt es für einen Angler nichts Interessanteres, als den Tanz der Pose auf der Wasseroberfläche zu beobachten. Jede Bewegung eines beißenden Fisches wird sensibel auf die Pose übertragen und so wackelt, wandert, hebt und senkt sich die Pose, bis sie irgendwann vollständig unter Wasser gezogen wird. Die Pose gibt uns also ständig Informationen darüber, was mit unserem Köder gerade geschieht. Doch wann mag der richtige Moment für den Anschlag gekommen sein? Eine Frage, die schwer zu beantworten ist, und selbst Profi-Angler reagieren nicht immer im richtigen Moment.

Über Erfolg oder Misserfolg beim Posenangeln entscheiden zwei wichtige Dinge: Die richtige Form und die richtige Bebleiung der Pose.

Bei ruhigem Wetter und in stehenden Gewässern genügen uns zunächst die langen, schlanken Posen unserer Einsteigerausrüstung, doch da beim Angeln nicht immer die gleichen Bedingungen herrschen, sollten wir uns einen Überblick über die verschiedenen Posenformen verschaffen und dann evtl. gezielt für unseren Verwendungszweck einige Modelle dazukaufen.

Die Posenformen und ihr Einsatzgebiet

Stippposen. Diese Pose ist für das feine Friedfischangeln (Stippangeln) in Ufernähe gedacht, bei dem die Wassertiefe die Rutenlänge nicht übersteigen darf. Stippposen werden in der Regel mit einer Öse im Posenkörper und ein oder zwei Gummis auf dem dünnen Kiel befestigt und haben eine feine Antenne, die zur Bisserkennung dient. Für das feine Posenangeln im Stillwasser mit unbewegter Wasseroberfläche eignet sich die schlanke Form der Stipppose. Diese haben eine geringe Tragkraft und zeigen auch feinste Bisse von kleineren Fischen sehr zuverlässig an.

Ist die Wasseroberfläche durch den Wind leicht gekräuselt, wird die Bisserkennung ein wenig schwieriger und es sollte ein Modell mit tiefer liegendem Schwerpunkt gewählt werden. Diese Posen stehen ruhiger in dem bewegten Wasser und die Bisserkennung wird vereinfacht.

Ist das Wasser ein wenig treibend oder gar leicht fließend, entscheiden wir uns für einen etwas kompakteren Posenkörper mit nicht allzu großer Tragkraft. Bei stark strömendem Wasser hingegen benötigen wir eine Pose mit sehr großer Tragkraft, damit der Köder durch das entsprechende Bleigewicht in der angebotenen Wassertiefe verbleibt und nicht durch die Strömung nach oben gedrückt wird. Außerdem wählen wir eine Pose mit sehr gedrungenem, kompaktem Körper.

Matchposen. Matchposen haben den Vorteil, dass die Schnur lediglich durch die Öse am unteren Ende der Pose gefädelt wird und sich dadurch im Wasser stets unter der Pose befindet. Dies ist ein großer Vorteil, denn gerade bei Oberflächenströ-

◄ Diesen Brassen darf man getrost als Kapital bezeichnen.

◄ Posen für jedes Einsatzgebiet. Eine kleine Auswahl reicht allemal.

Friedfischangeln

mung oder Wind kann sich schnell ein Schnurbogen bilden, sollte die Schnur auf dem Wasser schwimmen. Dieser Schnurbogen wird die Posenmontage schnell von unserem Angelplatz wegtreiben lassen. Um dies zu vermeiden, überwerfen wir mit unserer Montage zunächst den Angelplatz um einige Meter, tauchen dann die Rutenspitze unter Wasser und holen zügig die zu weit ausgebrachte Schnur ein. Hierdurch wird die Schnur unter Wasser gedrückt und somit dem Wind entzogen.

Für das ufernahe Stillwasserangeln an windstillen Tagen eignen sich die dünnen, schlanken Modelle mit gut sichtbarer Antenne. Diese zeigen auch sensible Bisse sehr gut an und sind unauffällig. Angeln Sie in flachem Wasser und die Fische sind scheu, können Sie sogar durchsichtige Modelle zum Einsatz bringen, dann schöpft kein Fisch mehr Verdacht.

▶ Ein Giebel schöpfte aufgrund der ganz feinen Pose keinen Verdacht beim Biss.

▶ Eine Auswahl verschiedener Waggler

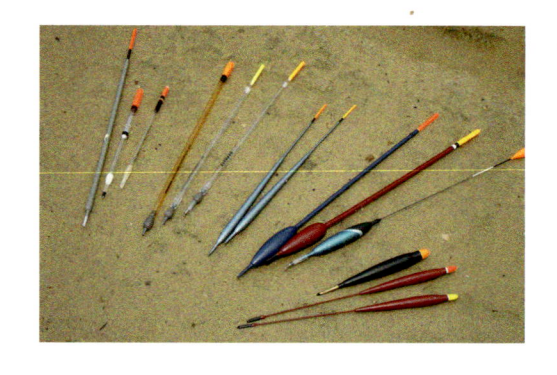

Matchangeln

In England, dem Mutterland vieler Angelmethoden, lieben es die Angler zu tüfteln und neue Methoden und Zubehör zum Angeln zu entwickeln. Dort heißt das Posenangeln dann auch Matchangeln und so wurden viele verschiedene Posenformen entwickelt und natürlich auch die optimalen Ruten dafür, die Matchruten. Dieses sind recht feine Ruten mit eine Länge um 4 Meter und vielen kleinen Schnurführungsringen. Die Ringe stehen hierbei weit von der Rute ab, damit die nasse Schnur nicht an der Rute kleben bleibt und es dadurch zu Schwierigkeiten beim Auswurf kommt. Die Ruten wurden dazu konstruiert, mit sehr dünner Schnur die Posenmontagen möglichst über weite Distanzen werfen zu können.
Für diese spezialisierte Form der Matchangelei bietet der Fachhandel eine Reihe spezieller Matchposen an. Diese haben sich in der Praxis bestens bewährt und können natürlich auch mit jeder anderen Rute geworfen werden.

Je länger die Pose ist, desto größer ist auch ihre Tragkraft. Logisch, dass bei steigender Tragkraft die Fische eher misstrauisch werden und den Köder evtl. schnell wieder loslassen.
Sollte die Entfernung zum Angelplatz etwas größer sein und sie möchten nicht auf eine schlanke Pose verzichten, können Sie auch vorgebleite Modelle benutzen. Diese haben ein integriertes Bleigewicht am unteren Ende und müssen nur noch mit einigen weiteren Bleischroten austariert werden. Diese Modelle lassen sich weiter werfen als die herkömmlichen und sind immer noch sehr sensibel und stehen stabil im Wasser. Ist die Wasseroberfläche durch Wind und Wellen bewegt beziehungsweise ist das Wasser leicht treibend/fließend, sollte auf ein Modell mit unten liegendem Schwerpunkt zurückgegriffen werden. Diese

Die Methoden

Tragkraft der Posen		
Bezeichnung	Gramm	gleichbedeutend mit
SSG	1,89 g	
SG	1,6 g	2 mal AAA
AAA	0,81 g	2 mal BB
BB	0,4 g	
No.1	0,28 g	
No.3	0,2 g	2 mal No.6
No.4	0,17 g	
No.5	0,13 g	
No.6	0,1 g	2 mal No.9
No.7	0,08 g	
No.8	0,06 g	
No.9	0,05 g	
No.10	0,04 g	

◀ Bei der Verwendung durchsichtiger Posen in flachem Wasser, werden selbst die scheuen Schleien nicht misstrauisch.

◀ Weitwurfposen verfügen über auswechselbare Zusatzgewichte.

haben eine etwas höhere Tragkraft und lassen sich gut werfen.
Bei sehr widrigen Bedingungen und kräftigem Wind muss ebenfalls auf eine Pose mit unten liegendem Schwerpunkt zurückgegriffen werden, zusätzlich noch mit einer Vorbebleiung am unteren Ende der Pose. Es gibt sogar Posen-Modelle mit austauschbaren Gewichten, um sich verändernden Situationen schnell anpassen zu können. Ferner lassen sich bei vielen Posen sogar noch die Antennen gegen andersfarbige austauschen, um bei unterschiedlichen Sichtverhältnissen die Pose gut erkennen zu können. Ein nicht zu verachtender Vorteil!
Stickposen. Bei etwas stärker strömendem Wasser kommen Posen mit weit oben liegendem Auftriebskörper in Frage. Diese Stickposen zeigen sehr genau die Bisse der Fische an und lassen sich gut in der Strömung führen. Bedenken Sie: Strömendes Wasser ist mit der Pose etwas schwieriger zu befischen und sollte erst mit ein wenig Übung angegangen werden.
Leider sind die englischen Posen oftmals nicht mit einer in Gramm ausgedrückten, herkömmlichen Tragkraftangabe versehen, die zur richtigen Austarierung nötig wären. Stattdessen sind die englischen Bleigrößen angegeben.

Friedfischangeln

Bebleiung

Bei der Wahl der Pose sollte darauf geachtet werden, dass wir mit dem Auswurf unseren Angelplatz gut erreichen können und dass die Pose stabil im Wasser steht. Zu leichte Posen sind häufig schwer zu erkennen und werden schnell zum Spielball von Wind und Wellen. Zu schwere Posen dagegen zeigen den Biss zu unsensibel an oder verleiten den misstrauischen Fisch dazu, den Köder vorschnell wieder auszuspucken. Wählen Sie deshalb eine Pose mit ausreichender Tragkraft, aber eben nur so viel wie tatsächlich nötig ist.

Für die Bebleiung der Pose gibt es verschiedene Möglichkeiten, mit der man drei Faktoren beeinflussen kann. Die Bissanzeige kann verändert, die Köderpräsentation unterschiedlich gestaltet und die Wurfentfernung kann variiert werden.

Doch wie sieht die richtige Anordnung der Schrotbleie aus? Gut ist es, die Bleischrote über das letzte Drittel – oder bei geringerer Tiefe über die Hälfte der Schnur – mit größeren Zwischenräumen von mindestens 5 Zentimetern anzuordnen. Dabei sollte die Größe der Bleischrote von der Pose bis zum Haken gesehen immer etwas kleiner werden, sodass auf dem letzten Stück gerade die allerkleinsten Bleie angeklemmt werden. Das letzte Schrot, also das, was dem Haken am nächsten ist, ist das wichtigste Blei, denn es wird vom Fisch zuerst bewegt und dient somit zur ersten Bisserkennung. Dieses Blei darf nicht zu dicht am Haken angebracht sein, sonst erkennt es der Fisch zu leicht. Ist es zu weit entfernt, hat der Fisch zu viel Spielraum und kann den Haken bewegen, ohne dass wir an der Pose etwas bemerken. Etwa eine Handbreit vom Haken entfernt ist eine guter Abstand. Diese Bebleiung hat den Vorteil, dass der Köder sehr langsam und natürlich zum Grund sinkt und evtl. schon in dieser Absinkphase vom Fisch genommen wird. Achten Sie genau auf die Pose,

▶ Posenangeln ist kinderleicht. Der Karpfen ist so gut wie im Kescher.

▶ Ein kleiner Aland nahm den Köder an der Posenmontage.

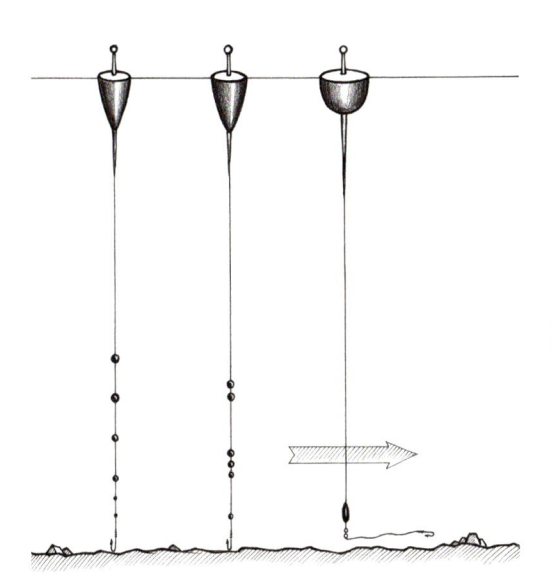

Die Methoden

◀ Je gestauchter die Bebleiung gewählt wird, desto schneller sinkt der Köder in die Tiefe. Bei strömendem Wasser sollte eine Punktbebleiung und gedrungene Posen gewählt werden.

◀ Mit Gummistoppern können wir das gleitende Blei auf der Schnur verschieben.

Unterströmung

Herrscht unter Wasser eine leichte Unterströmung, kann es passieren, dass der Köder bei dieser Art von Kettenbebleiung nach oben gedrückt wird und wir ihn nicht dort anbieten, wo die Fische stehen. Die Schnur bietet durch die vielen Bleie eine zu große Angriffsfläche. Aus diesem Grund sollte bei Strömung eine möglichst kompakte Bebleiung gewählt werden. Je stärker die Strömung, desto kompakter die Bebleiung und desto mehr Tragkraft muss die Pose aufbringen.

nachdem Sie ausgeworfen haben. Kurz nach dem Auftreffen auf die Wasseroberfläche sinken die ersten, etwas schwereren Bleie in Richtung Grund und richten die Pose auf. Das letzte Stück der Montage sinkt sehr langsam – wie ein natürlicher Köder – zum Grund, und Fische, die in dieser Wassertiefe zu finden sind, nehmen oft schon jetzt den Köder auf. An der Pose ist dies meist als ein Zittern oder Wackeln erkennbar und es sollte sofort ein Anschlag gesetzt werden. Sollte dies wiederholt geschehen, lohnt es sich, die Pose auf eine etwas geringere Wassertiefe einzustellen, um diese Fische gezielt beangeln zu können. Bekommen Sie erst Bisse, nachdem die Pose sich schon etwas längere Zeit komplett aufgerichtet hat, stehen die Fische eher in Grundnähe und nehmen von dort auch den Köder auf. Bei der vorgestellten Art von Bebleiung spüren die Fische wenig Widerstand, da die Gewichte über einen großen Bereich verteilt sind.

Fühlen Sie sich hingegen von den beißenden (kleinen) Fischen im Mittelwasser gestört, da Sie es auf tief stehende Fische abgesehen haben, lohnt es sich, die Bebleiung etwas zu stauchen und auf den letzten Meter der Montage festzulegen. Dadurch erhalten Sie eine schnell sinkende Posenmontage, die sehr zügig durch die Kleinfische im Mittelwasser hindurchsinkt und dort von ihnen nicht so schnell genommen wird. Leider wird die Montage durch diese Bebleiung ein wenig unsensibler.

Bei sehr starker Strömung gehen wir zu den tropfenförmigen Stippposen über, da wir mit ihnen den Köder führen müssen, um ihn nicht dem Spiel der Strömung zu überlassen. Als Blei wählen wir ein sogenanntes Tropfenblei mit einer Bohrung in der Mitte. Nachdem wir die Pose auf die Hauptschnur gefädelt haben, fädeln wir einen Gummistopper (ein Stück Silikonschlauch, doppelt durchgefädelt) und dann

Friedfischangeln

▶ Zwei verschiedene Methoden, bei gleicher Montage: Links wird der Köder am Grund hinterher geschleift, rechts wird die Pose mit der Rute angehalten, sodass der Köder voraustreibt.

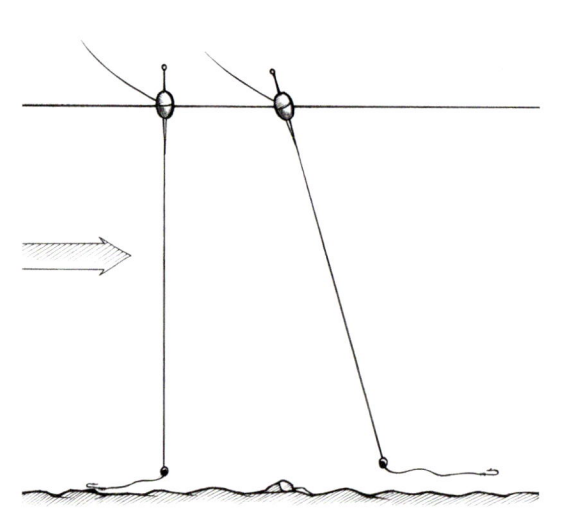

das passende Tropfenblei auf die Schnur. Nun knoten wir den Wirbel an und befestigen das Vorfach. Mittels des Gummistoppers können wir das Blei an jeder gewünschten Stelle auf der Hauptschnur fixieren.

Diese Bebleiung hat den Vorteil, dass der Köder sehr schnell am Grund ankommt und durch die Strömung – bei ausreichendem Gewicht – nicht nach oben gedrückt werden kann.

Bei sandigem Grund, ohne die Gefahr eines Hängers, stellen wir die Angeltiefe nach dem Ausloten so ein, dass das Blei knapp über Grund schwebt und das Vorfach aufliegt. Nun können wir unsere Montage immer über unseren Angelplatz treiben lassen, und der Köder schleift auf dem Grund hinterher. Oftmals eine sehr effektive Methode.

Häufig sind die Fische aber etwas träger und beachten solch einen schnell treibenden Köder nicht. Jetzt müssen wir das Treiben der Montage verzögern. Hierzu werfen wir die Montage zunächst wieder an unsere Angelstelle und stoppen nun den Durchzug der Pose mit unserer Rutenspitze leicht ab, sodass die Pose langsamer treibt als die Gewässerströmung. Durch das Abstoppen der Pose, taumelt das unbeschwerte Vorfach in der Strömung hin und her. Ein Effekt, der viele Fische zum Anbiss verleitet. Doch auch hier gibt es Tagesschwankungen beim Verhalten der Fische. Heute mögen sie ein stark taumelndes Vorfach, morgen soll es sich wieder möglichst ruhig und träge in der Strömung verhalten. Manchmal mögen es die Fische sogar, wenn die Pose minutenlang mit der Rutenspitze in der gleichen Position gehalten wird und nicht weiter abtreibt. Hier hilft nur ausprobieren. Ein stärker wedelndes Vorfach erhalten wir, indem wir das Blei weiter nach oben verschieben und das Vorfach dadurch quasi verlängern. Etwas träger wird das Vorfach, wenn wir ein leichteres Tropfenblei nehmen und dafür einen Teil der Bebleiung mit kleinen Bleischroten auf dem Vorfach vornehmen.

Das Posenangeln im Fluss ist wirklich schwer und muss geübt werden; wen es aber einmal gepackt hat, der findet häufig Gefallen daran. Ganz besonders sind dazu sehr lange Ruten geeignet, mit denen sich der Köder perfekt kontrollieren lässt. Es gibt spezielle Stippruten (Kopfruten) die ohne Rolle, also nur mit einem Stück Schnur an der Spitze, benutzt werden. Diese Ruten sind sehr leicht, bei Längen bis zu 14 Metern. Allerdings haben diese Modelle auch ihren Preis. Je länger und leichter die Rute, desto teurer wird sie sein. Wer lieber ein wenig Schnur als Reserve zur Verfügung haben möchte, ist mit einer Bolognese-Rute gut beraten. Dies sind ebenfalls recht lange Ruten mit Längen bis etwa 8 Metern, die mit einer Rolle gefischt werden und so eine gewisse Sicherheit bei größeren Fischen bieten.

Leichtes Grundangeln

Immer dann, wenn die Angelentfernung zu groß wird und wir mit unserer Posenmontage den Aufenthaltsort der Fische nicht mehr erreichen oder die Pose nicht mehr erkennen können, ist es Zeit, eine andere Art der Köderpräsentation zu wählen. Aber auch bei zu viel Wind und damit verbundener starker Wellenbewegung kann es unmöglich werden, mit der Pose zielgerichtet zu fischen, ebenso bei einer zu großen Gewässertiefe. Ein weiterer Aspekt darf ebenfalls nicht verachtet werden, denn beim Posenfischen müssen wir uns in jeder Sekunde auf die Pose konzentrieren, um im entscheidenden Augenblick blitzartig den Anhieb zu setzen. Auf Dauer eine ermüdende Angelegenheit.

Für ein etwas geruhsameres oder den Umständen angepasstes Angeln, bietet sich die klassische leichte Grundmontage an. Hierbei wird der Köder mittels eines Grundbleies am Gewässergrund angeboten, und die Schnur bildet den Kontakt zum Köder und zeigt uns den Biss an. Für Fische bis etwa 5 Kilogramm ist die Rute aus unserer Einsteigerausrüstung mit einem Wurfgewicht von 10–50 Gramm bestens geeignet; sollten Sie größere Brocken erwarten, darf die Rute gerne ein wenig stärker ausfallen. Eine Schnurstärke von 0,20–0,25 Millimeter und ein 15–40 Gramm schweres Grundblei vervollständigen unsere Basis-Montage. Die Hakengröße sollte ebenfalls der zu erwartenden Fischgröße und dem verwendeten Köder angepasst werden. Mit einem Haken der Größe 8–14 sind wir bei kleineren Ködern wie Maden, Teig oder kleinen Würmern gut bedient, für größere Köder sollte der Haken entsprechend angepasst werden. Übrigens wird das Gewicht der Grundbleie häufig in englischen Unzen angegeben. Obenstehende Tabelle zeigt Ihnen die entsprechenden Gewichte der Bleie in Gramm:

Für die Montage kann ich zwei Varianten empfehlen. Entweder wird das Blei als Laufblei auf der Hauptschnur aufgefädelt, sodass die Schnur bei einem Biss ungehindert und ohne Widerstand durch die Öse des Bleis gezogen werden kann oder man entscheidet sich für einen Seitenarm, an dem das Blei fixiert wird.

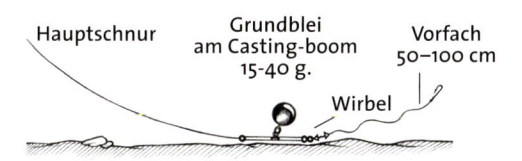

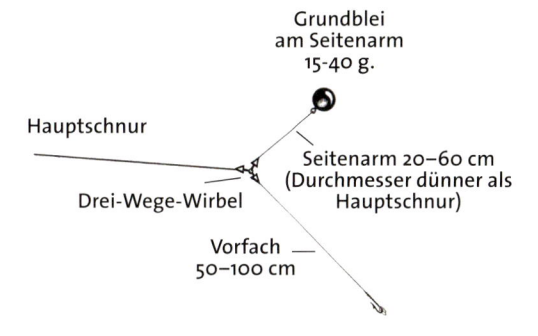

◀ Die Grundmontage mit gleitendem Anti-Tangle-Boom (oben) und als Seitenarmmontage mit einem Dreiwegewirbel.

Umrechnung Bleigewichte

Bezeichnung in Unzen	Gewicht in Gramm
¼ oz	7 Gramm
½ oz	14 Gramm
¾ oz	21 Gramm
1 oz	28 Gramm
1,5 oz	42 Gramm
2 oz	56 Gramm
2,5 oz	70 Gramm
3 oz	84 Gramm
4 oz	112 Gramm

Friedfischangeln

Die Laufbleimontage kommt immer dann in Betracht, wenn der Grund frei von Schlamm, Kraut oder anderen Hindernissen ist, die ein freies Durchgleiten der Schnur verhindern würden. Nur allzu schnell würde der Fisch Verdacht schöpfen, wenn das Blei im Schlamm eingesunken ist und die Schnur nur zäh durch die Öse des Bleies gleiten würde. Sogenannte „Tiroler Hölzchen" schaffen hier Abhilfe, da sie einen Auftriebskörper besitzen, der über dem Schwamm schwebt.

In solchen Fällen bietet sich auch die Wahl des Seitenarmes an. Hierzu wird in entsprechendem Abstand zum Haken ein kleiner Seitenarm mit dem Grundblei angebunden.

Die Länge des Seitenarmes kann je nach Fischart, Beißfreude der Fische und der Einsinktiefe im Bodenschlamm zwischen 20–60 Zentimeter betragen. Je länger der Seitenarm, desto mehr Spielraum hat der Fisch beim Anbiss.

Das Vorfach sollte zwischen 50–100 Zentimeter lang sein und muss den Tagesbedingungen angepasst werden. Beginnen Sie den Angeltag mit einem etwa 75 Zentimeter langen Vorfach und testen sich dann schrittweise an das Optimum heran. Holen Sie leergefressene Haken ein und haben von den Bissen an der Angel nichts gespürt, ist eventuell der Spielraum für die Fische zu groß und das Vorfach sollte verkürzt werden. Erhalten sie hingegen viele Fehlbisse und können die Fische nicht haken, kann es nötig sein, die Vorfachlänge zu erhöhen.

Vor dem Kampf mit dem Fisch müssen wir jedoch erst einmal erkennen, wann er beißt und wann die richtige Zeit für einen Anhieb gekommen ist. Nachdem wir den Köder auf unsere Angelstelle geworfen haben, warten wir ab, bis der Köder auf dem Grund aufge-

▶ Was für ein Brocken! Solch einen Karpfen fängt man nicht alle Tage.

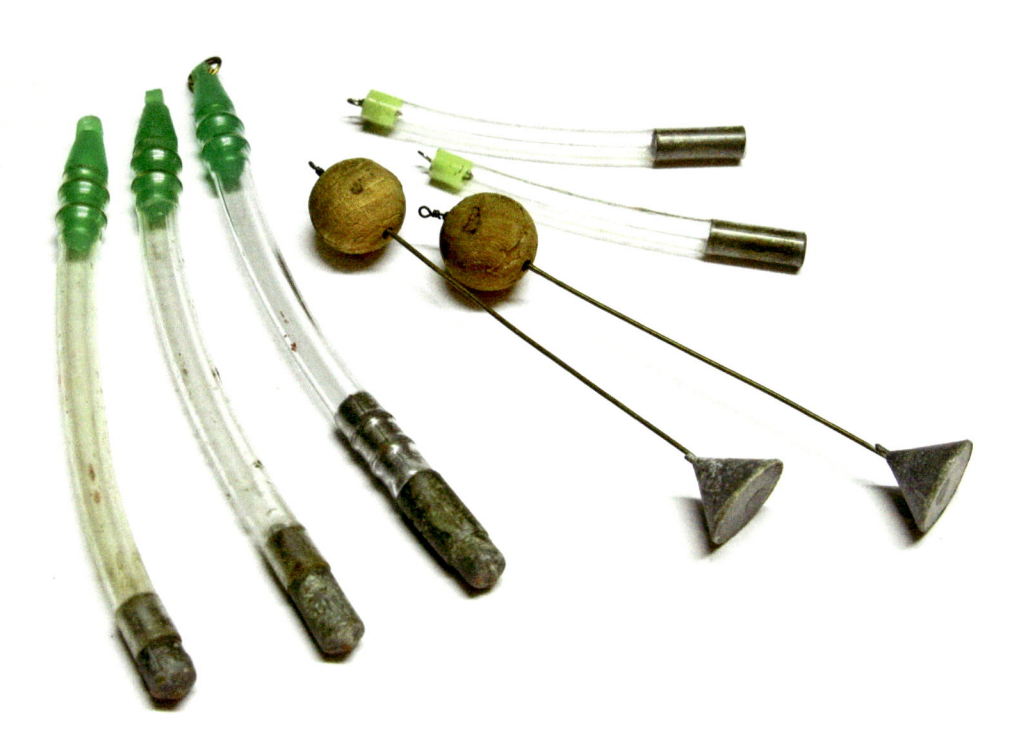

◀ Durch den Auftrieb stehen „Tiroler Hölzchen" stets aufrecht im Wasser und gewährleisten das freie Hindurchgleiten der Schnur.

◀ Zwei tolle Brassen von jeweils über 11 Pfund zeigen, dass alles richtig gemacht wurde.

kommen ist. Dies ist der Fall, wenn der sinkende Köder keine Schnur mehr von der Rolle zieht oder – bei gestraffter Schnur – wenn die ausgeworfene Leine nach dem Absinken in sich zusammensackt. Nun legen wir die Rute so in einen Rutenständer, dass die Spitze der Rute direkt zum Köder auf das Wasser zeigt. Jetzt kurbeln wir langsam unsere Schnur ein, bis sie leicht gestrafft zum Köder zeigt.

Um einen Biss erkennen zu können, hängen wir zwischen dem ersten Rutenring und der Rolle einen Einhängebissanzeiger in die Schnur. Zieht nun ein Fisch an der Leine, erkennen wir dies durch Auf-und-Ab-Bewegungen des Bissanzeigers. Zeigt sich der Biss sehr deutlich, quittieren wir ihn mit einem beherzten Anschlag. Schwierig wird es bei dieser Art der Bissanzeige spätestens dann, wenn Wind aufkommt. So wird der Bissanzeiger unkontrolliert hin- und hergeweht,

Vorfach

Übrigens sollte der Schnurdurchmesser des Vorfaches stets einen Tick dünner als die Hauptschnur ausfallen. Denn wenn sich das Vorfach in einem Ast am Gewässergrund verhängt oder gar ein Fisch anbeißt, dem wir mit unserem Geschirr nicht gewachsen sind, reißt bei äußerster Belastungsgrenze so stets das Vorfach und nicht die Hauptschnur. Sie erinnern sich an das Kapitel der Einsteigerausrüstung? Dort erwähnte ich es bereits, aber man darf es ruhig zweimal sagen: Die dünnere Schnur hat zum einen den Vorteil, dass wir niemals die ganze Montage verlieren, sondern lediglich das Vorfach mit dem Haken, zum anderen sind wir es aber auch dem abgerissenen Fisch schuldig, der nun lediglich mit einem Haken und einem kurzen Stückchen Schnur im Maul umherschwimmen muss und nicht mit einer kompletten Montage und meterlanger Schnur, die seinen qualvollen Tod bedeuten könnte. Aus dem gleichen Grunde sollte auch der Seitenarm ein wenig schwächer gewählt werden. Sollte sich dieser einmal im Drill des Fisches an einem Hindernis verfangen, ist sichergestellt, dass wir den Fisch in Ruhe ausdrillen können und lediglich das Grundblei abreißen.

▶ Mit dem Anti-Tangle-Boom lassen sich sogar Schleien überlisten, die als äußerst sensibel gelten.

was eine sensible Bisserkennung für uns unmöglich macht.

Abhilfe schaffen in diesem Fall sogenannte Affenkletterer oder Pendelbissanzeiger. Während der Affenkletterer auf einer dünnen, im Boden fixierten Stange auf und ab gleitet, wird der Pendelbissanzeiger am vorderen Rutenständer fest montiert und später in die Hauptschnur eingehängt.

Bei beiden Versionen sind die Bissanzeiger vor dem Wind geschützt und werden in der seitlichen Bewegung gehemmt, sodass auch bei schlechten Wetterbedingungen eine sensible und zuverlässige Bisserkennung möglich ist.

Nicht immer haben wir die nötigen Utensilien zur Hand, aber wir können uns mit einem Ast, einem Stückchen Silberpapier oder einem kleinen Teigklumpen behelfen, die wir ersatzweise in die Schnur hängen.

Nun stellt sich lediglich noch die Frage, ob wir beim Grundangeln den Bügel der Rolle geschlossen halten oder öffnen, ob wir es dem Fisch gewähren, Schnur von der Rolle zu ziehen oder nicht.

Bei kleinen Ködern, die der Fisch zumeist an Ort und Stelle verschluckt, sollten wir den Bügel geschlossen halten, damit wir bei einem Biss in Sekundenschnelle den Anschlag setzen können.

Verwenden wir hingegen größere Köder wie Kartoffel, Tauwurm oder mehrere Partikelköder gewähren wir dem Fisch ein wenig Spielraum, indem wir den Bügel der Rolle öffnen. So gewährleisten wir, dass der Fisch ruhig ein Stückchen mit dem Köder im Maul umherschwimmen kann, um diesen zu prüfen. Haben wir das Gefühl, der Fisch hätte sich zum Verschlingen des Köders entschlossen, setzen wir einen beherzten Anhieb, und einem spannenden Drill steht nichts mehr im Wege.

Die Methoden

Das Angeln mit der Winkelpicker- und Futterkorbrute

Eine ganz spezielle Form der Grundangelei stellt das Angeln mit der Bibberspitze oder mit der Feederrute dar. Beides sind ungeheuer erfolgreiche Methoden, um auch unter schwierigen Angelbedingungen eine sensible Bissanzeige zu ermöglichen und sehr erfolgreich in allen Gewässertypen auf Friedfische zu angeln. Häufig findet man auch weitere Bezeichnungen für diese Angelarten wie Quiverspitze, Winkelpicker oder Zitterspitze.

Unabhängig davon, wie wir diese Art der Angelei bezeichnen, sind es äußerst feine Varianten des Grundangelns, bei der die Bissanzeige über die Rutenspitze sichtbar gemacht wird.

Bibberspitze (Winkelpicker)

Um das Angeln mit der Bibberspitze auszuüben, benötigen wir zunächst eine Spezialrute, die sogenannte Winkelpicker-Rute. Hierbei handelt es sich um eine 2,40–3,00 Meter lange Rute, meist mit 2–3 austauschbaren Spitzenteilen. Die Spitzenteile dienen der Bissanzeige und sind zur besseren Sichtbarkeit farblich auffällig und verfügen über unterschiedliche Stärken, um sich dem Beißverhalten der Fische anpassen zu können.

Zusammen mit einer kleinen Stationärrolle, bespult mit 0,16–0,18 Millimeter dünner Schnur, bildet diese Kombination das Basis-Gerät zum feinen Grundangeln. Montiert wird eine Seitenarmmontage, wie wir sie aus dem vorherigen Kapitel kennen, jedoch lediglich mit Bleigewichten von etwa 4–16 Gramm, einem Vorfach mit einem Durchmesser von 0,12–0,15 Millimetern und einem kleinen Haken der Größe 12–16. Es kann auch ein kleiner Futterkorb eingesetzt werden, hierbei ist aber auf das Wurfgewicht der Rute zu achten, die nicht für größere Gewichte ausgelegt ist.

Das Angeln mit der Winkelpickerrute ist unkompliziert und kann rasch erlernt werden. Nachdem wir uns einen Futterplatz mit ein wenig pulverförmigem Lockfutter vorbereitet haben, beginnt das eigentliche Angeln. Hierzu werfen wir zunächst unsere beköderte Montage zielgenau auf unseren Futterplatz. Nun legen wir die Rute auf zwei Rutenständern so ab, dass sie etwa im 120° Winkel zu unserem angebotenen Köder steht. Nun spannen wir

▼ Die farbigen Rutenspitzen zeigen selbst vorsichtige Bisse verlässlich an.

Konzentriert zur Sache

Beim Angeln mit der Winkelpickerrute sitzt der Angler unmittelbar hinter seiner Rute und beobachtet konzentriert die Spitze seiner Angel. Die Bisse kommen meist unverhofft und es muss zügig angeschlagen werden. Im Idealfall legt der Angler nach dem Ablegen der Rute eine Hand auf das Griffstück am Rollenhalter und setzt bei stärkerem Zupfen an der Rutenspitze kurzerhand einen beherzten Anschlag. Bibberspitzenagln ist eine Angelmethode, die eine hohe Konzentration vom Angler verlangt, will man erfolgreich mit ihr Fischen.

nach und nach behutsam die Schnur, bis die Leine leicht gespannt ist und die Rutenspitze einige Zentimeter krumm gebogen zum Köder zeigt.

Auf diese Weise haben wir mit der gespannten Schnur einen unmittelbaren Kontakt zu unserem ausgelegten Köder hergestellt. Der beißende Fisch spürt keinen Widerstand, bringt die Rutenspitze zum „Bibbern" und zeigt uns so den Biss an.

Das Fischen mit der Winkelpickerrute steht in seiner Sensibilität dem feinen Posenfischen in nichts nach und zeigt ebenso zuverlässig selbst empfindlichste Bisse an. Zwar ist man beim Ausüben dieser Methode weitestgehend unabhängig von störenden Faktoren wie Wind, großer Gewässertiefe oder anderen Faktoren, die das Angeln mit der Pose erschweren würden, jedoch sind auch dieser Angelart Grenzen gesetzt, denn sie eignet sich in der Regel am besten für Angelentfernungen von bis zu 30 Metern und dient hauptsächlich dem Fang kleinerer bis mittlerer Fische in Gewichten bis etwa 5 Kilogramm.

Futterkorbangeln

Einen weitaus größeren Spielraum beim speziellen Grundangeln erreichen wir mit dem Futterkorb- oder Feederangeln. Das Prinzip ist das gleiche wie beim Winkelpicker-Fischen. Futterkorbruten verfügen ebenfalls über austauschbare, sensible Spitzen, die uns den Anbiss eines Fisches anzeigen sollen.

Allerdings sind die Ruten kraftvoller gebaut und so ist es möglich, einerseits sehr große Gewichte über weite Distanzen zu werfen, andererseits aber die Vorteile der feinen Bissübertragung zu nutzen.

Futterkorbruten werden in den Längen zwischen 3,30–4,50 Metern im Handel angeboten und unterteilen sich in drei Gruppen: Light-, Medium- und Heavy-Feeder. Je nach Einsatzgebiet können die leichten Feederruten zum Angeln im Stillwasser und bei Wurfgewichten von bis zu 100 Gramm genutzt werden, während die mittlere Stärke Wurfgewichte von bis zu 150 Gramm vertragen kann und die stärksten Feederruten es sogar mit Wurfgewichten von bis zu 250 Gramm aufnehmen. Diese haben dann ihren Einsatzbereich im stark strömenden Wasser, wo größere Gewichte erforderlich sind, damit diese von

▶ Die Spitze krümmt sich – gleich erfolgt der Anhieb!

▶ Die Kunststoffkörbe werden mit Maden gefüllt, die nach und nach am Gewässergrund herauskrabbeln können. Die Drahtkörbe werden für auflösendes Futter verwendet.

der Strömung nicht davongetragen werden. Der besondere Clou im Futterkorbangeln liegt darin, dass wir spezielle Futterkörbe in die Montage einbinden, welche eine kleine Portion unseres Lockfutters direkt an den Angelplatz befördern. Somit liegt unser Hakenköder stets in unmittelbarer Nähe der Anfütterung. Es gibt unterschiedliche Arten von Futterkörben, sodass wir nicht nur unser pulverförmiges, mit Aromastoffen versehenes Anfüttermaterial an den Angelplatz bringen können, sondern auch durch Verwendung geschlossener Futterkörbe auf Lebendfutter wie beispielsweise Maden oder Pinkies zurückgreifen können. Diese Vorgehensweise hat einen unschätzbaren Wert, wenn wir in großer Entfernung zum Ufer die Fische vermuten und nicht in der Lage sind, das Futter auf herkömmliche Art an die Stelle zu bringen, an der wir den Köder auslegen wollen. Mehrere Würfe mit dem gefüllten Futterkorb an die gleiche Stelle lassen einen attraktiven Futterplatz entstehen, welcher durch jeden weiteren Wurf mit frischem Futter versehen wird. Das Beste daran: Unser Köder liegt immer dicht am Futter! Eine wirklich effektive Variante des Grundangelns.

Die Präsentation unseres Köders unterscheidet sich kaum von den Methoden des leichten Grundangelns. Entweder hängen wir unseren Futterkorb mit einem Castingboom gleitend in die Hauptschnur ein oder wir binden uns eine Seitenarm- oder Schlaufenmontage. Wie beim Grund- und Bibberspitzenangeln müssen wir auch hier wieder ein wenig mit der Vorfachlänge und der Länge des Seitenarmes experimentieren, um uns optimal dem Beißverhalten der Fische anzupassen.

Die beste Variante stellt meiner Erfahrung nach die Schlaufenmontage dar, denn sie ist weitestgehend verhedderungsfrei. Bei den anderen beiden Montagen kann es dagegen gelegentlich zu Schnurverwicklungen kommen. Am besten verhindert man dies, indem man beim Auswurf darauf achtet, den Wurf mit einem Finger auf der Angelrolle leicht abzustoppen, kurz bevor der Futterkorb auf dem Wasser auftrifft. Dadurch streckt sich im entscheidenden

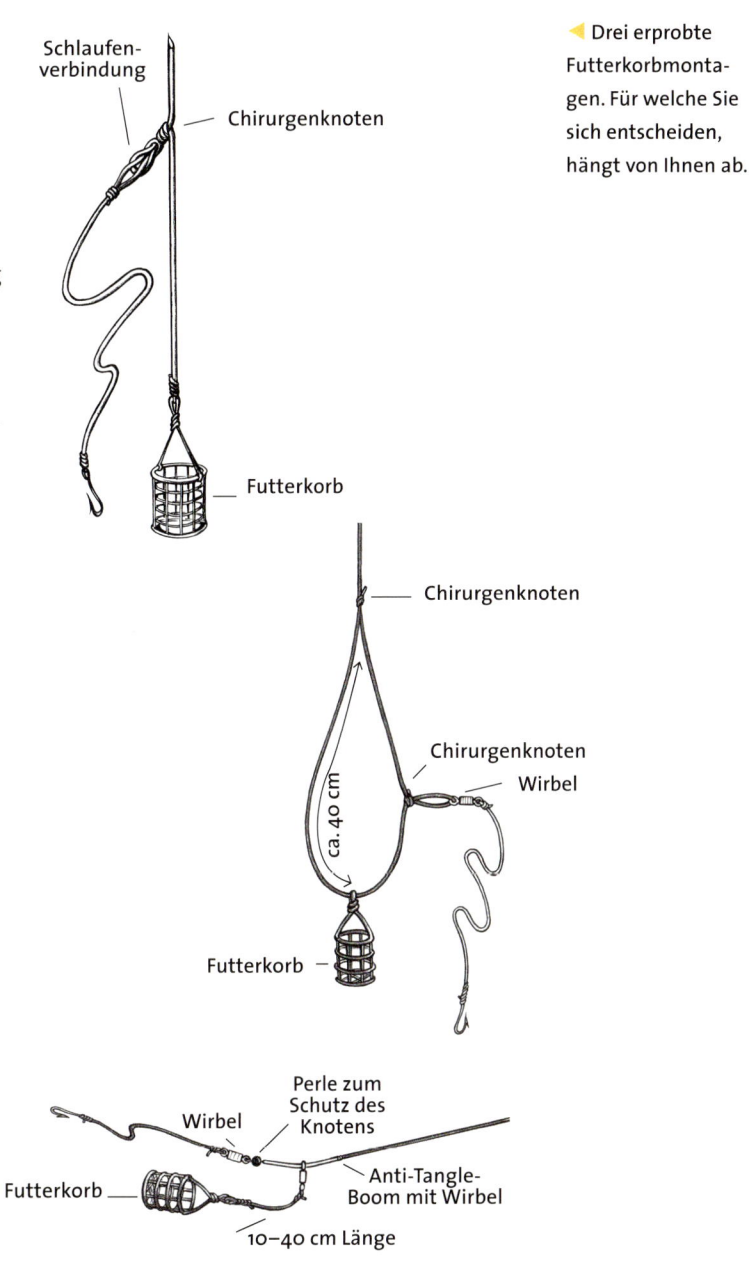

◀ Drei erprobte Futterkorbmontagen. Für welche Sie sich entscheiden, hängt von Ihnen ab.

Friedfischangeln

▶ Der gefüllte Futterkorb lockte den Fisch zum Haken.

Moment das Vorfach und es verwickelt sich nicht mit dem Rest der Montage.
Die Schnur kann beim Futterkorbangeln gerne ein wenig kräftiger ausfallen. Sie darf ruhig einen Durchmesser von bis zu 0,28 Millimeter haben, je nach der zu erwartenden Fischgröße und Stärke der Feederrute. Bei größeren Entfernungen kann es durchaus sinnvoll sein, eine dünne geflochtene Schnur auf der Rolle zu haben, da eine monofile Schnur über so viel Dehnung verfügt, dass die Bisse nicht mehr eindeutig angezeigt werden können. Vorsicht hingegen ist bei geflochtenen Schnüren im Drill des Fisches geboten, denn nutzen wir die dehnungsarme Schnur zum besseren Erkennen der Bisse, steigt indessen das Risiko, den Fisch im Drill zu verlieren, da keine Dehnung mehr zum Puffern der hektischen Bewegungen des kämpfenden Fisches zur Verfügung steht. Abhilfe kann ein wenige Meter langes Stück monofile Schnur schaffen, welches wir als das letzte Stück der Montage vorschalten. Außerdem gibt es spezielle Schnur aus reißfestem Gummi zu kaufen (Powergum), welches in kurzen Stücken in die Montage eingeknotet wird und so ebenfalls dämpfend wirkt.
Ich erwähnte es bereits am Anfang dieses Buches – geflochtene Schnüre sind aus vielen Teilen der Angelfischerei kaum noch wegzudenken, beim Friedfischangeln sind sie jedoch ein zweischneidiges Schwert und sollten mit Bedacht eingesetzt werden. Als Einsteiger sind Sie mit einer mittleren Feederrute („Medium-Feeder") mit einem Wurfgewicht von 80–150 Gramm und einer kleinen Stationärrolle, bespult mit 0,18–0,20 Millimeter dünner Schnur, gut beraten und besitzen ein universelles Gerät, um das feine Grundangeln mit dem Futterkorb zu erlernen. Mit dieser Ausstattung sind sie in der Lage, vom kleinsten Rotauge über kampfstarke Barben bis zum mittleren Karpfen alle Fische zu fangen und den Köder unauffällig anzubieten. Feederangeln ist sehr kurzweilig und man erzielt – meist recht schnell – zufriedenstellende Fangerfolge. Durch die austauschbaren, unterschiedlich kräftigen Spitzen ist es ein Leichtes, sich dem Beißverhalten der Fischen anzupassen.

Anhieb

Abgelegt wird die Rute wie beim Bibberspitzenangeln bei gespannter Schnur. Angeln wir in starker Strömung, ist es sinnvoll, möglichst viel Leine dem Strömungsdruck zu entziehen und die Ruten hoch aufgestellt abzulegen. Bei einem Biss wird die Spitze nicht zur Seite, sondern nach unten gezogen. Die Hand verbleibt idealerweise am Handteil der Rute, während wir auf den Biss warten, um den Anhieb zügig setzen zu können.

Die Methoden 51

Das Festbleiangeln

Wie gehen wir vor, wenn wir es auf die größten unserer heimischen Friedfische wie den scheuen und schwergewichtigen Karpfen, auf kampfstarke Barben oder auf torpedoförmige Amure abgesehen haben? Der Traum eines jeden Anglers ist es doch, ein möglichst kapitales Exemplar an den Haken zu bekommen.

Um dieses hochgesteckte Ziel zu erreichen, kommen wir meist an der Festblei- oder auch Fluchtmontage in Verbindung mit der Haarmethode nicht vorbei – wenngleich sie auch kein Garant für Kapitalfänge am laufenden Band ist.

Im Gegensatz zu den bereits vorgestellten Grundmontagen ist es bei der Festbleimontage nicht das Ziel, dem Fisch möglichst wenig Widerstand beim Anbiss zu bieten, um so sein Vertrauen zu dem ausgelegten Köder aufzubauen. Bei der Festbleimontage wollen wir den Fisch zunächst den Köder ohne Argwohn aufnehmen lassen, damit er nur wenige Augenblicke danach das volle Gewicht unseres Grundbleies zu spüren bekommt und sich somit den Haken ohne unser Zutun selbst in die Lippen sticht. Häufig löst dieser Stich bei dem Fisch eine Fluchtreaktion aus, weshalb diese Montage auch gerne als Flucht- oder Selbsthakmontage bezeichnet wird.

Im Handel gibt es unterschiedliche Selbsthakmontagen zu kaufen, die alle eines gemeinsam haben: Das Blei wird fest auf der Schnur fixiert, gleitet also nicht frei über die Hauptschnur. Unter das Blei knoten wir unser Vorfach mit dem Haken, an dessen Schenkel ein dünnes Stückchen Schnur (das sogenannte Haar) gebunden wird, auf das wir später unseren Köder aufziehen werden. Der Köder wird also nicht auf den Haken gestochen, sondern

◀ Eine große Schleie nahm den Boilie an der Festbleimontage und gleitet gleich in den Kescher.

mit dem Haar am Haken frei hängend angeboten.

Das Haar besitzt eine Schlaufe, und so durchbohren wir mit einer speziellen Boilienadel zunächst den Köder, klinken dann in den Widerhaken der Nadel die Schlaufe ein und ziehen diese zurück durch den Köder. Nun ist die gesamte Schlaufe durch den Köder gezogen und wir müssen sie durch ein kleines Stückchen Plastik oder einen Grashalm im Köder fixieren. So aufgezogen, hängt unser Köder knapp unter dem Hakenschenkel und ist bereit zum Auswerfen.

Haben wir unsere Montage an eine verheißungsvolle Stelle geworfen, legen wir die Rute im Rutenständer ab. Hierbei sollte die Spitze in Richtung Wasser geneigt sein

Friedfischangeln

▶ So wird ein Boilie angeködert: Nachdem der Boilie mit der Nadel durchstochen wurde, wird das Haar hindurchgezogen und mit einem kleinen Stopper fixiert.

und in einer Flucht zu dem ausgelegten Köder zeigen. Nun spannen wir die Schnur und hängen einen Bissanzeiger, wie wir ihn vom leichten Grundangeln kennen, in die Schnur zwischen Rolle und ersten Rutenring. Jetzt beginnt das (hoffentlich nicht zu lange) Warten.

Der Anbiss eines Fisches ist bei dieser Angelmethode einzigartig und in der Regel vehement.

Folgendes geht bei einem Biss unter Wasser vonstatten:

Nähert sich ein Fisch unserer Montage und nimmt den Köder auf, hat der Fisch zunächst so viel Spielraum zum Prüfen des Köders, wie das Vorfach lang ist. Bei einem 30 Zentimeter langen Vorfach, kann sich der Fisch also mit dem Köder im Maul genau 30 Zentimeter um das Blei herumbewegen, ohne argwöhnisch zu werden. Erst wenn sich der Fisch einen Zentimeter zu weit von dem fest fixierten Blei entfernt, schwimmt er gegen das volle Bleigewicht. Durch diese Bewegung sticht sich der Fisch den Haken in das Maul, erschrickt und reagiert meist mit einer Flucht. Für den Angler macht sich dies durch das rasante Abziehen der Schnur von der Angelrolle bemerkbar, die zuvor locker genug eingestellt wurde, dass sie im entscheidenden Augenblick die Leine freigibt. In diesem Moment wird auch klar, warum der Köder nicht auf den Haken aufgespießt werden darf, denn ist die Hakenspitze durch den Köder verdeckt, gibt es keinen Stich in der Lippe und damit auch keine Fluchtreaktion. Der Fisch würde einfach den Köder loslassen, sobald er gegen das Bleigewicht schwimmt. Nur wenn die Hakenspitze frei ist, durch das Anködern mit der Haarmethode, funktioniert das Prinzip der Festbleimontage.

Für den Angler ist diese Art der Köderpräsentation zweifelsfrei eine ungemein erholsame Variante, den Fischen nachzustellen.

Die Methoden 53

◀ Eine „Sicherheitsmontage" zusammengebaut (oben) und in seinen Einzelteilen (unten). Geht der Fisch versehentlich mit Montage verloren, ist es ihm möglich die Komponenten im Wasser abzustreifen. Fair geht vor!

Die Köder werden bei gespannter Schnur auf dem Gewässergrund präsentiert und der Angler erfährt erst etwas von einem Biss, wenn es für den Fisch schon zu spät ist. Nämlich dann, wenn er den faulen Zauber bemerkt hat und erschrocken davonprescht.

Bei dieser Angelart ist es nicht nötig, die gesamte Angelzeit über die Ruten zu beobachten, denn ein beißender Fisch zieht so rasant Schnur von der Rolle, dass der Angler von dem Kreischen der Rollenbremse in Kenntnis gesetzt wird. Nun muss lediglich die Rute mit dem wütenden Fisch in die Hand genommen, die Bremse für den Drill fester gezogen und zur Sicherheit noch ein leichter Anschlag gesetzt werden, um den Haken tiefer in das Fischmaul eindringen zu lassen. Dem Drill steht nun nichts mehr im Wege.

Gewiss, ein Kinderspiel ist es auch mit dieser Methode nicht, dem Fischgewässer reihenweise seine kapitalsten Exemplare zu entlocken, denn vor den Fang hat der liebe Gott das Warten auf den ersehnten Biss gesetzt. Profis harren oftmals mehrere Tage in Erwartung des großen Bisses am Wasser aus. Dennoch, die Festbleimontage ist eine Art der Köderpräsentation, die dem Angler erlaubt, sich auch mit anderen Dingen beim Angeln nebenher zu beschäftigen. Seit vielen Jahren gibt es im Fachhandel zudem elektronische Bissanzeiger zu kaufen, welche die Warterei noch erträglicher machen. Während die Rute auf dem Bissanzeiger aufliegt, wird die Schnur bei einem Biss über einen Kontakt gezogen und der Bissanzeiger zeigt dem Angler piepsend und blinkend den Biss an. Einfacher geht es nun wirklich kaum.

Ursprünglich wurde die Festbleimontage für scheue Großkarpfen entwickelt, auf die mit gekochten und sehr harten Teigködern (Boilies) geangelt wurde. Erfunden wurde das Ganze vor etlichen Jahren von englischen Anglern, die entdeckt hatten, dass der Karpfen in der Lage ist, sehr harte Köder zunächst aufzusaugen und dann tief im Schlund mit den Schlundzähnen zu zermalmen und zu fressen.

All dies liegt inzwischen viele Jahre zurück und aus der reinen Festbleiangelei auf Karpfen lassen sich unterschiedliche Variationen für alle Friedfische ableiten. Zwar ist die Fluchtmontage auch heute noch DIE Montage zum Fang kapitaler Karpfen, aber auch alle anderen Friedfische lassen sich in kapitalen Größen zum Anbiss verleiten. Angeboten werden Boilies in unterschiedlichen Größen sowie alle Arten von Partikelködern. Aber auch Teig und Maden lassen sich – die Montage entsprechend verfeinert – am Haar anbieten und mit einem fest fixierten Blei den Fisch zum Anbiss verleiten.

So können beispielsweise Schleien mit 10–12 Millimeter großen Boilies sowie einzelnen Partikelködern am Haar, fixiert mit einem 50–70 Gramm schweren Blei oder sogar einem fest fixierten Futterkorb gezielt befischt werden. Oder aber wir bieten ein oder zwei gequollene Kichererbsen an einem 6–8er Haken an und versuchen damit den gezielten Ansitz auf kapitale Brassen. Für die kämpferischen Barben hingegen eignen sich etwa ein mal ein Zentimeter große Käsewürfel, ebenso aber auch Boilies. Für den klassischen Karpfenfang dürfen die Boilies gerne ein wenig größer ausfallen und ruhig einen Durchmesser von 20 Millimetern besitzen. Werden Sie dann noch immer von

Ausklinken

Verwenden Sie ausschließlich Montagen, die das Blei bei einem versehentlichen Bruch der Hauptschnur problemlos ausklinken lassen. Stellen Sie sich vor, Sie haben einen kapitalen Karpfen im Drill und die Schnur reißt plötzlich. Könnte sich das Blei nicht selbstständig lösen, wäre der Fisch dazu verdammt, das schwere Gewicht weiterhin hinter sich herzuziehen. Gewiss würde dies seinen sicheren Tod bedeuten.

▶ Nicht nur Karpfen mögen Boilies!

Die Methoden 55

◀ Ein schöner Spiegelkarpfen ist der Lohn an einem langen Angeltag.

„kleinen" Fischen geärgert, die sich am Köder vergreifen, scheuen Sie sich nicht davor, gleich zwei dieser großen Boilies auf das Haar aufzuziehen. Beim Karpfen sollte dann übrigens auch das Gewicht des verwendeten Bleis eine Spur größer sein. 80 Gramm sind Minimum und 120 Gramm sicherlich noch nicht übertrieben. Der Schnurdurchmesser sollte nicht unter 0,30 Millimetern liegen.

Klar, dass Sie zum Werfen dieser extremen Gewichte spezielle Ruten benötigen, denn zum gezielten Großfischfang ist unsere Einsteigerrute nicht ausgelegt. Spezielle Ruten für das Festbleiangeln in 3,60–3,90 Metern Länge finden Sie ausreichend in jedem Angelgeschäft. Die Stärke dieser Ruten sind gewöhnlich in Testkurven, gemessen in lbs (englischen Pfund), angegeben. Um Ihnen einen Überblick über die entsprechenden Wurfgewichte zu geben,

Testkurven und Wurfgewichte	
Testkurven in LBS	**Wurfgewicht**
1,50 lbs	42 Gramm
1,75 lbs	49 Gramm
2,00 lbs	56 Gramm
2,25 lbs	63 Gramm
2,50 lbs	70 Gramm
2,75 lbs	77 Gramm
3,00 lbs	84 Gramm
3,25 lbs	91 Gramm
3,50 lbs	98 Gramm

schauen Sie bitte auf folgende Tabelle: Da sich aber nicht in jedem Gewässer gleich die kapitalsten Karpfen mit 10, 15 oder gar 20 Kilogramm Gewicht befinden, können Sie mit der Einsteigerrute ohne Weiteres

Friedfischangeln

50 Gramm schwere Gewichte werfen und erste Erfahrungen beim Friedfischangeln mit der Festbleimontage sammeln. Verwenden Sie hierzu kleine Boilies oder einzelne Partikelköder und füttern Sie damit ihren anvisierten Angelplatz zuvor einige Tage an. Jeden Tag ein paar Hände schmackhafter Partikelköder oder Boilies an eine verheißungsvolle Stelle im Gewässer geworfen, lockt die Fische an und steigert ihre Erfolgschancen am Angeltag.

Als Rollen haben sich für die Festbleimethode ganz besonders die sogenannten Baitrunner-Modelle etabliert. Diese Rollen besitzen einen kleinen Hebel, der es ermöglicht, die normale Funktion der Rolle bei geschlossenem Rollenbügel außer Funktion zu setzen.

Nach dem Auswerfen schließen wir den Rollenbügel, legen die Rute ab und spannen die Schnur. Nun legen wir den Hebel des Baitrunners um, wodurch ein anbeißender Fisch in der Lage ist, bei geschlossenem Bügel Schnur von der Rolle zu ziehen. Bei einem Biss nehmen wir die Rute in die Hand, klappen den Hebel wieder zurück und haben sofort die normale Funktion der Rolle mit der zuvor eingestellten Bremskraft zur Verfügung. Ein nicht zu unterschätzender Vorteil, denn wir sparen uns im Falle eines Bisses das lästige Fummeln an der Rollenbremse, wenn uns der Baitrunner nicht zur Verfügung steht.

▶ Diese beiden kapitalen Brassen wurden auf eine Festbleimontage gefangen, bei der ein beschwerter Madenkorb als Festblei diente.

▶ Der kleine Hebel über der Heckbremse schaltet den „Baitrunner" ein.

Oberflächenangeln und das Fischen mit der freien Leine

An dieser Stelle möchte ich Ihnen die wohl spannendsten Methoden zur aussichtsreichen Fischwaid vorstellen: Das Oberflächenangeln und das Fischen mit der freien Leine. Diese Art der Fischerei hat wenig gemeinsam mit dem Ansitz der vorweg vorgestellten Angelmethoden.

Während wir beim Posen- und Grundfischen Fallensteller sind und geduldig abwarten, bis ein Fisch auf unseren angebotenen Köder hereinfällt, sind wir beim Oberflächenangeln schleichende Indianer, die den Fisch suchen, sich anpirschen und ihm dann ein Schnippchen schlagen.

Nicht immer finden wir die Fische in Grundnähe oder im Mittelwasser vor. Es gibt Zeiten, in denen wir die Fische mit wachsamem Auge an der Wasseroberfläche ausmachen können. Zugegeben, es ist nicht einfach, diese Fische zu fangen, aber nicht unmöglich.

Zunächst einmal müssen wir die Fische finden. Eines der wichtigsten Hilfsmittel hierfür ist eine Polarisationsbrille. Diese speziellen Brillen entspiegeln das Oberflächenwasser, sodass es uns möglich wird, all das ein wenig deutlicher wahrzunehmen, was unserem Auge sonst durch die Oberflächenspiegelung versagt bleibt. Erwarten Sie keine Wunder von dieser Brille, aber dennoch ist sie das Basis-Instrument bei dieser Angelmethode. Erhältlich sind Polarisationsbrillen in jedem gut sortierten Angelgeschäft und natürlich beim Optiker. Mit der Brille auf der Nase begeben wir uns nun auf die Suche nach den Fischen. Die Saison zum Oberflächenangeln beginnt mit steigender Wassertemperatur im Frühjahr und endet im zeitigen Herbst. Wird das Wasser kälter, ziehen sich die Fische wieder in tiefere Wasserschichten zurück.

Damit nicht die Fische uns entdecken, bevor wir sie entdeckt haben, suchen wir uns Schutz im Uferbewuchs und treten so

◀ Nein, etwas spannenderes als Oberflächenangeln gibt es nicht!

▶ Schauen Sie genau hin: Haben Sie die beiden Fische an der Oberfläche auch schon ausgemacht?

leise wie möglich mit dem Schuhwerk auf. Kräftiges Auftreten überträgt die entstehenden Schwingungen ins Wasser, die die Fische wiederum sehr sensibel erspüren können und sofort das Weite suchen würden. Wir sollten uns tunlichst für gedämpfte Kleidung entscheiden, damit wir uns der Umgebung am Ufer farblich anpassen.

So ausgestattet, schleichen wir nun das Ufer entlang und versuchen Fische auszumachen. Oftmals stehen die Fische bewegungslos an der Oberfläche und scheinen sich im Glanz der wärmenden Sonnenstrahlen zu sonnen. Andere Fische hingegen sind zunächst gar nicht erkennbar und verraten sich lediglich durch eine V-förmige Wellenbewegung, die sich langsam über das Wasser zieht. Ein wenig indianisches Gespür macht sich beim Lokalisieren der Fische bezahlt, denn oftmals müssen wir die Zeichen der Natur deuten, um erste Fische zu entdecken. Diese halten sich nämlich gerne dort auf, wo sie möglichst rasch Deckung finden können, wie in Krautfeldern, ins Wasser gestürzten Bäumen, Seerosen oder Schilfwänden. Oft sieht man sie aber auch direkt im Freiwasser.

Die Fische entdeckt! ... und nun?
Sie haben die ersten Fische entdeckt! Was nun? Zunächst einmal heißt es: Ruhe bewahren und nicht aufgrund des greifbar nahen Fanges in Nervosität verfallen. Beantworten Sie sich innerlich drei Fragen, bevor sie die Angel auswerfen:

1. Was sind es für Fische und welchen Köder biete ich an?
2. Welches Gerät wähle ich?
3. Wie und wo kann ich den Fisch sicher landen?

Wahrscheinlich waren die Fische schon Stunden vor Ihnen dort, deshalb haben wir jetzt auch ausreichend Zeit, uns über die drei Fragen Gedanken zu machen, denn

Die Methoden 59

◄ Eine Gruppe richtig dicker Graskarpfen an der Wasseroberfläche. Da juckt es schon beim Ansehen in den Fingern.

sicherlich werden die Fische noch ein Weilchen an der Stelle stehen bleiben, an der wir sie ausgemacht haben. Vorausgesetzt, sie entdecken uns nicht!

1. Wichtig ist zunächst, die Fische zu identifizieren, denn sonst können wir nicht eindeutig klären, welchen Köder wir anbieten sollen. Haben wir einen auf Beute lauernden Hecht entdeckt, brauchen wir in unserer Köderbox nicht nach Schwimmbrot zu suchen.

Beim Oberflächenangeln bietet es sich an, eine kleine Auswahl an Friedfischködern mitzuführen. Der klassische Köder ist Schwimmbrot. Einfach ein Brötchen vom Vortag in eine Plastiktüte einwickeln, schon haben Sie ein zähes Schwimmbrot, das lange am Haken hält. Aber auch andere Köder können mit einem Stück Schaumstoff oder einer kleinen Kugel Styropor am Haken zum Schwimmen gebracht werden. Neben dem Schwimmbrot sind Sie mit einer Dose Gemüsemais und einem Päckchen Maden oder Bienenmaden beim Oberflächenfischen gut beraten.

2. Nun stellt sich die nächste Frage: Welches Gerät verwende ich? Haben Sie nur eine leichte Friedfischrute dabei, sollten Sie darauf verzichten die ausgemachten 20-pfündigen Karpfen anzuwerfen, die sich neben einem ins Wasser ragenden Busch die warmen Sonnenstrahlen auf den Buckel scheinen lassen. Sicherlich werden Sie mit dem viel zu leichten Geschirr der Verlierer eines ungleichen Kampfes sein. Wägen Sie also Ihre realistischen Chancen, den Fisch haken und auch landen zu können, sorgfältig ab und kehren lieber an einem anderen

◄ Wickeln sie ein Brötchen über Nacht in eine Plastiktüte ein, wird es schön zäh und hält gut am Haken.

Friedfischangeln

Tag mit entsprechendem Geschirr an das Gewässer zurück.

Halten Sie es für möglich, die ausgemachten Fische zu fangen, sollten Sie sich vor dem ersten Wurf Gedanken über die verwendeten Materialien machen und sie den ausgemachten Fischen entsprechend anpassen.

Bei ufernah stehenden Fischen benötigen Sie außer einem beköderten Haken keine weiteren Utensilien auf Ihrer Schnur. Sie werden erstaunt sein, wie weit Sie mit einer in Wasser getränkten Brotflocke werfen können. Zusätzliches Wurfgewicht benötigen Sie nicht.

Haben Sie die Fische ufernah und in Grundnähe ausgemacht, wählen Sie einen sinkenden Köder, den Sie den Fischen ebenfalls an der freien Leine anbieten können. Ist das Wasser klar, können Sie den Köder auch noch in 2–3 Metern Tiefe ausmachen und beobachten, wann er von einem Fisch genommen wird.

Bei weiter entfernt stehenden Fischen, kann es nötig sein, eine kleine durchsichtige Wasserkugel oder einen Oberflächencontroller, mit einem etwas längeren Vorfach (mindestens 1,50 Meter) anzuknoten, um eine größere Wurfdistanz zu erreichen.

3. Bevor Sie aber den Köder auswerfen, muss ganz genau überlegt werden, wie und wo man den gehakten Fisch am Ende des Drills landen kann. Was nützt es Ihnen, wenn Sie sich durchs Unterholz an die Fische herangeschlichen haben, Sie aber aufgrund des zugewachsenen oder zu hohen Ufers keine Möglichkeit haben, den Fisch auch in den Kescher zu bekommen? Haben Sie sich über diese drei Dinge Gedanken gemacht, kann es losgehen! Werfen Sie den Fischen aber bitte keinesfalls den Köder auf den Kopf, denn sie würden sich mit lautem Getöse auf und davon machen. Gehen Sie bedächtig vor. Zunächst sollten Sie einige Ihrer Köder ein gutes Stück oberhalb der Fische einwerfen und warten, bis diese mit der Oberflächenströmung langsam zu den Fischen getrieben werden.

Hat der erste Fisch einen der Köder von der Oberfläche geschlürft und auch der zweite und der dritte Fisch verschmähen das Angebot nicht, ist Ihre Zeit gekommen. Werfen Sie Ihren beköderten Haken ebenfalls oberhalb der Fische ein und ziehen ihn ganz langsam zu den fressen-

▼ Pirschen gehört zum Oberflächenangeln manchmal einfach dazu.

▼ Neben Rute, Rolle, Schnur und Haken, sind es Polbrille und Schnurfett, was man zum Angeln an der Oberfläche benötigt.

◀ Oberflächenkarpfen sind immer etwas Besonderes!

den Fischen heran. Besser noch: Sie warten bis er von alleine zu den Fischen herangetrieben ist. Sicherlich wird sich bald der erste Fisch für Ihr Angebot interessieren. Wenn sich langsam von unten ein Fischleib auf den Köder zubewegt, sich das Maul des Fisches öffnet, Ihr Köder darin versinkt und Ihnen vor Spannung das Herz bis in den Hals schlägt, wird es Zeit, einen kräftigen Anhieb zu setzen. Glauben Sie mir, etwas Spannenderes als das Angeln auf Sicht gibt es nicht!
Setzen Sie den Anschlag erst, wenn sich die Schnur in Bewegung setzt, erst jetzt hat der Fisch den Köder richtig genommen. Bedenken Sie beim Angeln auf Sicht, dass Sie nur eine einzige Chance haben, den Fisch zu fangen. Ein verfrühter oder fehlgeschlagener Anhieb lässt die Fische panisch davonschießen und Sie haben Ihre Chance vertan.
Nicht alle Fische stehen an der Oberfläche. In manchen Gewässern kann man die Fische auch beim Fressen am Grund ausmachen. Grundnah stehende Fische sind meist nicht so schreckhaft und nehmen den Angler nicht so rasch wahr. Trotzdem gilt natürlich: Festen Auftritt, hektische Bewegungen und Lärm vermeiden.
Bei grundnah stehenden Fischen gehen Sie ähnlich wie zuvor beschrieben vor. Zunächst werfen Sie einige Ihrer sinkenden Köder ein und beobachten, was passiert, wenn diese zum Grund taumeln. Werden sie von den Fischen angenommen? Beginnen die Fische zu fressen? Erst jetzt überwerfen Sie die Fische mit Ihrem Köder und ziehen ihn dann im Zeitlupentempo heran. Schauen Sie, was mit Ihrer Schnur passiert, und erst wenn sich diese in Bewegung setzt, ist der richtige Zeitpunkt für einen Anhieb gekommen.
Wirklich schwierig wird es, wenn Sie ziehende Fische im Mittelwasser ausmachen. Diese Fische sind meist nicht auf Nahrungssuche und verschmähen jeden

Friedfischangeln

▶ Eine kleine Gürtelbox ist ein nützlicher Helfer, um die Hände stets frei zu haben.

angebotenen Köder. Doch wir wollen nicht die Flinte ins Korn werfen, bevor wir überhaupt einen Versuch gewagt haben. Grundsätzlich gilt: Je langsamer die Fische ziehen, desto größer sind unsere Chancen, einen von ihnen zu erwischen. Die richtige Taktik könnte sein, die Zugroute der ausgemachten Fische abzuschätzen und einige langsam sinkende Köder wie Maden, Würmer oder Gemüsemais dort ins Wasser einzuwerfen, wo wir vermuten, dass die Fische bald vorbeiziehen. Am besten passen wir das Ganze so ab, dass die lose eingeworfenen Köder gerade dann so weit abgesunken sind, wenn die ziehenden Fische vermutlich bald entlangschwimmen. Nimmt einer der Fische einen der Köder im Vorbeischwimmen auf, lohnt sich ein erneuter Versuch, diesmal mit einem beköderten Haken! Optimal wäre es natürlich, wenn die Fische von unserem eingeworfenen Angebot so beeindruckt sind, dass sie den sinkenden Ködern auf den Grund folgen. Diese Fische können wir nun leicht fangen, da sie aktiv fressen. Einfach einen beköderten Haken an freier Leine einwerfen, absinken lassen und auf den Biss warten.

Manchmal kann es bei ziehenden Fischen aber auch sinnvoll sein, ihnen ohne vorheriges Anfüttern gleich unseren langsam sinkenden Hakenköder zu präsentieren. Wieder passen wir es so ab, dass der sinkende Köder genau auf Augenhöhe des Fisches ist, wenn er an dieser Stelle vorbeikommt. Oft wird ein so angebotener Köder ganz nebenbei eingeschlürft.

Warnung

Ich muss Sie allerdings warnen! Diese spannende Art der Angelei macht süchtig! Zugegeben, es ist nicht einfach, auf diese Weise einen Fisch zu fangen. Fische erspähen und Fische tatsächlich fangen sind zwei völlig verschiedene Dinge. Und dennoch: Wer erst einmal einen fetten Karpfen an der Angel hat, dessen Biss er mit eigenen Augen an der Oberfläche beobachten konnte, der wird es immer wieder versuchen und sich auch durch Misserfolge nicht entmutigen lassen.

Methoden des Friedfischangelns auf einen Blick

Posenangeln

Das Posenangeln ist eine weitverbreitete Angelmethode zum Friedfischangeln. Sie ist für fast alle Gewässertiefen geeignet, allerdings nur für relativ ruhiges Wasser. Die Form und die Bebleiung der Pose ist entscheidend für ihre Sensibilität beim Anzeigen von Bissen.

Form:

Ist das Wasser ruhig, kann eine schlanke und lange Pose mit wenig Tragkraft verwendet werden.

Ist die Wasseroberfläche aufgewühlt, muss eine kompaktere Pose mit tiefer liegendem Schwerpunkt und höherer Tragkraft gewählt werden.

Bebleiung:

Mit Hilfe der Bebleiung können drei Variablen verändert werden: Bissanzeige, Köderpräsentation und Wurfentfernung.

Je leichter die Pose, desto sensibler die Bissanzeige, aber desto leichter wird sie auch vom Wind bewegt. Je schwerer die Pose, desto unsensibler wird die Anzeige und desto misstrauischer werden die Fische.

Es gilt: So leicht wie möglich und so schwer wie nötig.

Leichtes Grundangeln

Wenn es zu windig ist, der Wellengang zu stark, das Gewässer zu tief oder die Fische nicht in Wurfentfernung stehen, bietet das leichte Grundangeln eine Alternative zum Posenangeln. Hierbei wird der Köder mittels eines Grundbleies am Gewässerboden angeboten. Die Schnur bildet den Kontakt zum Köder und zeigt den Biss an.

Futterkorb-/ Winkelpickerangeln

Das Angeln mit der Futterkorb- oder Winkelpickerrute stellt eine spezielle Form des Grundangelns dar, bei der die Bissanzeige über die Rutenspitze erfolgt.

Winkelpicker-Ruten sind ähnlich sensibel wie die Posen beim Posenangeln, können jedoch bei vielerlei Bedingungen eingesetzt werden. Sie sind sehr leicht und eignen sich daher nur für geringe Wurfentfernungen und den Fang kleinerer und mittlerer Fische.

Futterkörbe können mit verschiedenem Futter befüllt werden und locken die Fische unmittelbar zum Haken. Die Ruten sind stabiler als Winkelpicker-Ruten und erreichen dadurch größere Wurfweiten.

Festbleiangeln

Zum Angeln auf die größten und schwersten Friedfische ist das Festbleiangeln die richtige Methode. Nachdem der Fisch den Köder geschluckt hat, sticht sich der Haken durch das Gewicht des Bleies von selbst in dessen Lippen. Da dies in der Regel eine Fluchtreaktion des Fisches hervorruft, spricht man auch von einer Fluchtmontage.

Unter das auf der Schnur fixierte Blei wird ein Vorfach mit Haken geknotet. An dessen Schenkel wird ein dünnes Stückchen Schnur (das sogenannte Haar) gebunden, auf das dann der Köder aufgezogen wird.

Oberflächenangeln

Im Gegensatz zu den anderen vorgestellten Angelmethoden wird beim Oberflächenangeln nicht auf das Anbeißen der Fische gewartet, sondern aktiv nach oberflächennahen Fischen gesucht. Besonders wichtig ist das extrem leise Anschleichen, damit die Tiere nicht vorzeitig die Flucht ergreifen. Sind die Fische gefunden, stellen sich drei Fragen, die den weiteren Verlauf des Angelns bestimmen:

1. Was sind es für Fische und welchen Köder biete ich an?

2. Welches Gerät wähle ich?

3. Wie und wo kann ich den Fisch sicher landen?

Köder für Friedfische

Jedes Angelgewässer ist eine kleine, in sich geschlossene Welt und kein Gewässer gleicht dem anderen. So ist es nicht weiter verwunderlich, dass auch deren Bewohner, die Fische, sich in jedem Gewässer vollkommen anders verhalten und unterschiedliche Fressgewohnheiten an den Tag legen. Gerade dieser Umstand macht die Friedfischangelei so spannend und interessant. Wäre es nicht langweilig, wenn sich jeder Angeltag gleich gestalten würde und wir immer mit dem gleichen Köder und Lockfutter gigantische Fangstrecken vorzeigen könnten? Ich denke, das Angeln würde schnell seinen Reiz verlieren.

Andererseits scheint es oftmals schwierig, sich in der verwirrenden Vielzahl der Angelköder zurechtzufinden. Aber nicht nur die Auswahl des Köders, auch die Zusammensetzung unseres Lockfutters, mit dem wir die Fische anlocken und am Platz halten wollen, um sie möglichst zahlreich fangen zu können, erscheint vielen als unüberschaubar.

An dieser Stelle möchte ich Ihnen die gebräuchlichsten Angelköder für das Friedfischangeln vorstellen und einen Überblick über die wichtigsten Lockfutterzutaten geben.

▶ Quirlige Maden sind an jedem Gewässer ein guter Köder für alle Friedfische.

Tierische Köder

Zunächst möchte ich Ihnen die gebräuchlichsten tierischen Köder vorstellen. Es handelt sich hierbei um eine Reihe von Larven und Würmern, die bereits unzählige Friedfische in ganz Europa an den Angelhaken gebracht haben und die überall sofort von den Fischen angenommen werden. Zum einen weil diese oder ähnliche Nahrung des Öfteren auch auf natürlichem Wege in die Gewässer gespült werden, zum anderen weil die Fische instinktiv wissen, dass diese proteinreichen Happen sehr nahrhaft sind und eine gelungene Abwechslung auf dem Speiseplan darstellen.

Fleischmaden

Bei Fleischmaden handelt es sich um die Larven der unterschiedlichsten Fliegen. Für den Angler sind die Larven der Schmeiß- und Stubenfliegen sehr interessant und sie werden in jedem Angelgeschäft für wenig Geld verkauft.

Die Maden aus dem Fachhandel sind in der Regel 1–1,5 Zentimeter groß und werden in kleinen, mit Sägemehl gefüllten Döschen angeboten. Diese Maden haben eine weißgelbliche Farbe und ein dickes Ende mit zwei kleinen Punkten. Der Körper läuft nach hinten spitz zu. Es gibt noch eine etwas kleinere Variante, die Pinkies. Diese eignen sich ebenfalls gut als Hakenköder, dienen aber auch zum losen Anfüttern. Beide Arten halten sich am besten bei Temperaturen knapp über 0 °C, ansonsten würden die Maden schon nach ein bis zwei Tagen beginnen, sich zu verpuppen. Im Kühlschrank kann dieser Prozess wirkungsvoll verzögert werden. Achten sie stets auf ein festes Verschließen des Gefäßes, denn Maden quetschen sich gerne unter jeden Hohlraum und können so den

Köder für Friedfische 65

> **Kontrolle**
>
> Maden halten sehr gut am Haken, sollten aber trotzdem von Zeit zu Zeit vom Angler kontrolliert werden, denn oftmals „lutschen" die Fische die Maden unbemerkt aus, sodass nur noch die Haut der Maden am Haken hängt. Maden eignen sich hervorragend als Köder für alle Arten kleiner bis mittlerer Friedfische.

Deckel öffnen und im Kühlschrank auslaufen.
Beim Anködern sollte darauf geachtet werden, dass die Maden an ihrem dicken Ende, knapp unter den beiden Punkten, welche als Atemlöcher dienen, mit einem feindrähtigen Haken (Größe 10–18) durchstochen werden. Andererseits drohen sie auszulaufen und würden für die Fische unattraktiv werden.

Madenpuppen (Caster)
Die verpuppten Maden eignen sich ganz hervorragend als Köder. Zunächst ist die Puppe noch weiß-gelblich, doch mit dem Fortschreiten der Verpuppung nehmen die Puppen eine rotbraune bis annähernd schwarze Färbung an. Diese Madenpuppen neigen dazu, im Wasser aufzutreiben. Geben Sie die Caster in eine Schüssel und entnehmen die schwimmenden Puppen. Wenn Sie solch eine Puppe zusätzlich zu zwei sich verführerisch bewegenden Maden auf den kleinen Haken spießen, wird das Gewicht des Hakens durch den Auftrieb des Casters aufgehoben und Sie haben einen schwebenden Köder, der für viele Fische unwiderstehlich ist. Caster müssen sehr vorsichtig angeködert werden, denn sie laufen schnell aus und sind dann als Hakenköder unbrauchbar. Die sinkenden Puppen können ebenfalls als Hakenköder oder auch zum Beifüttern verwendet werden.

Bienenmaden
Die weiß-silbrigen Bienenmaden sind mit etwa 2,5 Zentimetern Länge ein wenig größer als Fleischmaden und ebenfalls sehr fängig. Für Forellenangler sind sie ein echter Geheimtipp. Leider sind sie sehr schwer erhältlich, wer aber das große Glück hat und einen Imker kennt, wird sicherlich zur Zeit

▲ Für den Fang von Brassen gilt die Fleischmade als Klassiker.

◄ Bienenmaden sind deutlich größer und überaus fängig für Teichforellen

◄ Viele Angler werfen Madenpuppen weg und wissen nicht, was für ein hervorragender Köder sie sind.

▶ Eine Tebolarve wurde auf den Haken aufgezogen.

▶ Zuckmückenlarven stellen für die meisten Friedfische die tägliche Hauptnahrung dar.

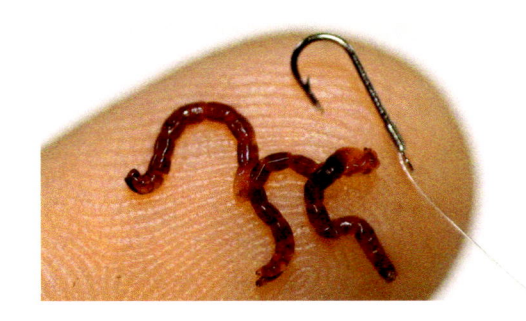

▶ Mehlwürmer lassen sich sehr lange aufbewahren, ohne an Qualität zu verlieren.

der Drohnenbrut einige dieser eiweißhaltigen Köder erhalten können, denn dann entfernt der Imker einen großen Teil dieser Brut aus den Bienenstöcken.
Bienenmaden werden ebenfalls am Kopfende angeködert, können aber auch der Länge nach vollständig auf dem Haken aufgezogen werden. Haken der Größe 2–10 sind angebracht.

Tebolarve (Wachsraupe)

In Anglerkreisen wird die etwa 2 Zentimeter große Raupe der Wachsmotte fälschlicherweise oftmals als Bienemade bezeichnet, da die Wachsmotte ihre Eier gerne in Bienenstöcken ablegt. Hier gilt sie als großer Schädling und wird vom Imker schnellstmöglich entfernt. Deshalb können wir diesen Köder ebenfalls beim Imker erstehen, aber auch in Zoo- und Angelfachgeschäften.

Angeködert wird die Tebolarve wie die echte Bienenmade und kann dann mit einer kleinen Spritze und einer feinen Insulin-Nadel vorsichtig mit Luft aufgepumpt werden, um sie für mehrere Stunden schwimmfähig zu machen. Mit einem kleinen Bleischrot, je nach Auftriebshöhe entsprechend vom Haken entfernt, fixieren wir die Made auf dem Grund und bieten so unseren Köder etwas auftreibend vom Grund an. Auf diese Weise angebotene Köder werden von den Fischen schneller wahrgenommen und versinken nicht im Kraut.

Rote Zuckmückenlarven

Es gibt weltweit etwa 5000 Arten von Zuckmückenlarven, für uns ist aber lediglich die rote Zuckmückenlarve, die je nach Art etwa 5–20 Millimeter groß wird, interessant. Zuckmückenlarven leben in der obersten Schlammschicht unserer Gewässer und bilden eine der Hauptnahrungsquellen für Friedfische. Dadurch sind sie äußerst fängig, denn die Fische haben keinerlei Argwohn gegen diesen Köder.

Da Zuckmückenlarven sehr klein sind, eignen sie sich besonders für den Fang kleinerer Fische. Sie werden an kleinsten Haken (Größe 18–22) angeboten. Damit sie nicht auslaufen und somit uninteressant für den Fisch werden, sollten sie kurz hinter dem Kopf eingestochen werden. Frische Zuckmückenlarven gibt es im gut sortierten Angelladen oder im Zoofachhandel. Die Tiere werden bei geringer Umgebungstemperatur (maximal 5–8 °C) in

Zeitungspapier aufbewahrt und bleiben so für einige Tage frisch. Zum Trennen der Larven wird etwas trockener Lehm oder Maismehl über die Tiere gestreut.

Mehlwürmer

Mehlwürmer sind etwa 2–3 Zentimeter lang und weisen eine weißlich bis gelbbraune Farbe auf. Sie sind mehr als nur ein Ausweichköder auf alle kleineren bis mittleren Friedfische. Mehlwürmer werden an kleinen, dünndrähtigen Haken der Größe 10–14 angeboten, indem man sie zunächst im ersten Drittel vorsichtig durchsticht, dann den Hakenschenkel hinaufschiebt und sie nun noch einmal im unteren Drittel erneut durchsticht. Ein bis zwei weitere – einfach durchstochene – Mehlwürmer am Haken bieten einen schönen Happen, den kaum ein Fisch verschmähen kann. Bei einem Biss sollte zügig angeschlagen werden.
Erhältlich sind Mehlwürmer im Angelfachgeschäft oder Zoohandel. Sie sollten in einer kleinen Dose mit Sägespänen und etwas Weizenkleie bei geringer Temperatur aufbewahrt werden.

Rotwürmer/Laubwürmer

Der Rotwurm ist mit bis zu 9 Zentimetern Länge einer der kleineren Vertreter der unterschiedlichen Würmer. Er sollte auf nicht zu dickdrähtigen Haken der Größe 4–12 angeboten werden. Das Kopf- und das Schwanzende sollten hierbei möglichst frei stehen. Der Körper darf nicht öfter als 2–3-mal durchstochen werden, um stets einen lebhaften Wurm anbieten zu können. Der Auswurf muss – wie bei allen Würmern – vorsichtig und niemals ruckartig vollzogen werden, ansonsten reißt der Wurm schnell vom Haken.

◀ Dieser Rotwurm verführte eine schöne Schleie.

◀ Auch Karpfen haben Würmer zum Fressen gern!

Rotwürmer können in jedem Angelgeschäft gekauft werden, jedoch ist es recht unproblematisch, sich selbst einen kleinen Vorrat anzulegen. Ganz besonders schnell wird man auf einem Mist- oder Komposthaufen fündig. Intensives Wässern, einige Zeit vor der Suche, hilft, die Würmer auch in den oberen Schichten zu finden. Aber auch unter totem Laub, grobem Astwerk und größeren Steinen werden wir schnell fündig. Rotwürmer sollten in feuchter (nicht nasser!) Erde kühl gelagert werden.

Mistwürmer/Gelbschwanzwürmer

Hierbei handelt es sich ebenfalls um einen recht kleinwüchsigen Wurm mit

Friedfischangeln

▶ Solch eine prächtige Rotfeder fängt man nur mit dem richtigen Köder.

▶ Eine handvoll quicklebendiger Dendrobenas

bis zu 7 Zentimetern Länge. Er sieht dem Rotwurm sehr ähnlich, aber im Unterschied zu diesem weist der Mistwurm im letzten Drittel seines Körpers eine sehr helle, oft knallgelbe Färbung auf. Der Mistwurm findet sich ebenfalls dort, wo wir schon den Rotwurm gesucht haben und wird auch auf die gleiche Art angeködert. Beim Durchstechen des Mistwurmes, tritt eine stark riechende, gelbliche Flüssigkeit heraus.

Tauwurm

Der Tauwurm ist der größte unserer heimischen Würmer, der bis zu 25 Zentimeter lang werden kann und kräftig braunrot gefärbt ist.

Aufgrund seiner enormen Größe kann er auf verschiedene Arten angeködert werden. Bietet man ihn im Ganzen an, sollte ein nicht zu kleiner Haken der Größe 1–2 verwendet werden. Er kann nun 2–3-mal durchstochen werden, die Enden sollten aber freistehen. Für größere Fische, wie den Karpfen, der seine Beute aufsaugt, genügt es, den Tauwurm nur an einer Stelle aufzuspießen und in ganzer Länge herabhängen zu lassen. Sind kleinere Fische zu erwarten oder kommt es zu Fehlbissen, kann auch mit kleinen Stückchen des Tauwurmes an etwas kleineren Haken gefischt werden. Nicht nur Friedfische stehen auf diesen Köder. Auch Aale, Barsche und hin und wieder ein kleiner Zander kommen an diesem leckeren Angebot nicht vorbei. Sogar Welse werden immer wieder mit diesem Köder überlistet. Der Tauwurm kann in feuchter Erde über mehrere Wochen gehalten werden. Er ist in jedem Angelgeschäft erhältlich, jedoch

Köder für Friedfische

auch recht teuer. Es ist aber nicht schwer, ihn sich selbst zu beschaffen. Am besten gelingt dies an einem dunklen, feuchten Sommerabend auf einer nicht zu hoch gewachsenen Wiese. Mit gedämpftem Taschenlampenlicht schleichen wir hierzu langsam über die Wiese. Meist schauen die Würmer mit etwa zwei Dritteln ihres Körpers aus der Erde hinaus. Tauwürmer reagieren äußerst empfindlich auf das Vibrieren des Bodens durch unser Auftreten und können sich innerhalb einer Sekunde in den Boden zurückziehen.

Haben wir einen Tauwurm entdeckt, nähern wir uns diesem Wurm und greifen ihn mit einer blitzschnellen Bewegung. Jetzt auf keinen Fall ziehen, denn sonst würden wir den Wurm zerreißen! Der Tauwurm muss lediglich für einige Sekunden festgehalten werden, bis er sich langsam, unter vorsichtigem Zug aus der Erde löst. An guten, feuchten Abenden kann man einige Dutzend Würmer fangen.

Dendrobena
Dendrobenas werden auch als Riesen-Rotwurm bezeichnet und werden aus den USA importiert. Es gibt diesen äußerst anspruchslosen Wurm in verschiedenen Größen. Sie werden gleichermaßen wie die vorab beschriebenen Arten angeködert. Dendrobenas erlebten in den letzten Jahren einen wahrhaftigen Boom unter den Anglern, denn sie sind unter einfachsten Bedingungen über Wochen haltbar und verfügen am Angelhaken über eine bemerkenswerte Lebensdauer.

Partikelköder
Partikelköder ist ein Sammelbegriff für pflanzliche Kleinköder wie Mais, Hanf, Bohnen etc. Eine Reihe von ihnen müssen vor dem Angeln zunächst zubereitet werden, um sie am Haken anbieten zu können. Viele sind jedoch selbst dann noch zu hart, um sie auf den Haken spießen zu können, und werden deshalb an der Haarmontage angeboten. Natürlich eignen sich

◀ Kaum ein Köder verführte so viele Friedfische zum Biss, wie süßer Dosenmais.

◀ Keine Frage - Brassen lieben Partikelköder

▶ Hanfsaat getrocknet (links) und gekocht (rechts)

diese Köder ganz besonders gut für die Fischerei auf Karpfen, aber auch andere größere Friedfische vergreifen sich gerne an ihnen.

Ein weiterer Vorteil der meisten Partikelköder ist ihr geringer Preis, denn sie können als Kiloware für wenig Geld im Futtermittelhandel erstanden werden. Somit tut selbst kräftiges Anfüttern mit diesen Ködern dem Geldbeutel nicht weh.

Dosenmais

Kein anderer Partikelköder hat mehr Fische an den Haken gebracht als der für wenig Geld angebotene Gemüsemais in der Dose. Er ist einfach zu beschaffen, ewig haltbar und verfügt über eine weiche Konsistenz. Zusätzlich ist er in einer schmackhaften Zuckermarinade eingelegt. Gemüsemais ist für jeden Friedfisch gleichermaßen verführerisch. Wer mag, kann dem Mais gerne noch Lockstoffe wie Vanillezucker, Gewürze oder flüssige Geruchsstoffe zufügen, um ihn ein wenig von dem Angebot anderer Angler abzuheben. Einzelne Maiskörner werden an einem Haken der Größe 12–14 angeboten, sollen mehr als ein Maiskorn als Köder dienen, muss der Haken entsprechend größer ausfallen.

Weizen

Weizen ist ein ganz hervorragender Köder auf Rotauge, Brassen und Co., aber auch Karpfen und Schleien lassen sich durchaus zum Anbiss verleiten. Jedoch muss Weizen vor dem Ansitz vorbereitet werden, um ihn am Haken anbieten zu können. Zunächst wird er für etwa 12 Stunden eingeweicht. Dann wird er in dem Einweichwasser so lange auf kleiner Flamme gekocht, bis er beginnt aufzuplatzen. Testen Sie die Härte des Kornes, indem Sie den Weizen zwischen Daumen und Zeigefinger zerdrücken, und entscheiden Sie, wann er weich genug für das Anködern auf dem Haken ist. Doch Achtung, ist er zu weich, hält er dem Auswurf nicht mehr stand.

Hanfsaat

Ebenfalls ein bewährter Köder, der von vielen Anglern als „Rotaugenmagnet" für die Wintermonate bezeichnet wird. Doch auch alle anderen Friedfische lieben diesen Köder – ja sogar ein kapitaler Karpfen ist sich nicht zu schade den Hanf Korn für Korn einzusaugen. Leider ist Hanf so klein, dass er sich nicht unbedingt dazu eignet, ihn gezielt auf große Fische anzuködern. Trotzdem, zum Anfüttern ist er ein ganz ausgezeichneter Köder und hält die Fische lange am Angelplatz, denn sie benötigen viel Zeit, um die einzelnen Köder aufzunehmen. Auch dieser Köder muss zunächst vorbereitet werden, um mit ihm fischen zu können. Weichen Sie den Hanf zunächst 6–12 Stunden ein, übergießen ihn dann mit kochendem Wasser und lassen ihn

Süße Verlockung

Die Attraktivität des Weizens lässt sich durch Zugabe von Zucker oder Lockstoffen in das Kochwasser noch steigern. Benutzen Sie kleine Haken der Größe 10–16, um diesen Köder anzubieten.

zugedeckt über Nacht stehen. Nun sollte das Korn aufgeplatzt und ein weißer Keim sichtbar sein. So ist Hanf genau richtig zubereitet. Die wohlriechenden Öle des Hanfes verteilen sich besonders verführerisch im Wasser und locken die Fische auch von weit her an.

Kartoffel

Nicht unbedingt ein Partikelköder, aber aufgrund der ähnlichen Zubereitung zähle ich die Kartoffel in diesen Bereich. Die stärkehaltige Kartoffel ist ein Klassiker unter den Ködern und war jahrelang der selektivste Köder auf Karpfen. Die Kartoffel wird zunächst fast gar gekocht, um sie anbieten zu können. Größere Kartoffeln werden kleingeschnitten, kleinere Kartoffeln bis etwa 3–4 Zentimeter Größe können im Ganzen angeboten werden. Mit einer Ködernadel wird nun das Vorfach mit dem Haken der Größe 1–4 vorsichtig durch die Kartoffel gezogen. Kurz bevor der Haken vollständig in die Kartoffel eingezogen wurde, sollte in den Hakenbogen ein Grashalm oder ein kleines Stück eines Blattes eingelegt werden. So übersteht die Kartoffel den Auswurf unbeschadet und der Haken reißt nicht heraus. Solch ein Kartoffelbrocken fängt selbstverständlich fast ausschließlich Karpfen, denn für andere Fische wäre der Köder zu groß. Angeboten wird die ganze Kartoffel entweder an freier Leine, also ohne jegliche Beschwerung, oder bei weiterer Wurfweite an der Grundmontage mit einem frei durchlaufenden Blei. Der Anschlag sollte gesetzt werden, wenn die Schnur gleichmäßig von der Rolle läuft.

Kleinere Kartoffelstücke werden auch von anderen Friedfischen gerne genommen, sodass es durchaus sinnvoll ist, die Kartoffel auch für andere Friedfische als Hakenköder zu verwenden.

Erdnüsse

Erdnüsse sind ebenfalls ein Top-Köder für Karpfen, aber auch für diverse Weißfische geeignet. Erdnüsse sollten vor dem Angeln für kurze Zeit gekocht werden. Nach dem Kochen entfalten sie ihr ganzes Aroma und wirken sehr anziehend auf die Fische. In der Regel werden 2–4 Erdnüsse an der Haarmontage an einem 4er- oder 6er-Haken in Zusammenhang mit einem schweren Festblei angeboten. Sie können aber auch direkt auf den Haken gesto-

◄ Kartoffeln sollten mit der Ködernadel aufgezogen werden.

◄ Erdnüsse (oben) und Kichererbsen an der Haarmontage

Friedfischangeln

▲ Hier wird gerade ein sehr großer Aland ins Wasser zurückgesetzt.

chen werden, vorausgesetzt, die Hakenspitze schaut noch aus dem Köder heraus, um einen beißenden Fisch haken zu können. Erdnüsse sind recht leicht und eignen sich so hervorragend für das Angeln auf weichem oder krautigem Grund, da sie hier kaum einsinken. Mit einem Stück Schaumstoff auf dem Haar lassen sich Erdnüsse – wie alle anderen Köder am Haar auch – exzellent als auftreibender Köder anbieten. Sicherlich wird dieser Köder sehr viel eher von den Fischen wahrgenommen als ein sinkender Köder. Die Auftriebshöhe wird durch ein Stück Bleischrot auf dem Vorfach bestimmt, welches den Köder am Grund fixiert.

Kichererbsen

Getrocknete Kichererbsen sind ebenfalls ein sehr guter Köder für Karpfen, aber auch für Alande, Brassen und andere mittlere Weißfische. Kichererbsen nehmen bei ihrer Zubereitung außerordentlich gut Farb- und Geruchsstoffe auf, sodass wir diesen Köder in vielen Variationen anbieten können. Zunächst weichen wir die Kichererbsen 10–12 Stunden ein und kochen sie dann für etwa 10–20 Minuten. Eventuelle Zugaben sollten schon in das Einweichwasser beigeben werden, in dem später die Kichererbsen auch gekocht werden.

Kichererbsen werden auf gleiche Weise angeködert wie Erdnüsse. Erhältlich sind sie in gut sortierten Supermärkten und bei Gemüsehändlern. Kichererbsen aus der Dose oder dem Glas sind sehr weich und halten schlecht am Haken. Außerdem besitzen sie bei Weitem nicht das kräftige Aroma wie selbst zubereitete Köder. Frische, gekeimte Kichererbsen hingegen eignen sich vortrefflich als Friedfischköder, allerdings sollten sie mit kochendem Wasser überbrüht werden, um den Keimvorgang zu stoppen.

Futtermais (Hartmais)

Futtermais ist, ebenso wie Gemüsemais aus der Dose, ein echter Allroundköder und eignet sich für alle mittleren bis großen Friedfische. Futtermais ist sehr preiswert und kann für wenige Euros in 25-Kilogramm-Säcken im Landhandel gekauft werden.

Hartmais sollte zunächst für mindestens 12, besser 24 Stunden eingeweicht und dann für etwa 20 Minuten gekocht werden, um sein ganzes Aroma frei zu entfalten. Der Mais ist genau richtig, wenn die ersten Körner beginnen aufzuplatzen. Eine kräftige Beigabe von Haushaltszucker in das Kochwasser macht den Hartmais besonders fängig. Ganz besonders mögen es die Fische, wenn man den Hartmais nach dem Kochen für ein bis zwei Tage zugedeckt im Kochwasser stehen und fermentieren (gären) lässt. Für den menschlichen Geruchssinn ist dies nicht sonderlich attraktiv, die Fische sind jedoch verrückt danach! Angeködert wird der Hartmais auf die gleiche Weise wie die anderen harten Partikelköder, am

Haar. Je nach Zielfischgröße, werden ein bis fünf Körner auf das Haar gezogen. Die Hakengröße variiert zwischen Größe 4 (bei mehreren Körnern) und Größe 12 bei Einzelkörnern.

Tigernüsse
Tigernüsse sind die getrockneten Früchte des Erdmandelgrases, welches in sehr mildem Klima wächst. Im Mittelmeerraum wird aus den Tigernüssen Öl, Milch und sogar Müsli hergestellt, während diese Frucht bei uns eher unbekannt ist. Als Angelköder, ausschließlich für Karpfen, hat sich die Tigernuss allerdings bei uns Anglern in den letzten Jahren etabliert. Tigernüsse sind extrem hart und müssen zunächst für 12–24 Stunden eingeweicht werden, bevor sie für etwa eine Stunde gekocht werden. Nun sind sie zwar immer noch knüppelhart, der Karpfen ist jedoch in der Lage diese besonders süßen Nüsse mit seinen Schlundzähnen zu knacken. Aufgrund der Härte dieses Köders, wird man selten andere Fische darauf fangen. Ähnlich wie beim Futtermais ist es ratsam, die Nüsse nach dem Kochen für ein bis zwei Tage stehen zu lassen, bis die Gärung einsetzt. Bei Tigernüssen ist es daran erkennbar, dass das Kochwasser beginnt, zähflüssig und kleisterartig zu werden. In diesem Zustand haben die Nüsse ihren optimalen Reifegrad für das Karpfenangeln erreicht.
Tigernüsse werden am Haar angeboten und können mit einem Stückchen Kork unauffällig zum Schwimmen gebracht werden. Die Hakengröße richtet sich nach der Anzahl der angebotenen Körner, sollte aber zwischen 2–6 liegen. Erhältlich ist dieser Köder im gut sortierten Angelgeschäft.

Bohnen
Die Zubereitung von getrockneten Bohnen ist die gleiche wie bei Kichererbsen und auch das Anködern wird genauso vorgenommen. Es gibt verschiedene Arten von Bohnen, die alle gleichermaßen von mittleren bis großen Friedfischen gefressen werden. Vorheriges Anfüttern an mehreren Tagen hat sich bewährt, damit der Köder gut von den Fischen angenommen wird. Bohnen aus der Dose oder dem Glas können ebenfalls verwendet werden, jedoch sind sie sehr weich und so muss vorsichtig ausgeworfen werden, damit der Köder nicht vom Haken fällt.

▲ Kleiner Köder – dicker Fisch! 2 Tigernüsse lockten diesen Schuppenkarpfen an den Haken.

▲ Je nach Härte können Bohnen an der Haarmontage oder auch direkt am Haken angeboten werden.

Teigköder, Käse und Boilies

An dieser Stelle möchte ich Ihnen einige unterschiedliche Köder vorstellen, die aus mehreren Zutaten bestehen und teilweise sogar selbst vom Angler hergestellt werden können. Sie eignen sich für das Angeln auf alle Friedfische. Von der kleinsten Laube bis zum dicksten Karpfen ist mit diesen Ködern alles möglich. Je nach Ködergröße und angewandter Angelmethode können Sie aber auch ganz gezielt auf bestimmte Fische mit ihnen angeln.

Brot

Weißbrot und Brötchen sind ein Klassiker unter den Friedfischködern und werden seit Generationen von den Anglern erfolgreich verwendet. Es gibt keinen Friedfisch, der noch nicht mit Brot überlistet wurde. Die Vorteile liegen auf der Hand: Brot ist günstig, leicht zu beschaffen und kann auf unterschiedliche Art und Weise angeboten werden. Am besten halten Brot und Brötchen am Haken, wenn man es einen Tag vor dem Angeln in eine Plastiktüte einwickelt, sodass es am Angeltag weich und gummiartig ist. Soll der Köder etwas länger am Haken halten, sollte man ein Stück der Kruste abreißen und nach innen falten, bevor man den Haken einsticht. Sie können allerdings auch Stücke aus dem Inneren des Brotes ohne Kruste anbieten, der Angler spricht von der Brotflocke. Einen Nachteil dieses Köders möchte ich aber nicht verschweigen: Alle Arten von Friedfischen lieben Brot und so wird der angebotene Köder schnell von kleineren Fischen attackiert. Jeder dieser kleinen Fischlein knabbert an dem Brot herum und so rupfen sie ihn innerhalb kürzester Zeit vom Haken. Häufiges neu Beködern muss also in Kauf genommen werden. Können Sie einen eindeutigen Biss erkennen, muss der Anschlag bei Brotködern recht zügig gesetzt werden, andernfalls ist das Brot vom Haken gefressen.

Teig

Angelteige gibt es wie Sand am Meer und jeder Angler hat sein Spezialrezept zur Herstellung eines fängigen Teigköders. Die einfachste Methode, einen Angelteig herzustellen, ist es, Toastbrot zunächst in Wasser einzuweichen, dann das überschüssige Wasser wieder vorsichtig hinauszupressen und so lange Paniermehl und ein wenig Weizenmehl hinzuzufügen, bis ein geschmeidiger Teig entstanden ist. Dieser sollte gut am Angelhaken halten und nicht durch Strömung oder knabbernde Kleinfische vom Haken fallen. Um den Teig für den Fisch ein wenig schmackhafter zu gestalten, kann man gerne noch Backaromen, Küchengewürze wie Anis, Zimt, Koriander, aber auch Zucker oder Honig hinzufügen. Der Fantasie sind keine Grenzen gesetzt.

Gute Teige lassen sich auch aus zerdrückten Kartoffeln, püriertem Dosenmais oder Reibekäse herstellen, vermengt mit Panier- oder Maismehl und bei trockenem Gefüge mit Wasser angereichert. Möchten Sie sich einen Angelteig aus pulverförmigen Zutaten zusammenstellen, empfiehlt es sich, den Teig mit Eiern statt mit Wasser anzurühren.

▶ Einfach, aber genial. Brot verführte schon so manchen kapitalen Brocken.

Köder für Friedfische

◀ Bei der Herstellung von Teigen, sind der Fantasie kaum Grenzen gesetzt.

◀ Ein Brassen, der den Kescher ausfüllt. Der Köder scheint ihm geschmeckt zu haben.

Vielerlei Angelteige werden auch im Fachhandel angeboten. Die Hakengröße richtet sich nach der Größe des Teigköders.

◀ Nudeln sind mehr als ein Verlegenheitsköder.

Nudeln

Für viele Angler sind Nudeln nur ein Verlegenheitsköder, doch gerade kleinere Friedfische lassen sich gut mit gekochten Nudeln fangen. Achten Sie bei der Zubereitung darauf, dass die Nudeln nicht zu weich gekocht werden, denn sonst halten sie nur schlecht am Haken. Am besten lässt sich der Haken in seiner vollen Länge in Makkaronis verstecken und bleibt somit unsichtbar für die Fische. Der Anhieb sollte bei einem Biss schnell und entschlossen gesetzt werden.

◀ Käse - nicht nur für Barben top

Käse

So wie die Kartoffel lange Zeit als klassischer Köder für den Karpfen galt, so kann Käse als Klassiker für den Fang einer Barbe angesehen werden. Damit der Käse gut am Haken hält, sollte er eine gewisse Festigkeit aufweisen. Um einem Zerbrechen beim Anködern vorzubeugen, wird Käse mit einer Ködernadel aufgezogen. Besser ist es, den Käse an der Haarmontage anzubieten. Unter diesen Umständen darf der Käse dann also ruhig etwas härter ausfallen. Frischer, geschmeidiger Emmentaler oder Edamer sind für diese Fischerei besonders zu empfehlen. Am besten kauft man ihn im Block und schneidet ihn in kleine Würfel mit etwa 1–2 Zentimetern Kantenlänge. Wird der Käse beim Angeln kühl und abgedeckt gelagert, kann man auch an einem heißen Sommertag lange mit ihm fischen. Am besten schlägt man den Käse in ein Tuch ein und lagert ihn dann in einer verschlossenen Dose an einem schattigen Platz.

Doch nicht nur Barben lassen sich mit Käse fangen, auch andere Fische wie Brassen, Döbel oder Karpfen finden Gefallen an diesem Köder.

Boilies

Bei Boilies handelt es sich um gekochte Teigköder. Hergestellt werden Boilies aus einer Mischung diverser pulverförmiger Zutaten und Eiern. Aus dieser Mischung werden kleine Kugeln geformt, die anschließend gekocht und dann getrocknet werden. Da diese Köder recht hart sind, können sie kaum direkt am Haken angeboten werden. Es hat sich herausgestellt, dass zwar tatsächlich überwiegend Karpfen mit dem Boilie gefangen wurden, aber auch viele andere Friedfische diesen Köder fressen.

So kann man mit etwas kleineren Boilies mit Durchmessern von 10–16 Millimetern auch ganz gezielt kapitale Döbel, Alande, Brassen, Barben, Schleien usw. fangen. Mit größeren Boilies werden hauptsächlich Karpfen gefangen, und es wurden in den letzten 25 Jahren unglaubliche Rekordfänge auf der ganzen Welt mit diesen Ködern gemacht. Boilies gibt es in jedem Angelgeschäft zu kaufen. Es gibt Hunderte von Geschmacks- und Geruchsrichtungen und man kann sie in allen erdenklichen Farben und Größen kaufen. Diese Boilies sind sehr lange haltbar und fangen zweifellos Karpfen. Jedoch halte ich selbst hergestellte Boilies für weitaus fängiger.

Die Boilieherstellung ist keine Wissenschaft. Am Ende dieses Kapitels stelle ich Ihnen einige erprobte Rezepte vor und dokumentiere die Herstellung dieses Köders.

Künstlich hergestellte Köder

Seit einigen Jahren werden im Fachhandel optisch annähernd perfekt imitierte, künstlich hergestellte Köder angeboten. Diese bestehen aus einer Stärkeverbindung und sollen dadurch biologisch abbaubar und für die Fische verdaubar sein. Angeboten werden diese gummiartigen Köder als Imitate von Zuckmückenlarven, Maden, Mais, Würmern usw. Ganz besonders fängig sind diese Köder als Kombi-Köder in Verbindung mit echten Ködern. So kann beispielsweise ein Haken mit zwei weißen echten Maden und einer zusätzlich angebotenen roten künstlichen Made durchaus die Fische besser zum Biss verleiten, allein schon durch den entstandenen farblichen Kontrast. Leider sind diese Köder im Gegensatz zum Original recht teuer. Der Vorteil ist, dass sie stets verfügbar und lange haltbar sind und somit für den Angler als Notköder dienen können.

▼ Ein wahrlich schöner Döbel wird hier der Kamera präsentiert.

▼ Künstliche Maden fangen auch Fische.

◀ Diese leckeren Futterballen sind genau das Richtige, um die Fische an den Platz zu locken.

Anfütterung

Um das Angeln auf Friedfische nicht dem reinen Zufall überlassen zu müssen, ist es unerlässlich, die Fische anzulocken. Hierzu haben sich spezielle Futtermischungen aus den unterschiedlichsten Futtermehlen bewährt, welche mit Wasser angerührt und zu kleinen Bällchen geformt werden. In das Fischwasser geworfen, haben diese die Funktion, die Fische auch aus größerer Entfernung anzulocken, zum Fressen zu animieren und am Platz zu halten, ohne dabei die Fische zu sättigen. Zusätzlich soll die Anfütterung dazu dienen, einige lose Gratisbeigaben unseres Hakenköders an den Platz zu befördern, um die Fische für diesen Köder arglos zu machen.

Doch Futter ist nicht gleich Futter. Unsere Anfütterung muss ganz speziell auf die jeweilige Situation und den Gewässertypen zugeschnitten werden. Während wir für das flache Stillwasser ein Futter benötigen, welches sich schnell auflöst und langsam als Wolke zum Grund sinkt, benötigen wir für das Fließwasser ein Futter, welches als Ballen schnell den Grund erreicht und sich dort durch die Strömung erst langsam auflöst. Aber auch die Gewässertiefe ist entscheidend, denn zerbricht ein Futterballen bereits beim Aufschlagen an der Wasseroberfläche, ist das Futter sicherlich für das Oberflächenangeln geeignet, dafür aber völlig unbrauchbar für das Fischen in Grundnähe bei einigen Metern Wassertiefe. Jedes Futtermehl hat seine vornehmlichen Eigenschaften und eignet sich für ganz bestimmte Bereiche der Friedfischangelei. So darf zum Beispiel Paniermehl in keinem Futter fehlen, da es einen angenehmen Eigengeruch hat, leicht klebend wirkt und das Futter gut auflockert. Bisquit- und Lebkuchenmehl hingegen haben eine

Friedfischangeln

▶ So wird die Anfütterung hergestellt. Zunächst werden alle trockenen Zutaten in einem großen Eimer vermischt. Dann wird nach und nach, unter ständigem Rühren, Wasser zugegeben, bis sich locker gepresste Futterballen herstellen lassen, die auf dem Gewässergrund rasch zerfallen sollen.

höhere Bindekraft und einen kräftigen Geschmack, der die Fische anlockt. Strömungsfutter muss mit Sand, Kies oder Lehm beschwert werden, damit es zügig auf den Gewässergrund sinkt und es sollte mit bindenden Zutaten wie beispielsweise Haferflocken oder Puddingpulver verklebt werden.
Für wolkenbildendes Stillwasserfutter haben sich Milchpulver oder Kakao bewährt, wobei das Futter ein wenig trockener gelassen werden sollte, damit es schnell auseinanderbricht. Um die Sache noch ein wenig komplizierter zu gestalten, besitzen selbst die verschiedenen Fischarten scheinbar noch eigene Vorlieben. So ist es unter Friedfischanglern kein Geheimnis, dass Rotaugen eher ein würziges Futter annehmen, während Brassen die süßliche Note bevorzugen.

Für den Einsteiger ist es zunächst sicherlich einfacher, auf die bewährten Futtermischungen aus dem Angelgeschäft zurückzugreifen. Hier werden viele verschiedene Kompositionen für die unterschiedlichen Angelmethoden und Fischarten angeboten. Hilfreich hierbei ist, dass bereits ausgiebig erprobte Lockstoffe und Zutaten beigefügt sind und man keine Experimente eingehen muss. Des Weiteren weisen diese Produkte stets gleichbleibende Qualität auf und wurden von Profis entwickelt. Um die Kosten niedrig zu halten, kann man diese Produkte noch etwas mit Paniermehl strecken. Wie das Futter richtig angerührt wird, sehen Sie auf den Fotos.

Köder für Friedfische

Wer den Schritt wagen und sich seine eigenen Mischungen zusammenstellen möchte, dem habe ich eine Liste der gebräuchlichsten Zutaten erstellt, mit ihrem jeweiligen Verhalten im Wasser und ihrer maximalen Menge, in der sie dem Futter zugesetzt werden sollten. Hier kommt es auf die Experimentierfreude des Anglers an, und es gibt keinerlei feste Regeln für die Futterzusammensetzungen. Das Futter muss lediglich für die jeweilige Situation passen und die Fische an den Haken locken.

Beim Angeln auf bestimmte Fischarten kann es sinnvoll sein, die vielen Weißfische vom Angelplatz fernzuhalten. Wollen wir einen Ansitz auf kapitale Karpfen wagen, würden wir uns unserer Chancen eventuell berauben, wenn ein Schwarm Brassen auf dem Futterplatz auftaucht und unsere Köder nach und nach wegfrisst. In diesem Fall sollten wir auf pulverförmiges Futter verzichten und nur unsere Hakenköder zum Anfüttern verwenden. Ein Futterplatz, bestehend aus Tigernüssen, Boilies und Hartmais, wäre völlig uninteressant für kleinere Weißfische und wird früher oder später sicherlich von den Karpfen gefunden werden.

Eine weitere Möglichkeit, die Fische an den Futterplatz zu locken, besteht darin, sie mit sogenannten Pellets anzufüttern. Dies sind im Fachhandel angebotene, gepresste Futtermittel, die sich im Wasser langsam auflösen. Pellets sind in vielen Größen und Geschmacksrichtungen erhältlich und lösen sich – je nach Größe und Produkt – innerhalb von 5 Minuten bis mehreren Stunden auf. Dadurch bilden sie einen schönen Futterteppich am Gewässergrund und geben nach und nach ihre Inhaltsstoffe an das Wasser ab. Langes Anrühren des Futters entfällt bei diesen Ködern, leider hat dieser Luxus auch seinen Preis.

Viele Angler schwören bei der Herstellung ihres Futters auf die Zugabe von konzentrierten Aromastoffen in flüssigem oder pulverförmigem Zustand. Tatsächlich werden die Fische dadurch schneller an den Platz gelockt und zum Fressen animiert. Es gibt Hunderte dieser reizvollen Zusätze und somit ist es schwer, eine Übersicht zu schaffen. Angefangen von Küchengewürzen, über Backaromen und diverse Wässerchen und Pülverchen aus der Angelindustrie können alle Produkte die Bissausbeute steigern. Probieren Sie einfach aus, was Ihnen als lockend erscheint, und Sie werden sicher über die Resultate erstaunt sein.

◀ Dieser Brassen ließ sich auf den Futterplatz locken.

◀ Pellets sind wahre „Fischmagneten", da sie eine intensive Geruchsspur im Wasser hinterlassen.

Futtermehle im Überblick

Sorte	Farbe	Eigenschaft	max. Anteil im Futter
Bisquitmehl	gelblich	bindend, süß, klebrig, guter Geschmack	30 %
Coprah-Melasse	braun/schwarz	bindend, süß, wasserlöslich, guter Geschmack	20 %
Erdnussmehl, fett	weiß/gelblich	bindend, fett, schwer, guter Geschmack	10 %
Erdnussmehl, geröstet	braun	kaum bindend, sehr guter Geruch/Geschmack	15 %
Haferflocken	weiß	sehr gut bindend, sättigend	10 %
Hanfmehl, geröstet	dunkelbraun	kaum bindend, appetitsteigernd	10 %
Johannisbrotmehl	grau/braun	mäßig bindend, leicht süßlich, klebend	25 %
Kakaopulver, ungesüßt	dunkelbraun	wasserlöslich, guter Geschmack, dunkelt das Futter ab	10 %
Kartoffelflocken	weiß/gelb	Gut bindend, guter Geschmack	20 %
Kies, fein	weiß/grau	trennend, sehr schwer, keine Bedeutung als Futter	10 %
Kokosraspeln	weiß	nicht bindend, guter Geschmack, fett	5 %
Lebkuchenmehl	braun	gut bindend, sehr würzig, sehr guter Geschmack	20 %
Lehm, feucht	braun	gut bindend, sehr schwer, keine Bedeutung als Futter	30 %
Maisgrieß, Polenta	gelb	nicht bindend, guter Geschmack, schwer	20 %
Maismehl, geröstet	beige/braun	kaum bindend, guter Geschmack	20 %
Maismehl, süß	gelb	kaum bindend, leicht süß, guter Geschmack, schwer	25 %
Milchpulver	weiß	stark wolkenbildend, wasserlöslich, guter Geschmack	10 %
Paniermehl	gelb/braun	mäßig bindend, guter Geruch/Geschmack	100 %
Popcornmehl	weiß/gelb	nicht bindend, recht neutral	10 %
Puddingpulver	weiß	sehr gut bindend, guter Geschmack	10 %
PV 1	braun	gut bindend, leicht süß	20 %
Sand	gelb/braun/grau	trennend, sehr schwer, keine Bedeutung als Futter	30 %
Sojamehl, vollfett	hellbraun	kaum bindend, hoher Nährwert, nussiger Geschmack	20 %
Traubenzucker	weiß	mäßig bindend, klebend, sehr süß, sehr guter Geschmack	15 %
Toastbrotmehl	weiß	auflockernd, guter Geruch/Geschmack	40 %
Waffelmehl	gelb/beige	bindend, süß, guter Geruch/Geschmack, klebend	30 %
Walnussmehl	braun	Bindend, fett, guter Geruch/Geschmack	10 %
Weizengluten	weiß	gut bindend, klebend	10 %
Zwiebackmehl	gelb/beige	mäßig bindend, leicht süßlich, guter Geruch/Geschmack	40 %

Futterrezepte

Für diejenigen, die sich ihr Futter gerne selbst zusammenstellen möchten, nachfolgend einige bewährte Rezepte für unterschiedliche Situationen. Selbstverständlich können alle Rezepte durch Zugabe von Duft- oder Aromastoffen verfeinert oder durch Veränderungen der Zutaten auf das jeweilige Gewässer zugeschnitten werden.

Tiefes Stillwasser, süß
500 g Paniermehl
200 g Bisquitmehl
100 g Erdnussmehl, fett
100 g Maismehl, süß
100 g Coprah-Melasse
Nicht zu trocken anrühren

Stillwasser, würzig
400 g Paniermehl
200 g Maismehl (Polenta)
200 g Hanfmehl
100 g Kokosflocken
100 g Erdnussmehl, geröstet
50–100 g Koriander
¼ Liter Pinkies
Nicht zu feucht anrühren

Strömungsfutter, süß
500 g Paniermehl
200 g Lebkuchenmehl
100 g Johannisbrotmehl
100 g Waffelmehl
100 g Maismehl, süß oder Polenta
100 g Traubenzucker
150 g feiner Kies oder Sand
Gut durchfeuchten

Strömungsfutter, würzig
300 g Paniermehl
200 g Lebkuchenmehl
200 g Hanfmehl
200 g Erdnussmehl
50–100 g Anis
100 g Haferflocken
150 g feiner Kies oder Sand
Gut durchfeuchten

Wolkenbildendes Futter
500 g Paniermehl
200 g Zwiebackmehl
100 g Milchpulver
200 g Toastbrotmehl
100 g Kokosflocken
Mit Milch anrühren

Allroundfutter
400 g Paniermehl
300 g Maismehl, süß
200 g Waffelmehl
100 g Sojamehl, vollfett
Je nach Situation durchfeuchten oder etwas trockener lassen

◀ Das richtige Futter machte diesen Brassen auf den Köder aufmerksam.

◀ Rotfedern sollten mit wolkenbildendem Futter beangelt werden.

Boilierezepte

▶ In der Boilieküche: Zunächst werden alle trockenen Zutaten miteinander vermischt. Dann gibt man die aufgeschlagenen Eier, verrührt mit allen flüssigen Zutaten, dazu, und knetet die Mischung solange durch, bis sich geschmeidige Würstchen daraus rollen lassen.

Forelli-Boilies

Dieser Boilie besteht zu einem großen Teil aus dem Forellenfutter „Forelli", es kann auch das Forellenfutter der Firma „Trouvit" verwendet werden. Beides wurde, unter Berücksichtigung wirtschaftlicher Aspekte, zur Aufzucht von Jungfischen entwickelt und beinhaltet alle Zutaten, die zu einer gehaltvollen Nahrung benötigt werden. Lassen Sie sich nicht durch den Umstand täuschen, dass es sich um Forellenfutter handelt. Was den jungen Forellen recht ist, schmeckt anderen Fischen allemal. Das Forelli kann im Landhandel günstig erworben werden und wird zu Hause im Küchenmixer klein gemahlen.
Aufgrund des starken Eigengeruches kann auf jegliche Zugabe von Aromastoffen verzichtet werden. Trotzdem sollte dieser preiswerte Boilie zunächst ein paar Tage vorgefüttert werden, um seine volle Fangkraft zu entfalten.

600 g Forellimehl
300 g Grieß
100 g Sojamehl, vollfett
Etwa 10–12 Eier

Supermarkt-Boilies

Alle Zutaten dieses Boilies sind im Supermarkt erhältlich (Sojamehl eher im Reformhaus oder Angelgeschäft) und so handelt es sich um einen Boilie, der ganz ohne Spezialzutaten auskommt. Durch Zugabe von schmackhaften Mehlen und gut riechenden Gewürzen ist es ein Köder, der schnell von den Fischen angenommen wird.

250 g Maismehl (grob und fein gemischt)
250 g Weichweizengrieß
250 g Sojamehl, vollfett

Köder für Friedfische 83

▸ Mit einem Boilieroller werden die Kugeln geformt, die dann in kochendes Wasser gegeben werden, bis sie an der Oberfläche schwimmen. Nun werden die Köder mit einem Schaumlöffel entnommen und für einige Zeit trocknen gelassen, bis sie den gewünschten Härtegrad erreicht haben.

70 g Haselnussmehl
40 g Kakaopulver, ungesüßt
70 g Sittichfutter, gemahlen
1/2 Päckchen Knödel halb & halb
je 1–2 gehäufte Esslöffel Zimt und Lebkuchengewürz
1–2 Päckchen Vanillinzucker
Etwa 10–12 Eier

Birdfoodboilies

Hierbei handelt es sich um einen Boilie, der zu einem sehr großen Teil aus Vogelfutter besteht. Die Sämereien, welche sich in dem Vogelfutter befinden, üben eine starke Anziehungskraft auf die Fische aus und werden ebenfalls schnell angenommen. Ein wenig Süßstoff, vorsichtig dosiert, und ein fruchtiger, nussiger oder würziger Aromastoff (Flavour) aus dem Angelgeschäft können die Fängigkeit erhöhen.

300 g Sittichfutter, gemahlen
200 g Hartweizengrieß
150 g Sojamehl, vollfett
150 g Maismehl
100 g Hanfmehl, geröstet
100 g Casein
Etwa 10–12 Eier

Fisch-Boilies

Boilies mit einem Fischmehlanteil können nach einigen Tagen Anfüttern eine ungeheure Lockwirkung auf die Fische ausüben. Sie sind für langfristiges Anfüttern bestens geeignet und werden dank ihres hohen Proteinanteils sehr gerne von den Fischen gefressen. Es handelt sich um einen echten Spezialköder, und die Zutaten sind nicht einfach zu beschaffen. Oftmals müssen sie im spezialisierten Versandhandel für Köderzutaten bestellt werden. Die Zutaten sind nicht sehr preiswert, aber es handelt sich um einen wirklich hochwertigen Boiliemix mit sehr gutem Nährwert. Fischige Aromastoffe (Flavour) haben sich bei diesem Boilie bewährt, man kann ihn aufgrund seines starken Eigengeruches jedoch auch ohne Beigabe von Aromastoffen fischen.

200 g Rotbarschmehl
200 g Quicko Vogelfutter
150 g Weichweizengrieß
100 g Milchpulver
100 g Sojaprotein
100 g Knödel halb & halb
100 g Sojamehl, vollfett
 50 g Eggalbumin
Etwa 10–12 Eier

Nuss-Boilies
Karpfen und andere Friedfische lieben Partikel und Nüsse, und so liegt es auf der Hand, mit einem nussigen Boilie sein Glück zu versuchen. Der Teig sollte bei der Herstellung zunächst ein wenig feuchter gehalten werden, denn die Zutaten nehmen noch nach längerer Zeit Feuchtigkeit auf und der Boilieteig trocknet dadurch nach. Ist er zu trocken, lässt er sich nur schlecht verarbeiten. Nussige und würzige Flavours verfehlen in diesem Boilie nicht ihre Wirkung.

250 g Hartweizengrieß
200 g Erdnussmehl
200 g Maismehl
150 g Sittichfutter, gemahlen
100 g Tigernussmehl
 50 g Haselnussmehl
 50 g Eggalbumin

Vom Anhieb bis zum Hakenlösen

Der richtige Moment

Wie wir den Fisch zum Anbiss verleiten, haben wir bereits gesehen, aber was tun, wenn der Moment endlich da ist, in dem sich die Pose auf Tauchstation begibt oder der Bissanzeiger an unserer Grundrute wie von Geisterhand beginnt, in der Schnur zu tanzen? Riecht der Fisch den Braten und durchschaut unser Spiel, wird er den Köder sicher schnell wieder loslassen und nicht mehr anrühren. Von selbst bleibt der Haken aber nur in den seltensten Fällen im Fischmaul hängen. Wir müssen den Haken also durch einen unverzagten Anhieb in das Fischmaul treiben. Wann dieser Moment gekommen ist, hängt ganz von der Angelmethode und dem verwende-

▶ Der Anhieb sitzt, jetzt beginnt ein spannender Drill!

Das richtige Maß

Für den Anhieb gibt es kein Patentrezept, denn der Anhieb ist von vielen verschiedenen Umständen abhängig. Es gilt mit der Zeit das richtige Maß für die richtige Situation zu finden, denn nicht nur die Angeltechnik, sondern auch die Entfernung spielen eine große Rolle.

ten Köder ab. Wenn wir uns aber einmal zu einem Anhieb entschlossen haben, sollten wir nicht mehr zögern.

Zum Anschlag nehmen Sie die Angel in die Hand und kurbeln zunächst die gesamte lose Schnur ein. Hat sich beispielsweise durch die Oberflächenströmung ein Schnurbogen gebildet, müssen wir diesen zuvor vorsichtig, aber zügig einholen. Achten Sie darauf, dass Sie bei diesem Vorgang nicht am Köder ziehen, ansonsten würde der Fisch gewiss den Köder ausspucken und das Weite suchen. Ist die lose Schnur aufgespult, sollte die Rutenspitze flach zum Wasser zeigen, damit sie mit beherztem Schwung ausreichend Raum haben, die Rute nach hinten zu reißen. Viele Angler trauen sich nicht recht, den Anschlag zu setzen, und führen dadurch eine viel zu zaghafte Bewegung aus, wodurch der Haken gar nicht oder nur schlecht in das Fischmaul eindringen kann. Dabei kann es passieren, dass der Fisch im weiteren Verlauf vom Haken abkommt und verloren geht.

Ist der Anhieb hingegen zu kräftig, besteht die Gefahr, den Haken regelrecht aus dem Fischmaul herauszureißen. Bei dünner Schnur kann es sogar zu einem Schnurbruch führen, und der Fisch wäre verloren. Versuchen Sie, das richtige Gefühl für einen entschlossenen Anschlag zu entwickeln. Je weiter die Entfernung zum Köder ist, desto kräftiger darf der Anhieb ausfallen.

Drill

Ist der Anschlag geglückt und der Fisch hängt am Haken, halten Sie zunächst einen Moment inne und versuchen den Fisch einzuschätzen. Halten Sie nach dem Anschlag die Rute zunächst senkrecht nach oben und warten ab, was der Fisch macht. Die Bremse unserer Rolle ist gut auf die Reißfestigkeit der Schnur und die Aktion der Rute abgestimmt und wird bei einem größeren Fisch mürrisch Schnur freigeben. Bleibt dies aus und der Fisch zieht nicht allzu stark an der Angel, können wir vorsichtig beginnen, die Rute zu senken und dabei die lose werdende Schnur unter leichtem Gegendruck einzukurbeln. Die Schnur darf niemals locker durchhängen, ansonsten könnte der Fisch aufgrund des fehlenden Zuges den Haken loswerden. Haben wir die gewonnene Schnur auf die Spule unserer Angelrolle gebracht, beginnen wir wieder damit, langsam und gefühlvoll die Rute senkrecht nach oben zu bewegen und dadurch den Fisch näher an uns heranzuziehen. Vermeiden Sie es, den Fisch einfach nur einzuholen und nicht mit der Rute zu arbeiten. Die Biegung der Angelrute hilft nachhaltig, die Fluchten und Flossenschläge des Fisches abzufangen, ein Weiteres erledigt die Dehnung unserer Angelschnur und die Bremse der

◀ Angeln macht Spaß, Angeln entspannt und Angeln ist mystisch!

Angelrolle. Reißt die Schnur, hat meist der Angler einen Fehler gemacht und schlecht mit seinem Gerät gearbeitet, auch wenn der Fisch viel schwerer ist als die Tragkraftangabe unserer Schnur.

Durch die wiederholten Auf- und Ab-Bewegungen mit der Rute und das Einkurbeln der Schnur, das sogenannte „Pumpen", ziehen wir den Fisch immer näher an uns heran. Doch was geschieht, wenn der Fisch so kräftig ist, dass er die Schnur scheinbar ungehindert über unsere Angelrute von der gut eingestellten Bremse ziehen kann? Vorerst heißt es einfach Ruhe bewahren. Hat der Fisch ausreichend Platz und droht nicht in ein Hindernis zu schwimmen, können wir ihn an der gebogenen Rute ziehen lassen, ohne selbst zu ziehen. Erst wenn seine Bewegungen kraftloser werden und er keine Schnur mehr nimmt, beginnen wir mit vorsichtigen Pumpbewegungen den Fisch zu uns heranzuziehen. Zwischendurch wird der Fisch sicherlich immer wieder mobil und beginnt erneut, die Schnur von der Bremse zu ziehen. Halten Sie in diesen Momenten kurz inne und lassen den Fisch ziehen. Nach und nach wird er sich hierbei verausgaben und wehrloser werden. Dies ist der sogenannte Drill des Fisches, und jeder Angler träumt davon, das mürrische Kreischen seiner Angelrolle zu hören, wenn ein kapitaler Bursche am anderen Ende der Leine tobt und die Schnur von der Rolle reißt.

Die Landung

Am Ende des Drills gilt es, den Fisch in unseren Kescher zu manövrieren. Ein einfaches Herausheben der Beute kommt nur bei sehr kleinen Exemplaren in Frage, denn bei größeren Fischen würde aufgrund des Gewichtes vom Fisch entweder die Schnur reißen oder der Haken aus dem Maul ausschlitzen.

Am besten ist es, wenn ein zweiter Angler hilft und den Unterfangkescher bereithält. Die Aufgabe des Anglers ist, den Fisch in den Kescher zu bugsieren, während der

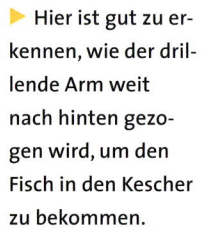

▶ Hier ist gut zu erkennen, wie der drillende Arm weit nach hinten gezogen wird, um den Fisch in den Kescher zu bekommen.

Vom Anhieb bis zum Hakenlösen

◀ Geschafft! Der Fang wird sicher vom Netz umhüllt.

◀ Die schonendste Methode den Haken zu lösen ist, dies noch im Kescher zu tun.

Helfer den Kescher in das Wasser hält und genau in dem Moment zügig aus dem Wasser hebt, wenn die Beute genau über dem Kescher ist. Viele Fische werden in diesem Moment noch einmal aggressiv und mobilisieren letzte Kräfte. Ein heikler Augenblick. Bewahren Sie auch jetzt Ruhe und lassen den Fisch ruhig noch einmal ein wenig ziehen, um ihn weiter zu ermüden. Einen ausgedrillten Fisch erkennt man daran, dass er sich auf die Seite legt und ermattet über den Kescher gezogen werden kann.

Sind Sie alleine am Fischwasser und auf sich selbst gestellt, sind Sie gezwungen, mit der Angel in der einen und dem Kescher in der anderen Hand den Fisch selbst zu keschern. Ist der Fisch entkräftet, ziehen Sie ihn in den Kescher, indem Sie die Rute an sich vorbei immer weiter nach hinten fast bis hinter den Kopf ziehen. Mit dem Kescher in der anderen Hand strecken Sie sich nun weit dem Fisch entgegen, bis er von den Maschen umschlossen ist.

Die Biegung der Rute dient ganz hervorragend als Puffer, sollte der Fisch doch noch einmal mobil werden. Mit einer gut eingestellten Bremse und einem nachgebenden Arm darf dann eigentlich nichts mehr

schiefgehen. Stochern Sie bitte niemals mit dem Unterfangkescher dem Fisch hinterher. Diese Vorgehensweise macht den Fisch hochgradig aggressiv, was sich in wilden Bewegungen bemerkbar macht. So kann er in letzter Sekunde durch falsches Verhalten doch noch verloren gehen.
Der Fisch ist nun im Kescher und kann gelandet werden. Ziehen Sie den Kescher zügig an sich heran und heben Sie ihn mit einem kurzen Schwung an Land. Bei sehr großen Fischen müssen die Bügel des Keschers ein wenig gestützt werden, um nicht zu verbiegen. Legen Sie nun den Kescher im weichen Gras ab und versorgen den Fisch.

Die Versorgung

Ist es Ihr Bestreben, den Fisch zu verwerten, muss er sofort waidgerecht getötet werden. Danach wird der Haken gelöst.

▶ Hier wird die Länge der soeben gefangenen Schleie vermessen.

Soll der Fisch wieder in das Wasser zurückgesetzt werden, müssen zunächst die Hände nass gemacht werden, um die empfindlichen Schleimhäute des Fisches bei unseren Berührungen zu schützen. Mit nassen Händen greifen wir den Fisch und lösen den Haken aus dem Fischmaul. Idealerweise sitzt dieser im vorderen Maulbereich des Fisches. Hierzu fassen wir den Haken an seinem Schenkel mit Daumen und Zeigefinger und ziehen ihn mit einem kurzen Ruck in die entgegengesetzte Einstichrichtung heraus. Bei tiefer sitzenden Haken nehmen wir die Lösezange beziehungsweise die Arterienklemme oder den Hakenlöser. Beim Lösen mit dem Hakenlöser gehen wir folgendermaßen vor: Der Fisch wird auf dem Boden abgelegt und mit einer Hand wird die Schnur, die ins Fischmaul führt, leicht straff gehalten. Nun fädeln wir die Öffnung am Kopf des Hakenlösers auf die Schnur und gleiten mit ihm an der Schnur entlang, bis wir automatisch am Haken gestoppt werden. Mit einer kurzen ruckartigen Bewegung stoßen wir den Haken aus dem Fleisch hinaus. Der Haken bleibt jetzt in der Kerbung des Hakenlösers hängen und kann aus dem Fischmaul entfernt werden. Jetzt kann der Fisch in sein Element zurückgesetzt werden. Für viele Angler ist es eine Ehre, einem kapitalen Fisch seine Freiheit zu schenken und ihn fortschwimmen zu sehen. Dies kann ein sehr viel erhabenerer Akt sein, als den Fisch zu töten und in der Küche zu verwerten. Leider ist das Zurücksetzen von gefangenen, maßigen Fischen in Deutschland weitestgehend verboten und so ist der gefangene Fisch einer sinnvollen Verwertung zuzuführen. Doch was wäre eine sinnvolle Verwertung für einen alten

▸ Ein Fangfoto ist eine tolle Erinnerung an den Fang

Karpfen mit einem Gewicht von mehr als 10 Kilogramm? Fische dieser Größenordnung sind alles andere als ein Genuss in der Küche. Aber auch andere Fische sind manchmal nicht das Wahre für die Küche. Was ist zu tun, wenn Sie einen Ansitz auf große Rotaugen wagen und ein vorwitziger, grätenreicher Brassen den Köder nimmt? Laut Gesetzgeber ist dieser Fisch zu töten. Aber werden Sie ihn am Ende wirklich in der Küche verwerten?

Oder aber Sie sitzen an einem herrlichen Sommermorgen auf Schleien an und haben bereits nach einer Stunde mit zwei maßigen Fischen Ihr Ziel erreicht, doch die Schleien beißen wie verrückt. Werden Sie diesen außergewöhnlich guten Angeltag abbrechen und nach Hause fahren oder entnehmen Sie auch alle weiteren gefangenen Fische dem Gewässer?

Dies sind Fragen, die nur jeder für sich selbst beantworten kann, und ich möchte keineswegs zu Gesetzesüberschreitungen aufrufen. Jedoch ist das schonende Zurücksetzen von gefangenen Fischen in vielen anderen europäischen Ländern zur Pflicht geworden, und daher sollte sich jeder selbst fragen, was die bessere Lösung ist. Eines jedoch ist unstrittig: Bei einer bedingungslosen Umsetzung unserer Gesetze sind die Fischbestände in Deutschland mittel- und langfristig stark gefährdet. Handeln Sie deshalb bitte so, wie Sie es für richtig halten.

◂ Angeln macht Spaß! ...und Zurücksetzen ebenso!

Die Friedfischarten

In diesem Kapitel möchte ich Ihnen die wichtigsten Friedfische mit ihren Gewohnheiten, Lebensräumen und Vorlieben vorstellen. Bedenkt man, dass in unseren Breiten über 30 verschiedene beangelbare Friedfische leben, ist dies nur ein kleiner Auszug dessen, was wir mit der Angelrute fangen können. Nur allzu verwirrend wäre es, alle Unterarten oder Fische, die man gewöhnlich eher seltener fängt, hier vorzustellen. Zur besseren Übersicht stelle ich die Fische in alphabetischer Reihenfolge vor.

Aland (Orfe, Nerfling) *(lat. Leuciscus idus)*
Der Aland zählt zur Familie der Karpfenfische (Cypriniden) und liebt sowohl stehende als auch fließende Gewässer. Da er recht salzwasserresistent ist, ist er in der Ostseeregion auch im Brackwasser zu finden. Alande leben gerne in kleineren Gruppen und nehmen meist ihre Nahrung in Grundnähe auf. In den warmen Sommermonaten sind sie aber auch häufig in Oberflächennähe auszumachen. Die Laichzeit liegt je nach Wetterlage zwischen April und Juli. Der Aland wird häufig mit dem Döbel verwechselt. Insgesamt wirkt der Aland bei einem etwas hochrückigeren Aussehen und einer weniger plumpen Kopfform nicht ganz so rundlich wie ein Döbel. Die sicherste Variante, die beiden Fische auseinanderzuhalten besteht darin, die Schuppen entlang der Seitenlinie zu zählen. Während der Aland zwischen 53–60 Schuppen besitzt, sind es beim Döbel nur 44–46. Die durchschnittliche Größe beträgt etwa 30–50 Zentimeter. Kapitale

▶ Was für ein prachtvoller Aland!

Exemplare erreichen über 60 Zentimeter und maximal 3,5 Kilogramm.
Der Aland ist ein Allesfresser und ernährt sich von Insektenlarven, Schnecken, Muscheln und kleinen Fischen. Für den Angler bedeutet dies, dass er mit den meisten Ködern gefangen werden kann. Ganz besonders erfolgreich scheinen Partikelköder und kleine Boilies zu sein. Alande können aber auch mit kleinen Spinnködern und im Sommer mit der Fliegenangel gefangen werden.

Barbe *(lat. Barbus barbus)*
Die Barbe zählt ebenfalls zur Familie der Cypriniden und bevorzugt schnell fließende, am liebsten klare Ströme oder Flüsse mit Kies- oder Schottergrund. Barben tun sich gerne zu kleinen „Schulen" mit Fischen ähnlicher Größe zusammen und lieben Bereiche in der Nähe von Krautbetten, in denen sie Nahrung, aber auch Schutz finden. Die Laichzeit ist gewöhnlich zwischen Mai und Juni.
Die Barbe ist aufgrund ihres einmaligen Aussehens gut zu erkennen. Sie verfügt über einen langen, zylindrischen Körper, dessen Farbe von Silbrigweiß über Bronze- oder Bernsteinfarben bis hin zu Graubraun oder Grünlichbraun variieren kann. Die Schwanzflosse ist gegabelt. Die Barbe hat ein unterständiges Maul mit wulstigen, lederartigen Lippen. An der Oberlippe und in den Maulwinkeln befinden sich je zwei Bartfäden, die Nase der Barbe steht auffällig weit hervor.
Durchschnittlich erreichen sie eine Größe von 35–60 Zentimetern, kapitale Exemplare über 80 Zentimeter beziehungsweise bis zu 8 Kilogramm.
Barben sind ebenfalls Allesfresser und ernähren sich von Würmern, Flohkrebsen, Larven und gelegentlich von kleinen Fischen.
An der Angel gilt die Barbe als äußerst kampfstark. Besonders erfolgreich werden Barben mit kleinen Boilies oder mit Käse beangelt. Gelegentlich ist aber auch ein gezielter Fang mit kleinen Köderfischen möglich. Sehr gute Köder sind auch Würmer und Maden.

▲ Eine Barbe vom Kaliber „Schlachtschiff"

▲ Aufgrund der markanten Kopfform mit den Barteln kann die Barbe kaum mit einem anderen Fisch verwechselt werden.

Friedfischangeln

▶ Sehr viel größer als dieser gigantisch große Brassen werden sie nicht!

▶ Für Jungangler stellen Brassen oft die erste Beute dar, da sie in nahezu allen Gewässern vorkommen.

Brassen (Blei, Brachsen, Bresen) *(lat. Abramis brama)*

Der Brassen ist ein echter Massenfisch und lebt in nahezu allen Gewässern unserer Breitengrade. Er kommt sowohl in Seen und Flüssen als auch bis in die salzige Brackwasserregion vor. Brassen treten meist in recht großen Schulen auf, die aus Fischen gleichen Jahrganges bestehen und wandern auf der Suche nach neuen Nahrungsgründen viel in den Gewässern umher. Häufig befinden die sich in schlammigen Regionen.

Die Laichzeit des Brassens ist in den Frühjahrsmonaten Mai bis Juni. Die Eiablage findet in seichtem Wasser, am liebsten in dichtem Pflanzengestrüpp, statt. Männliche Brassen kann man in dieser Zeit an dem auffälligen Laichausschlag erkennen, der in Form von weißen, harten Knötchen im Kopfbereich auftritt.

Brassen sind sehr hochrückig, zusammengedrückt und wirken ein wenig bucklig. Die Flossen sind dunkelgrau bis fast schwarz, die Schwanzflosse ist tief gegabelt. Brassen haben dicke, vorstülpbare Lippen, mit denen sie den Gewässergrund nach Nahrung absuchen. Junge Fische sind meist silbrig, fast weiß, während sie bei zunehmender Größe häufig immer dunkler werden und dann einen fast schwarzen Rücken und bronzefarbene bis bräunliche Flanken besitzen. Junge Brassen werden schnell mit der Güster verwechselt, die allerdings kleinwüchsiger ist. Eindeutig unterscheiden sie sich durch die Anzahl der Schuppen entlang der Seiten-

◀ Ein Döbel im Profil

linie. Während der Brassen über 51–56 Schuppen verfügt, sind es bei der Güster lediglich 45–50 Schuppen.
Durchschnittlich werden sie 35–50 Zentimeter groß und kapitale Exemplare erreichen über 80 Zentimeter und maximal 8 Kilogramm.
Da die Brassen in vielen Gewässern recht zahlreich anzutreffen sind, „verbutten" die Bestände häufig. Dies bedeutet, dass dort die Brassen recht kleinwüchsig bleiben. Kapitale Exemplare sind nur in wenigen Gewässern zu finden.
Brassen ernähren sich fast immer grundnah von Insekten, Weichtieren, Larven und Kleinkrebsen. Für den Fang des Brassens mit der Angelrute eignen sich Würmer, Maden und Larven, aber auch alle Arten von Partikelködern und Boilies. Allerdings gilt der Brassen als schlechter Kämpfer an der Angel.

Döbel (Aitel) *(lat. Leuciscus cephalus)*
Der Döbel lebt gerne in fließendem Wasser, kommt aber auch in stehenden Gewässern vor. Selbst in kleinen Bächen kann man erstaunlich große Exemplare finden. Hier meidet der Döbel die direkte Strömung und hält sich gerne an den Strömungsrändern und in ruhigeren Bereichen auf. Größere Fische werden zu Einzelgängern und sind häufig sehr standorttreu. Beliebte Aufenthaltsbereiche sind unter überhängenden Büschen und Bäumen, in Kehrwassern oder ähnlichen Strukturen. Während sich der Döbel im Winter eher grundnah aufhält, ist er in der wärmeren Jahreszeit auch in den oberen Wasserschichten zu finden. Die Laichzeit erstreckt sich von April bis Mai, in kälteren Frühjahren auch bis in den Juni hinein.
Wie bereits erwähnt, ähnelt der Döbel dem Aland sehr, hat aber einen runderen und breiteren Kopf mit einem großen, tief gespaltenen Maul. Der Rücken ist gewöhnlich grau bis dunkelgrün, zu den Seiten verläuft die Färbung ins Metallischgrüne bis Silbrige. Entlang der Seitenlinie sind 44–46 große, dunkel umrandete Schuppen gewachsen.
Die Durchschnittsgröße beträgt 30–40 Zentimeter, bei kapitalen Exemplaren

über 60 Zentimeter beziehungsweise bis 3,5 Kilogramm.

Der Döbel ernährt sich von allem, was ihm vor das große Maul schwimmt. Schnecken, Larven, Flohkrebse, Fliegen, aber auch Fischlaich, kleine Fischchen und sogar kleine Frösche stehen auf seinem Speiseplan. Der Döbel scheint das ganze Jahr über aktiv zu sein, sodass wir ihn auch in der kälteren Jahreszeit erfolgreich beangeln können. Als Köder kommen alle Arten von tierischen Ködern in Frage. Als ein klassischer Döbelköder haben sich hingegen Kirschen etabliert. Der Döbel kann aber auch mit kleinen Spinnködern oder der Fliegenrute überlistet werden. Am besten ist es, den Döbelfluss mit der Treibangel entlangzuwandern und den Köder an möglichst vielen unterschiedlichen Stellen anzubieten.

Graskarpfen (Weißer Amur) *(lat. Ctenopharyngodon idella)*

Bei dem Graskarpfen handelt es sich trotz seines irreführenden Namens um keinen echten Karpfen. Ursprünglich im asiatischen Raum beheimatet, wurde der Graskarpfen in den Sechzigerjahren zur Bekämpfung von Wasserpflanzen in Europa eingebürgert. Der Graskarpfen gehört somit zu den „Neozoen", also eingewanderten beziehungsweise eingeschleppten Fischarten.

Heute fühlt sich der Graskarpfen in vielen Seen, Teichen und Flüssen sehr wohl und gedeiht ganz hervorragend. Aufgrund der niedrigen Wassertemperaturen vermehrt er sich in unseren Breitengraden allerdings nicht von alleine, da er konstante Wassertemperaturen von mindestens 25 °C zur Fortpflanzung benötigt.

Der Graskarpfen hat einen langen, torpedoförmigen Körper. Große Exemplare können dabei durchaus recht dickbäuchig werden. Der Graskarpfen hat ein leicht unterständiges Maul mit einer stumpfen Schnauze und dicken, harten Lippen. Der Rücken ist grau-grünlich, während die Farbe zu den Seiten ins Silbrige übergeht und am Bauch

▶ Ein Graskarpfen der 30-Pfund-Klasse wird hier gezeigt.

fast weiß werden kann. Die Flossen sind grau bis rötlich.
Die Größe beträgt durchschnittlich 60–90 Zentimeter. Kapitale Exemplare erreichen über 120 Zentimeter und maximal 40 Kilogramm.
Graskarpfen ernähren sich sowohl von verschiedenen Wasserpflanzen als auch von Insekten und kleinen Krustentieren. Als Köder eignen sich ganz besonders Boilies und Partikelköder. Eine besondere Vorliebe scheint der Graskarpfen für süßen Mais und Erdnüsse zu besitzen. Es sind aber auch schon viele Graskarpfen auf Brot, Kirschtomaten und Wasserpflanzen gefangen worden. In den Sommermonaten macht man die Fische häufig an der Wasseroberfläche aus, wo sie mit Oberflächenködern gefangen werden können, bei etwas niedrigeren Wassertemperaturen können Graskarpfen sehr effektiv mit der Festbleimontage am Grund mit leicht auftreibenden Ködern gefangen werden.

Rotauge (Plötze) *(lat. Rutilus rutilus)*
Das Rotauge ist ein sehr häufiger Massenfisch, der in nahezu allen heimischen Gewässern vorkommt. Beim Rotauge handelt es sich um einen – gegenüber Umwelteinflüssen – sehr widerstandsfähigen Schwarmfisch. Es ist kaum möglich, Standplätze oder bevorzugte Gewässertypen zu benennen, da das Rotauge überall und in allen Gewässerschichten anzutreffen ist. In den Sommermonaten kann man die Schwärme häufig an der Wasseroberfläche ausmachen, bei niedrigeren Wassertemperaturen sind Rotaugen aber auch in mehreren Metern Tiefe zu finden.
Die Laichzeit liegt in der Zeit von April bis Juni. Die Eiablage findet in flachem Wasser statt. Die Männchen bekommen Laichausschlag mit perlenartigen weißen Auswüchsen auf dem Kopf.
Das Aussehen von Rotaugen kann je nach Lebensraum und Genetik sehr variabel sein. Während junge Fische noch zur Schlankheit neigen und meist silberne Flanken aufweisen, können ältere Fische durchaus hochrückiger oder voluminöser wachsen und ein bronzefarbenes Schuppenkleid entwickeln. Die Farbe des Rückens kann sämtliche Farbvariationen zwischen Grau, Grün, Schwarz und Blau aufzeigen. Die Bauchseite der Rotau-

◀ Rotaugen sind Schwarmfische und können oft in großer Anzahl erbeutet werden.

◀ 2 Maden an der feinen Posenmontage lassen kein Rotauge kalt.

gen ist meist weiß bis cremefarben. Die Flossen sind ebenfalls meist unterschiedlich gefärbt, von rosa über rotbraun bis zu sehr dunklen Farbtönen. Rotaugen besitzen ein kleines endständiges Maul, aufgrund dessen man sie auch schnell von der verwandten Rotfeder unterscheiden kann. Diese besitzt ein oberständiges Maul und hat flammend rote Flossen.

Aufgrund der ähnlichen Laichgebiete mit anderen Weißfischen, neigen die Rotaugen zur Kreuzung mit ihnen und es können unterschiedliche Hybriden entstehen, die nicht immer leicht zu bestimmen sind. Die durchschnittliche Größe sind 15–25 Zentimeter. Kapitale Exemplare erreichen um die 50 Zentimeter und werden bis maximal 2 Kilogramm schwer.

In einigen Gewässern mit sehr großen Rotaugenbeständen wachsen die Fische oftmals kaum über 20 Zentimeter ab. Rotaugen ernähren sich von Kleinstlebewesen, Plankton und weiden gerne Algen ab. Für uns Angler bedeutet dies, dass wir ihnen am besten mit kleinen Ködern wie Maden, Pinkies, kleinen Würmern oder kleinen Partikeln zu Leibe rücken sollten.

Rotfeder *(lat. Scardinius erythrophthalmus)*

Rotfedern können ebenfalls in allen unserer heimischen Gewässertypen vorkommen, wenngleich sie auch am besten in Teichen und Seen gedeihen. Sie ähneln dem Rotauge stark und werden schnell verwechselt. Rotfedern können ebenfalls ganz unterschiedliche Färbungen aufweisen, sind aber im Normalfall gelblich bis bronzefarben mit meist flammend roten Flossen. Das eindeutigste Erkennungsmerkmal ist das oberständige Maul, welches darauf hindeutet, dass die Rotfeder ein Oberflächenfresser ist. Größere Exemplare nehmen ihre Nahrung aber auch im Mittelwasser und durchaus vom Grund auf. Rotfedern werden am besten in den oberen Wasserschichten mit kleinen Ködern wie Made, Mais, kleinen Würmern, Teig oder Brot beangelt. Rotfedern können aber auch sehr erfolgreich mit der Fliegenrute beangelt werden.

Karpfen *(lat. Cyprinus carpio)*

Karpfen wurden zur Zeit der Römer aus ihrer ursprünglichen Heimat Asien nach Europa gebracht und von Mönchen in den Gewässern der Klöster gezüchtet. Heute

▶ An dem nach oben gerichteten Maul und der goldenen Färbung erkennen wir die Rotfeder.

▶ Ohne Besatzmaßnahmen gäbe es in vielen Gewässern kaum Karpfenbestände.

◀ Dieser makellose Schuppenkarpfen besticht durch seine langgezogene Erscheinung.

ist der Karpfen in ganz Europa verbreitet und in den meisten Gewässern anzutreffen. Zwar ist er auch in den großen Flüssen zu Hause, am wohlsten fühlt er sich aber offensichtlich in stehendem Wasser. Karpfen sind ungemein widerstandsfähig und überleben auch unter widrigsten Bedingungen. Die Laichzeit liegt zwischen Mai und Juni. In den seltensten Fällen kommt der Laich durch, da die Brut über eine längere Zeit konstante Wassertemperaturen benötigt. Eine natürliche Vermehrung gelingt nur in sehr heißen Sommern. In der Regel sind die Gewässer auf Besatzmaßnahmen angewiesen.

Aus der vollbeschuppten Wildform (Wildkarpfen) entstanden bis heute verschiedene Zuchtformen und so wird zwischen Spiegel-, Leder-, Zeilen-, und Schuppenkarpfen unterschieden. Karpfen sind echte Individualisten und kein Fisch gleicht dem anderen. Während es bullig gedrungene, runde und fette Karpfen gibt, kommen genauso sehr schlanke und langgezogene Exemplare vor. Karpfen präsentieren sich in höchst unterschiedlicher Gestalt und Aussehen. Der Rücken ist dunkel, die Flanken gehen von Gelb über Orange bis hin zu Olivgrün über. Die ersten Strahlen der Rückenflosse sind knochig und sägeartig geformt. Das Maul ist endständig und vorstülpbar und mit dicken, lederartigen Lippen versehen. Über der Oberlippe besitzen Karpfen zwei Barteln und je eine in jedem Maulwinkel. Während der Lederkarpfen gar keine oder nur wenige verkümmerte Schuppen im Schwanzwurzelbereich hat, besitzt der Zeilenkarpfen auf der lederartigen Haut eine Reihe großer, metallisch glänzender Spiegelschuppen entlang der Seitenlinie. Spiegelkarpfen hingegen weisen eine Anzahl unregelmäßig verteilter Spiegelschuppen in unterschiedlicher Größe auf. Der Schuppenkarpfen, der der Wildform am ähnlichsten sieht, ist am ganzen Körper beschuppt. Echte Wildkarpfen sind sehr schlank und langgezogen und wachsen weitaus langsamer als die Zuchtformen. Echte Wildkarpfen findet man heutzutage kaum noch in deutschen Gewässern.

Durchschnittliche Größe beträgt 45–70 Zentimeter, bei kapitalen Exemplaren über 100 Zentimeter beziehungsweise bis maximal 40 Kilogramm.

Karpfen nehmen ihre Nahrung meist in Grundnähe auf. Sie durchwühlen mit ihrem Maul den Gewässergrund nach Fressbarem und hinterlassen dabei Fraßlöcher im Boden. Karpfen sind Allesfresser und ernähren sich von Larven, Flohkrebsen, Krebsen, Schnecken, Muscheln und allem anderen, was sie finden. Selbst große und harte Nahrung (zum Beispiel Muscheln) stellen für den Karpfen kein Problem dar, da er sie mit seinem großen Maul aufsaugen und mit den tief im Schlund sitzenden Zähnen (Schlundzähnen) zerknacken und fressen kann. Ungenießbares wird vom Karpfen wieder ausgeblasen.

Bei steigenden Temperaturen kann man Karpfen häufig an der Wasseroberfläche ausmachen, wo sie träge umherziehen und sich der wärmenden Sonnenstrahlen auf ihrem Buckel erfreuen. Manchmal nehmen die Karpfen dann auch Nahrung von der Oberfläche auf.

Obwohl sich alle Arten von Ködern für den Fang eines Karpfens eignen, haben sich jedoch Boilies und Partikelköder an der Festbleimontage als die weitaus erfolgreichsten Köder für die kapitalen Fische herausgestellt. Kleinere Exemplare bis etwa 10 Pfund lassen sich ganz hervorragend mit der Posen- oder Grundangel, bestückt mit Maden, Würmern oder Gemüsemais fangen. In der wärmeren Jahreszeit kann ein Versuch an der Oberfläche mit Brot, schwimmenden Boilies oder anderen schwimmenden Ködern sehr erfolgreich sein.

Karpfen sind gewitzte Fische und man sollte für ihren Fang eine Portion Geduld mitbringen.

Schleie *(lat. Tinca tinca)*

Die Schleie lebt gewöhnlich in ruhigen, verkrauteten Gewässern mit ausgedehntem Schilfbewuchs, fühlt sich aber durch Besatzmaßnahmen auch in Baggerseen, Kanälen und langsam fließenden Flüssen wohl. Schnell fließende Gewässer werden von ihr gemieden.

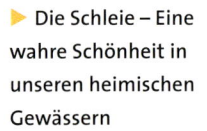

▶ Die Schleie – Eine wahre Schönheit in unseren heimischen Gewässern

Die Friedfischarten

Die Schleie ist ein scheuer, träger Fisch und lebt überwiegend grundnah über schlammigem und weichem Grund. Trotzdem werden Schleien von Zeit zu Zeit durchaus auch im Mittelwasser oder sogar an der Wasseroberfläche ausgemacht. Während tiefes, offenes Wasser von ihr oft gemieden wird, scheinen Unter- und Überwasserbewuchs in Form von Krautbetten, Seerosen oder Schilf die Schleien magisch anzuziehen.

Die Schleie gilt als Sommerfisch und die Fangsaison dauert etwa von Ende März bis Ende September.

Die Laichzeit der Schleie reicht in der Regel in die Monate Mai und Juni, kann aber mitunter erheblich länger dauern und weit in den Sommer hineinreichen.

Die Schleie dürfte sicherlich zu den charakteristischsten Fischen unserer Gewässer gehören und ist am leichtesten zu identifizieren. Der dunkelgrüne Rücken geht an den Seiten ins Grünlichbronzefarbene über und der Bauch ist meist gelb bis fast orange. Die Flossen sind sehr dunkel und elegant abgerundet. Die Schleie besitzt an jeder Seite des Mauls eine kurze Bartel und hat kleine, rubinrote Augen.

Sie wird im Durchschnitt 35–45 Zentimeter groß. Über 60 Zentimeter und bis zu 5 Kilogramm erreichen die kapitalen Exemplare. Schleien ernähren sich von Kleinstlebewesen wie Muscheln, Schnecken, Würmern, Flohkrebsen und Insektenlarven. Bei der Nahrungssuche stehen die Fische häufig kopfüber im Schlamm und durchwühlen diesen nach Nahrung (gründeln). Für den Angler ist dies in Form von aufsteigenden Gründelblasen an der Wasseroberfläche erkennbar.

Für den Fang der Schleie sollten wir uns entsprechend auf sie einstellen. Da die Schleie erfahrungsgemäß recht scheu und vorsichtig ist, sollten wir auf möglichst feinfühlige Posen- oder Grundmontagen zurückgreifen. An einigen Tagen scheint die Schleie jegliche Scheu abzulegen und beißt selbst auf große Tauwürmer an recht unsensiblen Montagen. Besser eignet sich allerdings die Verwendung von Maden, kleinen Würmern oder Dosenmais an kleinen Haken. In einigen Gewässern werden Schleien recht regelmäßig auf kleine Boilies gefangen, in anderen Gewässern versagen diese Köder kläglich. Warum dies so ist, ist nicht bekannt.

▲ Kapitales Glück im Doppelpack. Das kommt nicht häufig vor, beim Schleienangeln.

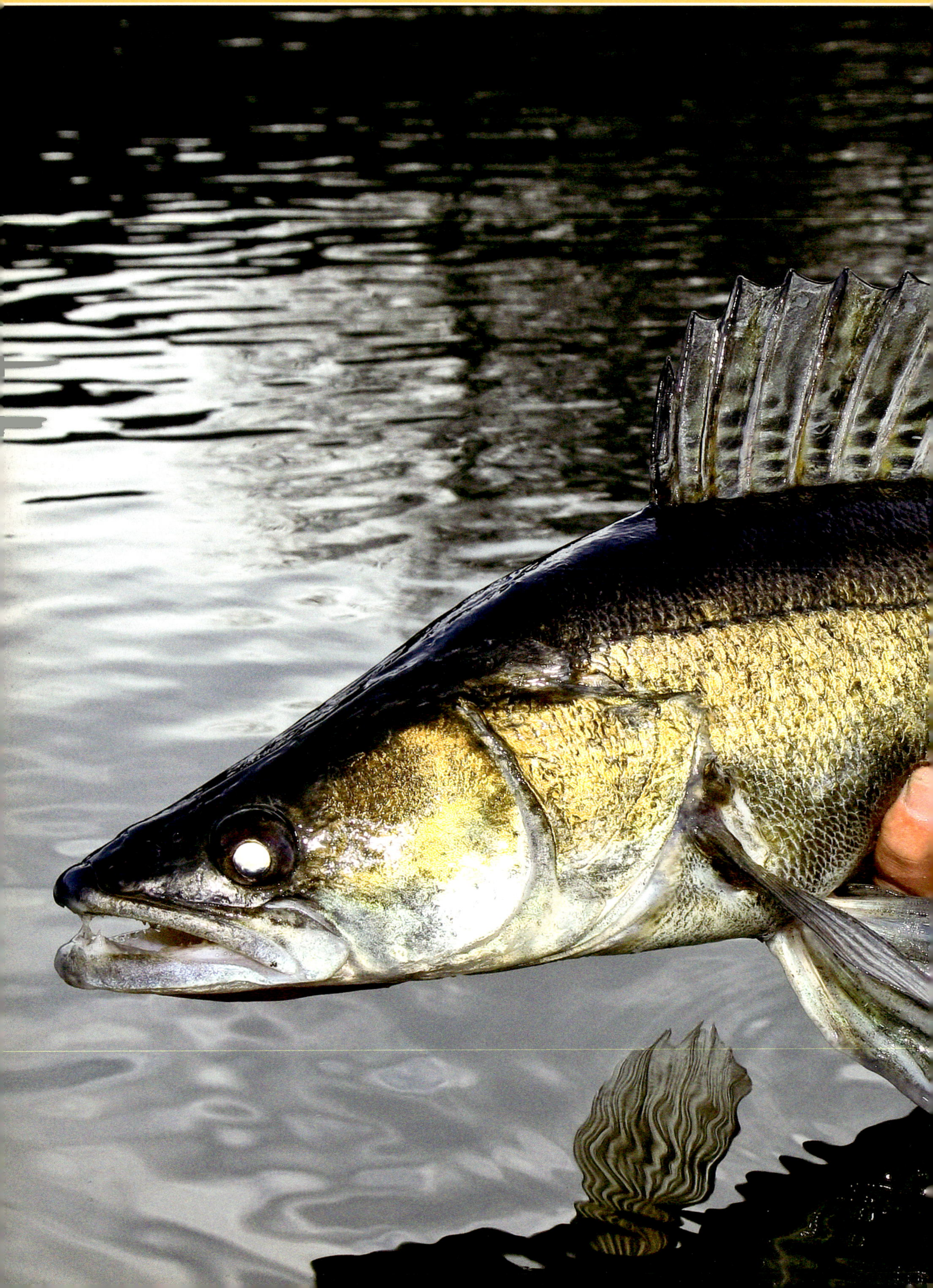

Raubfischangeln

- **102** Ran an den Raubfisch
- **104** Mit der Pose auf Hecht
- **110** Die anderen Raubfische
- **118** Grundangeln auf Raubfische
- **124** Kunstköderangeln
- **140** Raubfische – Die richtige Landung
- **145** Die Arten

Ran an den Raubfisch

Raubfischangeln in unseren heimischen Gewässern bedeutet, flexibel zu sein und sich möglichst viele verschiedene Angelmethoden anzueignen. Ob zähnestarrender Hecht, glasäugiger Zander, kapitaler Riesenwels oder der in Rudeln jagende Barsch; eines haben sie alle gemeinsam: Ihre Lieblingsspeise sind andere Fische. Prima, mag man denken, einfach einen Köderfisch an den Haken hängen und abwarten, wer von der bunten Truppe der Raubfische sich dafür interessiert. Heute ein dicker Hecht, morgen ein Zander und übermorgen ein Aal. Aber so einfach ist es leider nicht. Denn ihr unsagbarer Appetit auf andere Fische mag sie vereinen, nicht aber ihr Jagdverhalten und ihre Aufenthaltsgebiete im Gewässer. Während der Hecht ein lauernder Jäger ist, der am liebsten blitzschnell aus dem Hinterhalt zustößt, fügt der Zander sich eher zu kleineren Gruppen zusammen und jagt in der Gemeinschaft. Dies tut ein Barsch zwar auch, nur ist er um ein Vielfaches kleiner und hat dadurch ganz andere Beutefische im Visier. Oder der Wels: Kapitale Exem-

▶ Mit solchen Brocken legt man sich als Angler gerne an

plare können es auf über 2 Meter Körperlänge bringen. Solch ein Exemplar hat ein riesiges Maul, sodass es dem Wels keinerlei Schwierigkeiten bereitet, auch mehrpfündige Fische zu verschlingen. Aale hingegen schleichen über Grund und fressen dort gerne anderes Getier, gehen aber weniger auf die aktive Jagd nach anderen Fischen.

Sie sehen, die Raubfische haben völlig unterschiedliche Verhaltensmuster und Jagdtaktiken. Logisch, dass wir uns als Angler auf unseren jeweiligen Zielfisch einstellen müssen. Und zwar nicht nur in Bezug auf deren Verhalten, auch in Hinsicht des zu verwendenden Gerätes.

Würde ich die Systematik des Friedfischkapitels beibehalten, müsste ich Ihnen an dieser Stelle das richtige Gerät zum Raubfischangeln vorstellen. Allerdings gibt es nicht DAS Raubfischangelgerät. Ein großer Barsch bringt es auf 5–6 Pfund Körpergewicht, der Hecht bringt es auf bis zu 20 Kilo, wenn man ein besonders riesiges Exemplar erwischt hat, während ein kapitaler Wels 50, 60 oder mehr Kilogramm auf die Waage bringen kann. Wie soll man bei diesen Gewichtsunterschieden ein einheitliches Gerät empfehlen? Schlimmer noch: Wollen wir den Fischen mit der Posenmontage, mit der Grundangel oder mit Kunstködern nachstellen? Jede Methode verlangt spezielles Geschirr.

Deshalb werde ich Ihnen in diesem Teil des Buches zunächst die unterschiedlichen Angelmethoden auf Raubfische vorstellen und passend dazu jeweils eine Gerätezusammenstellung empfehlen. Einen großen Raum wird dabei der Bereich der Kunstköder einnehmen, da es auf dem Markt sehr viele unterschiedliche Kunstköder gibt, die alle unterschiedlich angeboten und geführt werden müssen.

Raubfischangeln ist kein Buch mit sieben Siegeln. Auch mit wenig Erfahrung kann man es zu ansehnlichen Fangergebnissen bringen. Voraussetzung ist – wie auch bei allen anderen Angelarten – sich auf die Fische und das jeweilige Gewässer einzustellen und die entsprechende Angelmethode anzuwenden.

Mit der Pose auf Hecht

Während wir bei anderen Angelmethoden darauf warten, dass der beißende Fisch Schnur von der Rolle zieht oder dass er sich auf den angebotenen Kunstköder stürzt, was wir als heftiges Rucken in der Rutenspitze wahrnehmen, können wir beim Posenangeln den Biss vom ersten Moment der Köderaufnahme an beobachten und frei entscheiden, wann wir den Anhieb setzen wollen. Eine äußerst spannende Methode, den Räubern nachzustellen.

Der Vorteil der Posenmontage liegt auf der Hand. Wir können unseren Köder in jeder gewünschten Angeltiefe anbieten und wir haben die Möglichkeit, genau den Köder zu verwenden, der in dem jeweiligen Gewässer die Hauptnahrung für die Raubfische darstellt. Dass die Verwendung des lebenden Köderfisches seit vielen Jahren in Deutschland aufgrund des Tierschutzgesetzes verboten ist, mögen viele Angler bedauern, der Fängigkeit des toten Köderfisches tut dies aber keinen Abbruch. Weder Hecht, Zander noch Barsch sind sich zu schade, auch einen toten Fisch aufzunehmen. Warum auch? Müssen sie doch keine kostbare Energie aufbringen, um die Fische zu jagen. Auch ein spritziger Hecht ist gerne mal faul!

Die klassische Posenangel

Der Hechtproppen – ein Klassiker. Aus gutem Grunde, denn in der Regel sind Hechte bei der Köderaufnahme nicht sehr sensibel. Eine ganz simple Posenmontage reicht auch für den Fang kapitaler Exemplare locker aus. Nur eines sollten wir bedenken: Durch seine rasiermesserscharfen Zähne ist der Hecht in der Lage, auch dickste monofile Angelschnur durchzubeißen. Deshalb sollten wir niemals ohne Stahlvorfach auf Hechte angeln.

Am besten hat sich zum Hechtangeln dabei ein möglichst geschmeidiges Material bewährt. Seit einigen Jahren sind Vorfachmaterialien auf dem Markt, die aus vielen dünnen Fasern bestehen. Verwenden Sie das sogenannte 7-fädige beziehungsweise 49-fädige Stahlvorfach, welches im Handel meist im Zusammenhang mit der

▶ Auch vom Boot aus, kann man mit der Pose sehr erfolgreich sein!

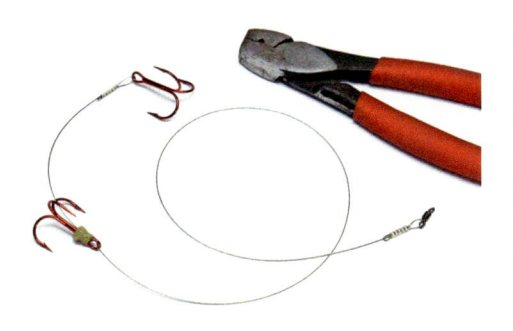

Mit der Pose auf Hecht

▸ Stahlvorfächer können leicht, nach eigenen Bedürfnissen, selbst hergestellt werden.

▸ Passen Sie die Posengröße dem verwendeten Köderfisch an.

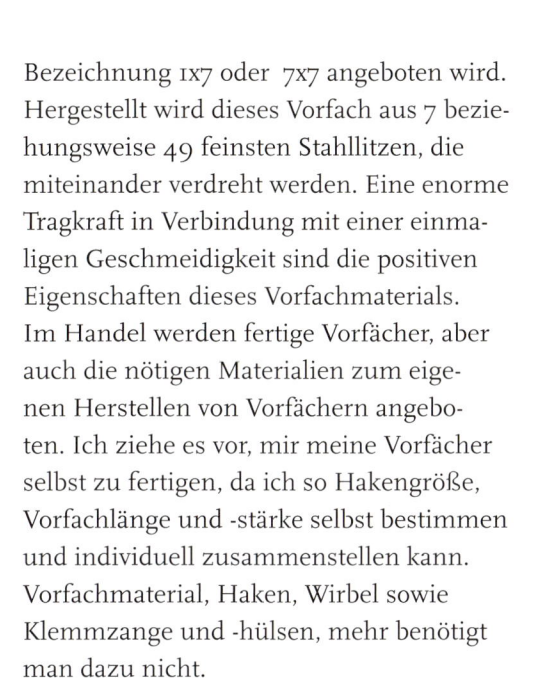

Bezeichnung 1x7 oder 7x7 angeboten wird. Hergestellt wird dieses Vorfach aus 7 beziehungsweise 49 feinsten Stahllitzen, die miteinander verdreht werden. Eine enorme Tragkraft in Verbindung mit einer einmaligen Geschmeidigkeit sind die positiven Eigenschaften dieses Vorfachmaterials. Im Handel werden fertige Vorfächer, aber auch die nötigen Materialien zum eigenen Herstellen von Vorfächern angeboten. Ich ziehe es vor, mir meine Vorfächer selbst zu fertigen, da ich so Hakengröße, Vorfachlänge und -stärke selbst bestimmen und individuell zusammenstellen kann. Vorfachmaterial, Haken, Wirbel sowie Klemmzange und -hülsen, mehr benötigt man dazu nicht.

Zum Posenangeln auf Hecht benutze ich Vorfachmaterial mit 9–15 Kilogramm Tragkraft und Drillinge der Größe 2–2/0, je nach Köderfischgröße. Am liebsten greife ich auf Zwei-Haken-Systeme zurück, bei denen man die Haken an zwei unterschiedlichen Stellen im Köderfisch einstechen kann. Mit dieser Montage können wir einen zügigen Anhieb setzen, wenige Sekunden nach dem Biss. Zu langes Warten beim Anhieb lässt den Hecht oftmals den Köder tief schlucken. Bedauerlich, wenn es sich um ein untermaßiges Exemplar handelt oder wir den Fisch zurücksetzen wollen, denn die tief sitzenden Drillinge sind dann nur schwer aus dem Schlund des Hechtes zu entfernen. Wenn Sie einen Haken knapp unter der Rückenflosse des Köderfisches einstechen und den anderen im Maul des Fisches, schwebt der Köderfisch schön natürlich aufrecht im Wasser. Es gibt Angler, die scheren sich nicht darum und stechen einen Haken in die Flanke des Köders und den anderen knapp hinter die Schwanzflosse. Dieser Köderfisch treibt kopfüber im Wasser. Den Hechten scheint es egal zu sein, denn beide Methoden fangen verlässlich.

Vergessen Sie bitte nicht, mit einer Nadel die Schwimmblase des Köderfisches kurz unter der Rückenpartie zu zerstechen. Andernfalls treibt der Köderfisch auf und wir bieten ihn ungewollt in einer falschen Gewässertiefe an.

Die Posengröße sollten wir dem verwendeten Köderfisch anpassen und Posen mit einer Tragkraft von 20–50 Gramm verwenden. Der Handel bietet die Auswahl zwischen unterschiedlichen Modellen. Für welche Sie sich entscheiden, ist beim Hechtangeln eigentlich nicht so ausschlaggebend. Die Pose soll lediglich den Köder in der gewünschten Tiefe halten. Bedenken Sie bei der Bebleiung der Posenmontage das Gewicht des Köderfisches. Nehmen Sie also nicht zu viel Blei, sodass später die gesamte Montage unter Wasser gezogen wird, wenn der schwere Köderfisch angeködert wird.

Raubfischangeln

Das Gerät

Beim Auswerfen ist es ratsam, gefühlvoll an die Sache heranzugehen. Allzu ruckartige Auswürfe reißen die Drillingshaken aus dem Köderfisch und während dieser schön weit in Richtung Seemitte fliegt, klatscht unsere Montage (ohne den Köderfisch) vor unseren Füßen ins Wasser.

Das richtige Gerät kann helfen, solche Fehler zu vermeiden. Beim Posenangeln auf Hecht haben sich 3,30–3,90 Meter lange Ruten mit einer semi-parabolischen Aktion bewährt. Diese Ruten laden sich für einen weiten Auswurf schön auf und helfen die Wucht abzufedern, sodass der Köderfisch am Haken hält. Das Wurfgewicht der Rute sollte auf die Größe des verwendeten Köderfisches abgestimmt sein. Ganz hervorragend eignen sich Ruten aus dem Karpfenangelbereich. Diese unterscheiden sich in sogenannten Testkurven. Wir nutzen am besten Modelle mit Testkurven von 2–3 lbs., was etwa Wurfgewichten von 60–120 Gramm entspricht.

Eine monofile, 0,30–0,35 Millimeter dicke Schnur und eine mittlere Spinnrolle runden das Ganze ab. Eine dünne geflochtene Schnur kann beim Raubfischangeln mit der Pose sehr hilfreich sein. Da sie über keinerlei Dehnung verfügt, die die Kraft beim Auswurf ein wenig abpuffert, müssen wir mit ihr ein wenig vorsichtiger werfen. Für den Anhieb bietet geflochtene Schnur aber einen unschätzbaren Vorteil beim Raubfischangeln. Das Maul des Hechtes ist hart und voller Zähne. Aufgrund der fehlenden Dehnung ist es uns mit geflochtener Schnur sehr viel besser möglich, den Haken beim Anhieb ins Maul eindringen zu lassen.

Es ist eine Glaubensfrage, ob wir zum Posenangeln geflochtene Schnur einsetzen oder nicht, und selbst Profis sind sich nicht darüber einig. Vor- und Nachteile halten sich die Waage. Probieren Sie es aus und ziehen Sie Ihre eigenen Schlüsse.

Den Köderfisch blind ins Wasser zu werfen, wird uns im günstigsten Fall mal einen Zufallsfisch bescheren. Wir wollen beim erfolgreichen Angeln aber möglichst wenig dem Zufall überlassen, und so sollten wir unsere Fähigkeit trainieren, das Gewässer zu „lesen". Wo sind markante Stellen, wo finden wir Unterwasserberge, abfallende Kanten, strömungsarme Berei-

▼ Dieser Hecht wurde an einer dünnen geflochtenen Schnur gelandet.

▼ Der Köderfisch treibt direkt am Rand des Seerosenfeldes. Ein Räuber wird sicherlich nicht weit sein...

◀ Bei solch einem Hecht fällt das „Strahlen" nicht schwer.

che im Fließwasser oder auf welche Uferseite drückt der wärmende Wind? Immer dort, wo die Monotonie des Gewässers unterbrochen wird, bieten wir unseren Köder an. Beim Hechtangeln helfen uns zudem äußerlich leicht erkennbare Faktoren. Hechte greifen gerne aus dem Hinterhalt an und lauern häufig zwischen Seerosenfeldern oder im Schilf auf vorbeischwimmende Beute. Aber auch ein ins Wasser gestürzter Baum bietet dem Hecht einen vortrefflichen Unterstand, wo er unerkannt auf Beute lauern kann.
Auch im Freiwasser fühlt sich der Hecht wohl und lauert unter Kleinfischschwärmen, um von unten zuzustoßen. Machen Sie einen Schwarm Weißfische an der Wasseroberfläche aus, ist es sinnvoll, die Posenmontage an den Rand des Schwarmes zu werfen und sie so einzustellen, dass der Köderfisch unter dem Fischschwarm angeboten wird. Der Biss eines Hechtes wird oft nicht lange auf sich warten lassen.

Haben Sie beide Ruten auf eine Gewässertiefe von drei Metern gestellt und die Hechte rauben in fünf Metern Wassertiefe, werden Sie keinen einzigen Biss erhalten. Mit unterschiedlich eingestellten Posenmontagen hingegen suchen Sie in unterschiedlichen Gewässertiefen und werden sicherlich erfolgreicher sein.

Variabel fischen

Wenn Sie gar keine äußeren Anzeichen erkennen, sollten Sie versuchen, möglichst variabel zu angeln und so die Fische zu suchen. Fischen Sie mit zwei Ruten, bieten Sie den Köderfisch am besten in unterschiedlichen Tiefen und an unterschiedlichen Orten an, so haben Sie eine doppelte Chance auf einen Biss.

Raubfischangeln

▶ Beim Schleppangeln suchen wir eine große Wasserfläche nach den Fischen ab. Bieten sie Ihre Köder unbedingt in unterschiedlichen Tiefen an.

Die Segelpose – Mit dem Wind auf weit entfernte Hechte angeln

Was tun, wenn wir die Hechte außerhalb unserer Wurfweite vermuten? Für solche Situationen hat sich die Segelpose ganz hervorragend bewährt. Eigentlich bleibt beim Aufbau der Montage alles so, wie im vorherigen Kapitel beschrieben. Allerdings besitzt die Segelpose eine Vorrichtung für ein kleines Segel, welches wir uns bei Wind zunutze machen können. Wir montieren das Segel und lassen die Montage bei geöffnetem Schnurfangbügel durch den Wind auf das Gewässer hinaustreiben, bis unser Köder dort angekommen ist, wo wir die Hechte vermuten.

Sie werden erstaunt sein, wie wenig Wind nötig ist, die Montage an den gewünschten Platz treiben zu lassen. Ein Nachteil dieser Angelart ist, dass wir immer den Rücken im Wind haben müssen, um die Montage kontrolliert abtreiben lassen zu können. In der Platzwahl sind wir also ein wenig eingeschränkt.

Das einzusetzende Gerät bleibt das gleiche wie beim herkömmlichen Posenangeln aufgrund der weiten Entfernung zum angebotenen Köderfisch würde ich jedoch eine geflochtene Hauptschnur empfehlen, da wir mit ihr den Anschlag über die große Distanz am besten durchbekommen. Eine 0,17–0,20 Millimeter starke Schnur reicht völlig aus. Bei der Verwendung monofiler Schnur sollte diese mit Schnurfett eingerieben werden, damit die Schnur schwimmt und somit das Angeln erleichtert. Zum Einfetten einfach die Schnur durch ein Tuch mit Schnurfett einkurbeln.

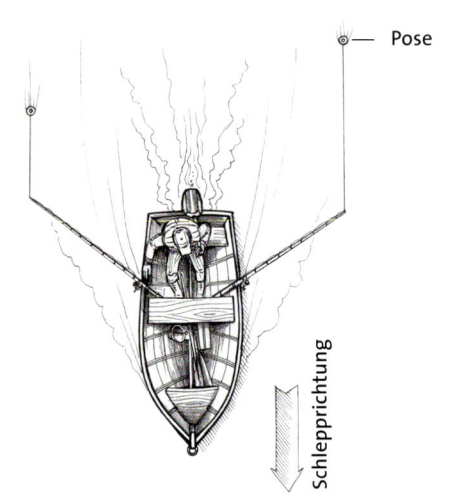

Abgeschleppt – Schleppangeln mit der Posenmontage

Wohl dem, der ein Angelboot besitzt! Mit dem Boot ist man als Angler völlig unabhängig und kann seine Köder überall dort anbieten, wo der Radius des Uferanglers nicht mehr ausreicht. Gerade in größeren Gewässern ein unglaublicher Vorteil, stehen doch die Raubfische oft sehr weit vom Ufer entfernt und über eine große Fläche verteilt. Fischt man als Uferangler meist recht statisch und harrt auf seinem Platz aus,

> **Echolot**
>
> Ein fast unerlässliches Hilfsmittel bei häufiger Bootsbenutzung ist ein Echolot. Heutzutage sind einfache Geräte bereits ab 100 € erhältlich. Eine Investition, die sich lohnt und ein sehr komfortables Angeln möglich macht, da man sich ständig ein Bild davon machen kann, wie es unter Wasser aussieht.

Mit der Pose auf Hecht

◀ Eine Segelpose brachte den Köder zum Hecht!

kann man mit dem Boot „Strecke machen" und sehr große Bereiche des Gewässers angelnd nach den Fischen absuchen.
Eine Möglichkeit ist es, mit der Posenmontage verschiedene Stellen im Gewässer zu befischen. Auch hier gilt wieder, sich möglichst markante Stellen im Gewässer zu suchen, die entweder optisch hervorstechen oder sich durch eine abwechslungsreiche Bodenstruktur vom Rest des Gewässers abheben. Das Loten sollte beim Bootsangeln grundsätzlich eine große Rolle spielen, es sei denn, man hat so viel Gewässerkenntnis, dass man markante Bereiche anhand seiner Erfahrung wiederfindet.
Ist man der Meinung, dass die Hechte sehr verteilt im Gewässer stehen, macht es Sinn, die Fische mit der Posen-Schleppmontage ausfindig zu machen. Leider können wir unsere „normalen" (feststehenden) Posen nur nutzen, wenn die eingestellte Gewässertiefe geringer als die Rutenlänge ist. Schwieriger wird es, wenn wir mit der Laufpose in größeren Tiefen angeln wollen. Dafür müssen wir Spezialposen verwenden, die beim langsamen Hinterherziehen des fahrenden Bootes in der eingestellten Angeltiefe bleiben. Gewöhnliche Laufposen tun dies nicht, da die Schnur geradlinig durch die Ösen oder den Posenkörper läuft. Ziehen wir diese Montage hinter dem Boot her, würde der Köderfisch durch den Zug an der Schnur bis zur Pose hochgezogen werden.
Deshalb benötigen wir Laufposen mit abgeknickter Schnurinnenführung. Bei lockerem Zug läuft die Schnur ganz normal durch die Pose, der angeköderte Fisch sinkt also bis in die gewünschte Angeltie-

◀ Dieser Hecht hat die magische 1-Meter-Marke gerade so erreicht.

> **Mehrere Ruten**
>
> Fischen Sie mit mehreren Ruten, sollten Sie die ausgelegten Angeln möglichst weit auseinanderlegen, damit die Posen hinter dem fahrenden Boot nicht zusammentreiben. Am besten ist es, die Ruten jeweils seitlich aus dem Boot herausragen zu lassen und die Posen in unterschiedlichen Entfernungen hinter dem Boot auszulegen. Wenn nun noch beide Köder in unterschiedlichen Tiefen angeboten werden, wird sich sicherlich schon bald der erste Hecht zum Zupacken überreden lassen.

fe, die wir mit einem Stopperknoten auf der Hauptschnur festgelegt haben. Bei stärkerem Zug jedoch (wenn wir die Montage hinter dem Boot herziehen), gleitet die Schnur nicht mehr durch die abgeknickte Innenführung und der Köder bleibt in der gewünschten Angeltiefe.

Beim Schleppangeln sollten wir beachten, dass wir den Fisch mit einer Lippenköderung und einem zusätzlichen Drilling in der Flanke anbieten, damit er beim leichten Zug vorwärts durchs Wasser gezogen wird. Eine Rücken- oder Schwanzköderung halte ich nicht für optimal bei dieser Angelmethode. Außerdem sollten wir bedenken, dass die Schnur beim fahrenden Boot schräg im Wasser liegt und nicht gerade herunterhängt. Das bedeutet, dass wir die Montage tiefer einstellen müssen, als unsere gewünschte Angeltiefe ist. Wollen wir also in 5 Metern Tiefe angeln, können wir die Montage getrost auf 6,50 Meter einstellen. Durch den Zug des fahrenden Bootes wird die Montage dann auf etwa 5 Meter Tiefe gezogen.

Je schneller wir rudern, desto mehr verstärkt sich dieser Effekt. In der Regel ist das Schleppangeln mit der Posenmontage jedoch eine träge Angelegenheit, und wir bewegen uns eher im Zeitlupentempo über das Wasser und suchen so das Gewässer recht intensiv nach den Raubfischen ab.

Das Gerät
Beim Bootsangeln sind lange Ruten eher hinderlich als nützlich. Wir bewegen uns auf engstem Raum; da wird es schwierig, mit einer zu langen Rute hantieren zu müssen. Ruten von 2,40–3,00 Metern Länge halte ich für diese Angelart am geeignetsten. Das Wurfgewicht sollte etwa bei 40–80 Gramm liegen, bei größeren Köderfischen ruhig etwas höher. Eine mittlere Stationärrolle, bespult mit 0,30–0,35 Millimeter starker, monofiler oder 0,17–0,20 Millimeter starker, geflochtener Schnur, sollte auch größeren Hechten gewachsen sein.

Die anderen Raubfische

Bei der Vorstellung des Posenangelns habe ich mich bisher auf den Hecht beschränkt, doch was ist mit Zandern, Barschen oder Welsen? Die Montagen sind die gleichen, müssen aber dem jeweiligen Zielfisch angepasst werden.

Der Zander – räuberisches Sensibelchen

Zander sind echte Sensibelchen und sollten mit möglichst feinem Geschirr beangelt werden. Um dem Zander beim Biss möglichst wenig Widerstand entgegenzubringen, ist es ratsam mit schlanken Posen mit einer Tragkraft von 5–12 Gramm – je nach Windaufkommen und Wurfentfernung – zu fischen. Im Handel gibt es entsprechende Zanderposen zu kaufen. Große Wagglerposen sind ebenfalls ideal. Eine Kettenbebleiung lässt den beißen-

Die anderen Raubfische

den Zander nicht misstrauisch werden. In strömenden Gewässern darf die Pose bei Verwendung einer Punktbebleiung gerne ein wenig kompakter ausfallen, damit der Köderfisch durch die Strömung nicht an die Oberfläche gedrückt wird.
Ein spezielles Kevlarvorfach mit einer Tragkraft von etwa 5 Kilogramm aus dem Fachhandel ist schön geschmeidig und erlaubt ein unauffälliges Anbieten des Köderfisches. Ist mit Hechten zu rechnen, montieren wir vorsichtshalber ein feines und geschmeidiges Stahlvorfach, um Abbissen entgegenzuwirken.

In der Regel stehen Zander recht tief im Gewässer, also sollten wir möglichst grundnah unseren Köder anbieten. Kleine, etwa 8–15 Zentimeter lange Köderfische, aber auch Fetzenköder sind perfekt für den Zander. Ich bevorzuge ein Zwei-Haken-System für den Fang der launischen Tiere. Bei ganzen Fischen ködere ich den Zander mit einem Einzelhaken in der Lippe und einem weiteren Drillingshaken in der Flanke an. Fetzenköder versehe ich ebenfalls mit zwei Haken. Die Fehlbissquote ist bei der Verwendung von zwei Haken und einem raschen Anhieb sehr gering.
Meist biete ich den Köderfisch direkt auf Grund oder knapp darüber an. Damit möglichst große Gewässerbereiche nach den Zandern abgesucht werden, ziehe ich in regelmäßigen Abständen die Montage etwas zu mir heran und biete sie nacheinander an unterschiedlichen Stellen an. Bei Wind oder leichter Strömung lasse ich den Köderfisch knapp über Grund schweben und überlasse ihn der Wasserbewegung. So angeboten, „sucht" der Köderfisch nach den Zandern.

◀ Köderfischfetzen, an einer sensiblen Pose angeboten, sind genau das Richtige zum Zanderangeln.

◀ Wenn Sie genau hinschauen, erkennen Sie das feine Stahlvorfach im Maul des Zanders

◀ Ein soeben gefangener Durchschnittszander

▶ Mit der feinen Posenangel auf Barsch. Das macht Laune.

Zwar können wir zu jeder Tageszeit mit Zanderbissen rechnen, ganz besonders aktiv sind sie jedoch in der Dämmerung und in der Dunkelheit. Zu dieser Tageszeit verlassen die Fische auch gerne ihre tiefen oder versteckten Aufenthaltsorte und wagen sich in flaches, ufernahes Wasser oder in andere Gewässerschichten vor. Häufig legen die Zander in diesen Zeiten ihre Zurückhaltung völlig ab und jagen recht lautstark in den Kleinfischschwärmen umher. Aus dem Wasser spritzende Kleinfische und große Wasserschwälle verraten oft die in kleinen Trupps raubenden Zander. Auch wenn der Zander sonst ein Grundfisch ist, sollten wir uns in der Dämmerung und Nacht nicht scheuen, die Pose recht flach einzustellen.

Das Gerät
3,40–3,90 Meter lange Ruten mit einem Wurfgewicht von 20–50 Gramm und einer semi-parabolischen Aktion sind ein hervorragendes Werkzeug für den Fang von Zandern. Beim Bootsangeln dürfen die Ruten gerne auch ein wenig kürzer ausfallen. Eine kleine bis mittlere Stationärrolle, bespult mit 0,10–0,14 Millimeter starker, geflochtener Schnur reicht vollkommen aus und bietet auch noch genügend Reserven für einen versehentlich angebissenen Hecht. Die geflochtene Schnur hilft, den Haken beim Anhieb in das harte Maul des Zanders zu treiben.

Der Barsch – gestreifter Rudeljäger

Für viele Angler ist der Flussbarsch einer der ersten Fische, mit dem er Bekanntschaft macht. Kein Wunder, kommt er doch in nahezu jedem Gewässer vor und lässt sich mit einer Vielzahl an Ködern überlisten. Spezielles Geschirr für den Fang von Barschen mit der Posenrute benötigen wir nicht. Eine einfache, leichte Posenmontage mit einem dünndrähtigen Haken der Größe 4–8 reicht vollkommen aus. Als Köder dienen uns sämtliche tierischen Köder sowie fingerlange Köderfischchen. Auch beim Barsch gilt die entsprechende Wassertiefe zu finden, in der er sich gerade aufhält. Meist finden wir ihn in den oberen bis mittleren Wasserschichten und an den Gewässerrändern, unter Stegen oder am Rande von ins Wasser gestürzten Bäumen.

Das Gerät
Eine leichte, etwa 3,00–3,60 Meter lange Rute mit parabolischer oder semi-parabolischer Aktion und einem Wurfgewicht von maximal 30 Gramm. Dazu nehmen wir eine kleine bis mittlere Stationärrolle mit 0,16–0,20 Millimeter dünner, monofiler Schnur. Geflochtene Schnur eignet sich für

Die anderen Raubfische

den gezielten Fang von Barschen kaum, da das Maul der Barsche stellenweise pergamentartig dünn ist und bei Verwendung dehnungsarmer Schnur schnell einreißen kann.

Der Aal – Räuber der Nacht

Aale sind bei uns Anglern meist eine beliebte Beute, da sie sehr schmackhaft sind und der Ansitz auf sie etwas Mystisches besitzt. Zwar werden Aale auch immer wieder tagsüber gefangen, aber eigentlich sind sie überwiegend nachtaktiv, sodass wir unseren Ansitz auf die Nacht verlegen müssen. Der Aal lässt sich ganz hervorragend mit der Posenmontage überlisten, jedoch benötigen wir für seinen Fang Leuchtposen. Es gibt batteriebetriebene Modelle und solche, die es ermöglichen, ein Knicklicht aus dem Anglerbedarf einzusetzen. Für welches Modell Sie sich entscheiden, hängt von Ihnen ab. Wichtig ist, dass wir nachts die Bisse erkennen können. Die Pose sollte je nach Wurfentfernung über eine Tragkraft von etwa 4–10 Gramm verfügen. Da wir den Aal eigentlich fast immer in Grundnähe vermuten, sollten wir die Pose als Laufpose verwenden, um auch in größeren Gewässertiefen unseren Köder präsentieren zu können. Es bieten sich alle Arten von Würmern, kleine Köderfischchen und Fetzenköder an, um dem Aal auf die Schliche zu kommen. Da der Aal über einen ganz ausgezeichneten Geruchssinn verfügt, ist es sinnvoll, den Köder in regelmäßigen Abständen auszutauschen, damit wir jederzeit einen wohlriechenden und nicht ausgelaugten Köder am Haken haben.

Der Köder liegt beim Aal-Ansitz auf oder knapp über dem Grund, angeboten an einem langschenkligen Einzelhaken der Größe 1–8, gebunden an 0,25–0,35 Millimeter dicke, monofile Schnur. Hat ein Aal den Köder genommen, sollten wir ihm ein wenig Zeit geben, den Köder zu schlu-

◀ Hier hilft nur Abschneiden und neu knoten. Zu so etwas, sind nur Aale fähig.

◀ Dieser Aal wird sicher nicht der letzte an diesem Abend gewesen sein...

Raubfischangeln

cken und erst dann den Anhieb setzen. Erst wenn die Pose entschieden unter Wasser gezogen wird, ist der richtige Zeitpunkt für einen Anschlag gekommen.

Im Drill sollten wir kompromisslos sein und den Aal zügig herankurbeln. Geben wir ihm zu viel Raum, setzt er sich mit seinem Schwanz nur allzu gerne in Hindernissen unter Wasser fest, aus denen er nur schwer zu lösen ist.

Ist der Aal in Ufernähe, werden kleinere Exemplare einfach aus dem Wasser gehoben und größere mit einem feinmaschigen (!) Kescher gekeschert. Einen Kescher mit großen Maschen wird der Aal in Sekundenschnelle zu einem schleimigen Haufen verknoten, indem er sich darin hin und her windet.

Das Gerät

Benutzen Sie zum Aalangeln nicht zu feines Gerät. Eine Rute mit 3,00–3,60 Meter Länge, einer steifen Aktion und einem Wurfgewicht von 30–60 Gramm sollten Sie zum Aalfang einsetzen. Eine mittlere Stationärrolle, bespult mit 0,30 Millimeter starker, monofiler Schnur ist sicher nicht übertrieben, da wir im Drill kompromisslos vorgehen müssen.

Der Wels – das Schwergewicht

So urig wie der Wels ausschaut, so gnadenlos ist auch sein Appetit und seine Vorgehensweise bei der Nahrungsaufnahme. Der Wels nippelt oder zuppelt nicht an der Posenmontage, sondern schlägt einfach zu. Welse sind in der Lage, mit ihrem Maul einen Unterdruck im Wasser zu erzeugen und saugen so ihre Beute aus einiger Entfernung ein. Ein Entkommen scheint es für die Fischlein nicht zu geben.

Wenn wir es auf den Fang von Welsen abgesehen haben, kommen Köderfische, angeboten an einer Zwei-Haken-Montage, in Frage. Einpfündige Köderfische sollten als Standard gelten. Scheuen Sie sich nicht,

▶ Die Körperform beweist: Welse haben einen riesigen Appetit!

◀ Die Bojenmontage muss mit einem Boot ausgebracht werden.

◀ Hoch aufgestellte Ruten sind Pflicht, beim Angeln mit der Bojenmontage.

selbst drei- bis vierpfündige Köderfische anzubieten, dem Wels sind solche Brocken gerade recht. Posen mit entsprechender Tragkraft können Sie bei Ihrem Fachhändler kaufen. Als Vorfachmaterial kommt nur stärkstes Kevlarmaterial mit einem Durchmesser von 0,70–1,00 Millimeter in Frage. Dünnere Geflechte drohen bei längerem Drill von den rauen Zahnreihen des Welses durchgescheuert zu werden.
Als Haken verwenden wir nur die stärksten Modelle in den Größen 6/0–8/0.
Nicht nur Köderfische, sondern auch dicke Tauwurmbündel, Blutegel, Hühnerinnereien oder Heilbuttpellets können jederzeit einen Wels an den Haken locken.
Tendenziell sollte unser Wallerköder in Grundnähe angeboten werden, jedoch gehen diese Süßwassergiganten auch gerne in anderen Wasserschichten auf Jagd. Der Wels ist nacht- und dämmerungsaktiv, sodass gerade in diesen Zeiten das Anbieten der Köder in den oberen Wasserschichten sinnvoll ist.
Welse sind die geheimnisvollsten unserer heimischen Raubfische und lassen

sich nicht wie am Fließband überlisten. Viele, viele Stunden oder Tage sind nötig, um einen dieser Uriane zu fangen. Unter diesen Umständen kann es müßig werden, ständig die Posenmontage unter Kontrolle zu halten. Diese bietet sich eher für die Welsangelei vom Boot aus an.

Vor etlichen Jahren hatten deutsche Angler eine pfiffige Idee, wie es möglich sei, die Posenmontage stationär vom Ufer aus anbieten zu können, ohne dass diese Wind, Wellen und Strömung ausgesetzt ist. Die Rede ist von der sogenannten Bojenmontage. Das Ausbringen von Bojenmontagen erfordert einige Zeit und Erfahrung, außerdem ist dazu ein Boot nötig. Ein wenig Aufwand für den Fang eines Wallers muss der Angler zwangsläufig in Kauf nehmen. Wie der Name schon sagt, benötigen wir für die Bojenmontage eine Boje, die später an der Wasseroberfläche schwimmt und an der wir unsere Montage anbinden. Dies kann ein ausgedienter Wasserkanister in der Größe eines Fußballes, ein großer Block Styropor oder eine Boje aus dem Bootsbedarf sein. An ihr befestigen wir mit einem Seil ein schweres Gegengewicht in Form eines dicken Steines und versenken das Ganze mit dem Boot an unserer sorgfältig ausgeloteten Angelstelle, wo wir später unseren Köderfisch anbieten wollen. Unsere Posenmontage mit einer feststehenden Pose stellen wir auf die gewünschte Angeltiefe ein und befestigen auf der Hauptschnur, über der Pose, einen gleitenden Wirbel. Die Boje dient dazu, unsere Montage auf der Stelle zu halten, ohne dass diese abtreibt. Mit einer 0,25–0,30 Millimeter starken, monofilen Schnur (Reißleine) verbinden wir die Boje nun vom Boot aus mit dem Wirbel oberhalb der Montage. Diese Verbindung muss immer ein wenig länger ausfallen als die eingestellte Angeltiefe. Ist die Pose zum Beispiel auf eine Gewässertiefe von drei Metern eingestellt, sollte die Verbindung eine Länge von etwa fünf Metern haben, damit sich der Köderfisch nicht im Seil der Boje verfangen kann. Ist die Montage mit der Boje verbunden, fahren wir mit dem Boot langsam zum Ufer zurück und halten den Bügel der Rolle offen. Am Ufer angekommen, stellen wir die Rute aufrecht in einen Rutenständer und spannen die Hauptschnur so kräftig,

▶ So ist die Bojenmontage genau richtig aufgebaut

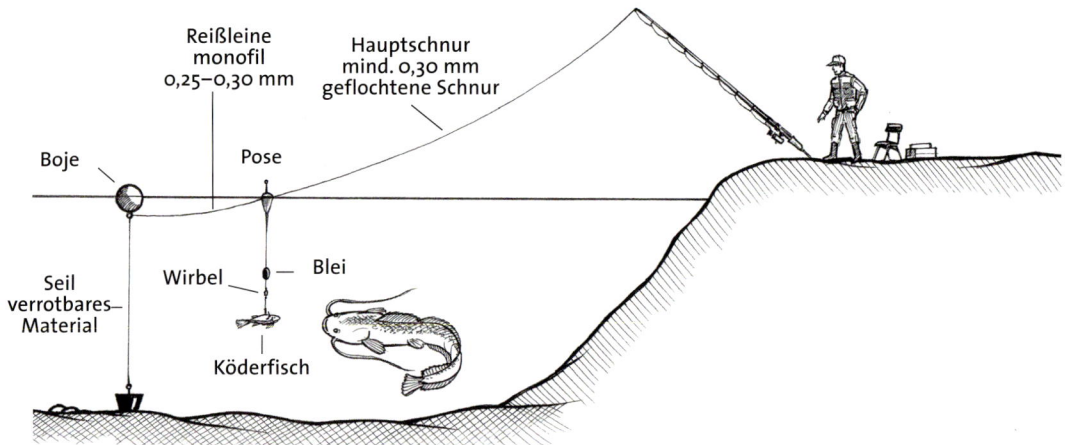

Die anderen Raubfische

◀ Eine Glocke an der Rutenspitze zeigte den Biss dieses Wallers an.

dass sich die Rute unter dem Zug krümmt und die gesamte Schnur über dem Wasserspiegel entlangläuft.
Eine so ausgebrachte Montage kann durchaus für 12 oder mehr Stunden angeboten werden, ohne ständig neu kontrolliert werden zu müssen. Ein großer Vorteil für längere Ansitze und eine sehr entspannte Form der Posenangelei. Als Bissanzeiger dient eine Aalglocke an der Rutenspitze. Der Biss eines Welses lässt in der Regel wenig Zweifel aufkommen. Meist wird die Rute krummgebogen, während der Wels an der Montage zerrt. Sofort muss ein Anschlag gesetzt werden! Und zwar so stark, dass die monofile Reißleine, die Montage und Boje verbindet, zerreißt, damit der Wels gedrillt werden kann. Seien Sie nicht zögerlich beim Anhieb. Es ist recht viel Kraft erforderlich, die Reißleine zu zersprengen. Diese Vorgehensweise spiegelt die gesamte Welsangelei wider. Welsangeln ist derb und erbarmungslos, nichts für Freunde der feinen Angelei.

◀ Die Ruten sind ausgebracht. Jetzt beginnt das Warten auf den Biss.

Das Gerät

Für das Welsangeln kommt nur stärkstes Gerät zum Einsatz. Die Ruten sollten bei einem Wurfgewicht von etwa 100–300 Gramm etwa 3,00–3,20 Meter lang sein (für das Bootsangeln auch kürzer). Als Rolle dient eine große Stationär- oder Multirolle, bespult mit einer mindestens 0,30 Millimeter dicken, geflochtenen Schnur. Achten Sie auch beim Kauf von Kleinteilen wie Wirbel und Haken auf absolute Stabilität und sparen Sie nicht am falschen Ende. Einen großen Wels aufgrund minderwertigen Gerätes zu verlieren, ist mehr als ärgerlich.

Grundangeln auf Raubfische

Das Grundangeln auf unsere heimischen Raubfische ist eine recht passive Angelstrategie, die nicht darauf abzielt, große Bereiches des Gewässers angelnd nach den Fischen abzusuchen. Sie wird immer dann eingesetzt, wenn man bestimmte Areale besonders intensiv und über einen längeren Zeitraum befischen möchte, weil man dort futtersuchende Raubfische erwartet. Oftmals werden beim Grundangeln größere Exemplare erbeutet als mit anderen Angelmethoden. In stark beangelten Gewässern können Fische gefangen werden, die bereits den angebotenen Kunstködern der Spinnangler nicht mehr folgen, da sie diese Köder fast täglich vorgesetzt bekommen und nicht mehr darauf hereinfallen. Aber auch im Winter ist das Grundangeln eine sehr fängige Methode, wenn die Raubfische aufgrund des kalten Wassers träge werden und sich lange überlegen, ob sie einen Köder aufnehmen oder nicht.

Lauerjäger Hecht

Hechte sind nicht die typischen Grundräuber und dennoch kann das Grundangeln auf Hechte unter bestimmten Umständen sehr erfolgreich sein. Besonders im Winter, wenn die Hechte sich immer öfter grundnah aufhalten, lohnt ein Versuch mit der Grundmontage. Da Hechte in der Lage sind, Gerüche sehr gut aufzunehmen, angeln viele Hechtangler mit besonders stark riechenden Meeresfischen wie Makrele oder Hering. Dabei scheint es keine Rolle zu spielen, ob ganze oder halbe Fische oder auch nur Fetzen von ihnen als Köder genommen werden. Selbstverständlich können auch alle anderen Arten von Köderfischen (Rotauge oder Barsch) verwendet werden, sie sollten aber nicht zu klein sein. Ein Hecht-Köderfisch darf ruhig 250 Gramm wiegen. Schneiden sie ihn an den Flanken ein wenig ein, so verbreitet der Köderfisch einen verlockenden Geruch unter Wasser. Hechte lieben diesen Geruch. Ist der Grund frei von Hindernissen und Kraut, kann der Köder direkt am Gewässergrund angeboten werden. Eine einfache Grundmontage mit einem Laufblei und einem 80–120 Zentimeter langen (Stahl-)Vorfach ist hierfür die klassische Monta-

▶ Mit dieser Montage erhält der Köderfisch auftrieb. Einfach die Drillinge außen einstechen und den Holzkörper ins Maul einführen.

▶ Der Fang wird vermessen

Grundangeln auf Raubfische

Köderfisch

Unterwasserpose

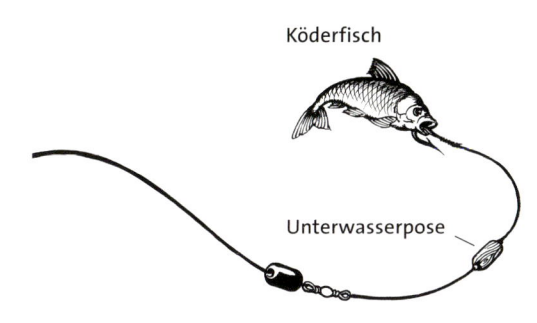

ge, die schon unzählige Hechte hervorgebracht hat.
Ist der Gewässergrund bewachsen oder schlammig, sollte der Köderfisch schwebend ein Stückchen über dem Grund angeboten werden. Hierfür wird dem toten Köderfisch Auftriebsmaterial ins Maul geschoben, damit dieser schwimmfähig gemacht wird. Im Fachhandel gibt es dafür kleine Balsaholzsticks in unterschiedlichen Größen zu kaufen. Andere Materialien mit gutem Auftrieb, wie zum Beispiel fester Schaumstoff, eignen sich genauso und schonen den Geldbeutel. Die Auftriebshöhe bestimmen Sie durch ein Gegengewicht auf dem Vorfach. Der Köderfisch darf aber durchaus in voller Vorfachlänge auftreiben. Eine weitere Methode, den Köderfisch schwebend anzubieten, ist die Unterwasserposenmontage. Bei dieser Methode wird der Köderfisch durch eine kleine Wasserkugel oder einen anderen Auftriebskörper zum Schweben gebracht. Auch hier können Sie die Auftriebshöhe variieren, je nachdem, in welcher Position Sie den Auftriebskörper an der Montage fixieren.
Je nach Größe des Köderfischs sollte eine Zwei- oder Dreihakenmontage verwendet werden.
Hierzu stechen Sie einen Haken im Maulbereich ein und fixieren einen weiteren (Drillings-)Haken (Größe 2/0–6) in der Flanke des Fisches. Bei sehr großen Köderfischen sollte noch ein dritter Haken im Schwanzbereich des Köderfisches eingestochen werden. Nur so ist gewährleistet, dass mindestens einer der drei Haken im zähnebesetzten Hechtmaul fassen kann.
Der Anhieb beim Hechtangeln sollte nicht zu spät erfolgen. Meist nehmen die Fische den Köder auf, schwimmen einige Meter damit umher, beginnen den Fisch im Maul zu drehen und ihn dann kopfüber zu schlucken. Durch einen frühen Anhieb

◀ Hier eine klassische Montage mit Unterwasser-Pose. Allerdings empfehle ich Ihnen immer auf eine Zwei- oder sogar Drei-Haken-Montage zurückzugreifen.

◀ Bei solch einem Hecht darf man von einem erfolgreichen Angeltag sprechen.

Raubfischangeln

(maximal 30 Sekunden nach dem Biss) vermeiden Sie tief sitzende und schwer zu lösende Haken. Fische, die zurückgesetzt werden sollen, haben bei einem raschen Anhieb sehr gute Überlebenschancen, da die Haken meist im vorderen Bereich des Hechtmauls sitzen und nicht herausoperiert werden müssen.

Nach dem Auswurf sollte die Rute auf zwei Rutenständern abgelegt werden und mit der Spitze ins Wasser geneigt zum ausgelegten Köder zeigen, damit der beißende Hecht ungehindert Schnur nehmen kann und keinen Widerstand zu spüren bekommt. Die Bissanzeige erfolgt über einen Einhängebissanzeiger oder einen elektrischen Bissanzeiger.

Das Gerät

Für das Grundangeln auf Hecht mit großen Köderfischen haben sich 3,00–3,30 Meter lange Ruten mit einem Wurfgewicht von 50–200 Gramm und einer durchgehenden Aktion bewährt. Eine mittlere Stationärrolle mit 0,16–0,20 mm geflochtener oder wahlweise ca. 0,30 Millimeter dicker, monofiler Schnur trotzt selbst kapitalen Exemplaren.

Zander – glasäugiger Räuber

Für den Fang der häufig grundnah und in Rudeln raubenden Zander, stellt die Grundmontage eine ideale Angelmethode dar. Die Köderfische sollten idealerweise eine Länge von 7–15 Zentimetern haben und möglichst schlank sein, damit der Zander sie rasch verschlingen kann. Größere Köderfische können geteilt oder als Fetzenköder angeboten werden. Bei sehr kleinen Köderfischen reicht oftmals ein Einzelhaken der Größe 2–6 aus, der im Kopf- oder Schwanzbereich eingestochen wird. Bei etwas größeren Ködern sollte ein weiterer Drillingshaken in die Flanke des Fischleins eingestochen werden, um Fehlbisse zu vermeiden.

Angeboten werden die Köder an einer leichten Grundmontage oder aber ebenfalls auftreibend, wie auch beim Hechtangeln. Alles eben nur ein wenig feiner.
Ist beim Zanderangeln mit dem Fang von Hechten zu rechnen, sollten sie auf ein dünnes und geschmeidiges Stahlvorfach nicht verzichten. Ansonsten eignet sich monofile Schnur im Durchmesser von 0,22–0,28 Millimetern Stärke oder dünne Kevlarschnur am besten als Vorfachma-

▼ Ein herrlicher Zander konnte dem Köderangebot nicht widerstehen.

▼ So sollte der Zanderköder präsentiert werden.

Grundangeln auf Raubfische

◀ An der Buhnenspitze im Fluss, schnappte sich der Zander den Köderfisch.

◀ Beim Zanderangeln in der Strömung sollten die Rutenspitzen in den Himmel zeigen.

terial. Für das Bleigewicht gilt: „So leicht wie möglich und so schwer wie nötig." Zander sind vorsichtige Fische und lassen den Köder sofort los, wenn sie Widerstand spüren. Als Obergrenze empfehle ich im Stillwasser Gewichte von etwa 45 Gramm, in fließendem Wasser bis 70 Gramm. Gewichte die darüberliegen eignen sich nicht mehr zum erfolgreichen Zanderangeln. Viele Fehlbisse wären die Folge. Der Anhieb sollte beim Ansitzangeln auf Zander sofort nach dem Biss gesetzt werden.

Die Rutenspitze sollte wie beim Hechtangeln flach in Richtung Köder zeigen, damit der Zander ungehindert beißen kann. Lediglich beim Fischen in der Strömung sollten die Rutenspitzen steil nach oben zeigen, um möglichst viel Schnur aus dem Wasser herauszuheben und sie so dem Strömungsdruck zu entziehen. Die Bissanzeige erfolgt auch hier über einen Einhängebissanzeiger, den Affenkletterer. Ein elektronischer Bissanzeiger ist für die Zanderfischerei optimal, da die besten Stunden während der Dämmerung und in den Nachtstunden liegen.

Das Gerät

Zum Zanderangeln haben sich Ruten mit einer Länge von 3,00–3,60 Metern Länge und einem Wurfgewicht von 20–50 Gramm sowie einer durchgehenden Aktion bewährt. Besonders gut eignen sich Ruten mit einer Testkurve um 2 lbs., wie sie Karpfenangler benutzen.

Eine kleine bis mittlere Stationärrolle mit 0,25 Millimeter monofiler oder 0,12–0,15 Millimeter geflochtener Schnur ist ideal für den Zanderansitz.

Aal – der mystische Schleicher

Für das Angeln auf Aal ist die Grundangel meist die erste Wahl. Der Aal nimmt seine Beute fast ausnahmslos vom Gewässergrund auf, so sollten wir ihn auch dort beangeln. Für die größeren Exemplare, die räuberischen Breitkopfaale, eignen sich fingerlange, schlanke Köderfischchen, die an einer leichten Laufbleimontage angeboten werden. Das Bleigewicht sollte nicht zu schwer gewählt werden. Ein Einzelhaken der Größe 2–6 durch das Maul des Köderfisches geführt, verfehlt selten das Ziel. Wesentlich mehr Bisse beim Aalangeln können Sie jedoch verzeichnen, wenn Sie mit allen Arten von Würmern den Aalen nachstellen. Diese können sowohl an der Laufblei- als auch an der Seitenarmmontage angeboten werden. Die Bleigewichte sollten auch hier besser nicht zu schwer gewählt werden. Und trotzdem: Im Fluss kann es aufgrund der Strömung nötig sein, mit sehr schweren Bleigewichten von 100 Gramm zu angeln. Scheinbar sind die Aale im Fließwasser nicht sehr zimperlich, denn sie nehmen auch an diesen groben Montagen noch den Köder auf. Mit Würmern werden fast immer die kleineren Spitzkopfaale gefangen, diese aber in größeren Stückzahlen. Würmer werden am Einzelhaken an einem ca. 60–100 Zentimeter langen Vorfach angeboten. Bei beiden Ködern sollten Sie dem Aal ein wenig Zeit beim Fressen geben, bevor Sie den Anhieb setzen. Lassen Sie den Fisch nach dem Biss auf den Köderfisch erst einige Meter ziehen und setzen erst dann einen Anschlag. Beim Angeln mit Würmern darf – je nach Ködergröße – der Anhieb ein wenig früher gesetzt werden.

Duftbombe

Viele Aalangler beträufeln ihre Köder zusätzlich mit Duftstoffen wie Fisch-, Krebs-, oder Wurmextrakten. Statt eines herkömmlichen Grundbleies können Futterkörbe verwendet werden, die mit zerhackten Würmern und Erde oder mit Fischstückchen gefüllt sind. Solche „Duftbomben" locken die Aale sehr nachhaltig zum Köder.

▶ Aale haben einen sehr feinen Geruchssinn, deshalb können wir sie mit einer Portion Würmern im Madenkorb gut an den Haken locken.

▶ Um den Aal sicher greifen zu können, sollten Sie ein Tuch verwenden.

Auftreibende Köder können bei Bewuchs des Gewässergrundes Sinn machen, meist nimmt der Aal aber den Köder direkt vom Grund auf. Aale haben eine extrem feine Nase. Häufiger Köderwechsel gewährleistet, dass den Aalen stets ein verführerisch duftender Köder angeboten wird.

Das Gerät

Das Gerät zum Aalfang mit der Grundmontage darf durchaus kräftig ausfallen. Aale sollten zügig und kompromisslos eingekurbelt werden, damit sie sich am Gewässergrund mit ihrem schlängelnden Körper nicht festsetzen. Kräftige, nicht zu weiche Ruten mit einer Länge von 2,70–3,30 Metern. Eine mittlere Stationärrolle mit 0,30 Millimeter starker, monofiler oder ca. 0,20 Millimeter dicker, geflochtener Schnur rundet das Gerät ab.

Wels – der Süßwassergigant

Der Wels kann ebenfalls sehr erfolgreich mit der Grundmontage beangelt werden. Beim Welsangeln kommt die klassische Laufbleimontage oder die Unterwasserposenmontage zum Einsatz. Als Köder eignen sich große Köderfische oder dicke Tauwurmbündel am kräftigen Drillingshaken. Kevlarschnur in der Stärke von 0,70–1,00 Millimetern ist als Vorfachmaterial nicht übertrieben. Das Grundblei sollte der Ködergröße und eventueller Strömung angepasst werden. Kräftigste Ruten mit einem Wurfgewicht von mindestens 100 Gramm und einer Länge von 2,40–3,00 Metern sowie eine große Stationärrolle mit mindestens 0,40 Millimeter dicker, geflochtener Schnur sind keinesfalls übertrieben, wenn tatsächlich mal ein kapitaler Wels den Köder aufnimmt.

◀ Ein kleines Madenbündel verführte diesen Aal zum Anbiss.

◀ Hier hat es bei strahlendem Sonnenschein „gewallert".

Kunstköderangeln

Die Hohe Kunst des Raubfischangelns

Das Kunstköderangeln auf unsere heimischen Unterwasser-Räuber wird von vielen Anglern als die hohe Kunst des Raubfischangelns angesehen. Spinnfischen ist eine Mixtur aus Gewässererkundung, dem Auffinden der Standplätze unserer Beute und daraus, sich dem Jagdverhalten der Fische anzupassen. Zudem sollte ein Spinnfischer über eine gehörige Portion Geduld und Durchhaltevermögen verfügen, denn im Gegensatz zum Ansitzangeln ist der Kunstköderangler ständig in Bewegung und muss seinem leblosen Köder durch gekonntes Führen Leben einhauchen – oftmals stundenlang. Ziel ist es, den Raubfischen eine leicht zu packende Beute vorzugaukeln und sie so zum Anbiss zu verleiten.

Da sich das Verhalten der Raubfische und deren jeweiliges Beuteschema stark unterscheidet und sich dieses auch noch im Wandel der Jahreszeiten verändert, müssen wir uns dementsprechend durch die unterschiedlichsten Köder anpassen. Es gibt eine endlose Auswahl an verschiedenartigsten Kunstködern, bei denen viele für ganz bestimmte Situationen oder Gewässertypen entwickelt worden sind. Es ist nicht leicht, als Einsteiger einen Überblick zu bekommen, wenn man im Angelgeschäft vor meterlangen Wänden mit Hunderten von Kunstködern steht und sich entscheiden soll, welchen man am Ende kaufen soll. In diesem Kapitel möchte ich Ihnen die wichtigsten Kunstköder, ihr Einsatzgebiet und ihr unterschiedliches Laufverhalten vorstellen.

Wie wirkt der Kunstköder?

Mit Kunstködern ist es möglich, verschiedene Sinne der Raubfische anzusprechen. Allen voran steht natürlich der optische Reiz. Viele Raubfische wie Barsch, Hecht oder Forelle jagen mit den Augen. So können wir durch Nachbildungen der Beutefische den Räuber täuschen oder aber durch besonders grelle und leuchtende Farben den Beißreflex der aggressiven Jäger provozieren. Kunstköder werden

▶ Wer die Wahl hat, hat die Qual. Das ganz normale Kunstköderangebot im Angelgeschäft.

▼ Gummifisch am Bleikopf – unzählige Zander wurden damit schon gefangen

◀ Hier wurde ein flüchtendes Fischchen perfekt imitiert und verleitete den Barsch zum Anbiss.

Farbe des Köders

Kaufen Sie immer zwei Modelle einer Art! Es gibt nichts Ärgerlicheres, als endlich DIE Köderfarbe des Tages herausgefunden zu haben und dann den Köder in einem Hindernis zu verlieren.

◀ Direkt an der Spundwand schnappte sich der Zander den Köder.

in Hunderten von Farben angeboten. Zu Recht können Zander, Hecht und Co. doch höchst wählerisch sein, welche Köderfarbe sie gerade bevorzugen. Es gibt Tage, da beißen die Fische nur auf eine einzige Farbe und verschmähen alle anderen Köderfarben, die ihnen angeboten werden. Dies kann zudem auch noch von Tag zu Tag, ja sogar von Stunde zu Stunde variieren.

Als Faustregel gilt: Je klarer das Wasser und je heller der Tag, desto natürlicher der Köder und desto gedeckter die Farbe. Die leuchtenden Farben und hell blitzenden Köder heben wir uns für bewölkte Tage und trübes Wasser auf. Meistens zumindest, denn manchmal ist es auch umgekehrt. Kunstköderangeln ist unerklärlich und die einzige Regel, die es gibt, heißt: Es gibt keine Regel! Neben dem visuellen Reiz sprechen wir mit Kunstködern jedoch auch das Seitenlinienorgan der Fische an. Dieses ist ein Sinnesorgan für Druckreize, welches alle Fische besitzen. An beiden Flanken läuft eine Porenreihe über den Körper. Diese Poren

▶ In der gleichen Sekunde in der wir den Biss spüren, muss der kräftige Anschlag erfolgen. Andernfalls geht der Fisch häufig verloren.

führen in einen Kanal, der sich unmittelbar unter der Haut befindet. Mit diesem Organ nimmt der Fisch feinste Strömungsänderungen und Druckwellen wahr, wie sie ein anschwimmender Feind, ein Hindernis oder unser Kunstköder verursachen. Jeder Köder verursacht unterschiedlich starke Vibrationen unter Wasser. Mal reagieren

Wärme und Action

Grundsätzlich gilt:
Je wärmer das Wasser, desto mehr Bewegung, da auch die Beutefische bei wärmerem Wasser eher agiler sind.

▶ Die Haken der Kunstköder sollten regelmäßig nachgeschliffen werden.

die Raubfische auf stärkere Druckwellen, mal mögen sie es dezenter.

Beim Spinnfischen entscheiden oft Sekunden, ob wir den Fisch an den Haken bekommen oder nicht. Der Fisch packt zu und bemerkt meist sehr schnell, dass er getäuscht worden ist und schüttelt den Köder wieder ab, wenn wir keinen sofortigen Anhieb setzen. Kein Wunder. Wenn der Hecht ein saftiges Rotauge als Beute erwartet und auf einen knüppelharten Holzwobbler beißt, bemerkt er schnell, dass etwas faul ist.

Wichtigste Voraussetzung für dauerhaft erfolgreiches Kunstköderangeln sind daher nadelscharfe Haken! Die Hakenspitzen sollten regelmäßig kontrolliert und gegebenenfalls nachgeschliffen werden. Hakenschärfer gibt es für wenige Euro im Fachhandel. Rostige Haken, aber auch Sprengringe und Wirbel sollten sofort gegen neues Material ausgetauscht werden. Lagern Sie Ihre Kunstköderboxen immer trocken und lassen nicht die nassen Köder tagelang darin liegen.

Kunstköderangeln

Das Gerät

DIE Spinnrute, die allen Situationen gerecht wird, gibt es leider nicht. Zu unterschiedlich sind die Einsatzgebiete. Wie sollte auch eine Rute gleichermaßen dazu geeignet sein, wenige Gramm leichte Forellenköder zu werfen und 25 Zentimeter lange Hechtköder zu führen? Aus diesem Grunde unterteile ich das Spinnangeln in leichtes, mittleres und schweres Spinnangeln.

Für das leichte Spinnangeln auf Forellen, Barsche oder Döbel empfehle ich Ruten mit einem Wurfgewicht von 10–30 Gramm. Sie bieten ausreichend Reserven, auch einen noch etwas größeren Fisch drillen zu können, sind aber feinfühlig genug, auch kleinere Köder anbieten zu können. Länger als drei Meter sollten Spinnruten nicht sein – beim Angeln vom Boot aus oder in hindernisreichen Uferbereichen dürfen sie auch gerne etwas kürzer sein. Außerdem sollten Spinnruten über eine stramme Aktion verfügen.

Beim mittleren Spinnfischen greife ich auf Ruten mit einem Wurfgewicht von etwa 20–50 Gramm zurück. Diese Ruten sind kräftig genug, um Zandern, Hechten oder Rapfen gerecht zu werden. Selbst wenn einmal ein kapitaler Hecht den Köder nimmt, hat man gute Chancen, diesen mit einer solchen Rute landen zu können. Mittelgroße Spinnköder lassen sich mit diesen Ruten ganz hervorragend führen. Für das Kunstköderangeln mit großen Spinnködern auf große Hechte und Zander sollten wir eine Rute mit einem Wurfgewicht von 50–100 Gramm verwenden. Mit solch einer Rute können wir alle großen Kunstköder anbieten und sind selbst kapitalsten Exemplaren gewachsen.

Als Rolle benutzen wir entsprechende Stationärrollen. Einige Profis setzen zwar auch gerne Multirollen für das Spinnfischen ein, dies sollte aber zunächst den erfahreneren Anglern vorbehalten sein. Stationärrollen sind in verschiedene Größen eingeteilt; fragen Sie hierzu auch gerne Ihren Fachhändler. Für das leichte Spinnfischen

◄ Beratung durch den Fachhändler schützt vor Fehlkäufen.

◄ Über solch einen sattgefressenen Zander freut sich der Jungangler zu Recht.

Raubfischangeln

▶ Der Wobbler lief exakt in der Tiefe wo die Zander wohnen – knapp über dem Grund.

▶ Diese Gummifische werden ähnlich wie ein Wobbler geführt, verfügen aber über keine Tauchschaufel.

entscheiden wir uns für ein 1000er Modell, während wir für das mittlere Spinnfischen ein 2000er und für das schwere Spinnfischen ein 3000er oder 4000er Modell einsetzen sollten.

Für das erfolgreiche Spinnangeln haben sich geflochtene Schnüre ganz hervorragend bewährt. Aufgrund der fehlenden Dehnung der Schnur fühlen wir selbst die zaghaftesten Bisse bis ins Handteil der Rute. Jeder Biss sollte umgehend mit einem saftigen Anhieb quittiert werden. Dank der straffen Rutenaktion und der geflochtenen Schnur bringen wir selbst auf größere Distanzen den Anhieb sicher durch, sodass der Haken im harten Fischmaul eindringen kann. Für das leichte Spinnangeln haben sich Schnüre mit einem Durchmesser von etwa 0,10 Millimetern bewährt. Für das mittlere Spinnangeln darf die Schnur gerne einen Tick dicker ausfallen und für das schwere Spinnangeln ist selbst eine 0,16 Millimeter dicke, geflochtene Schnur mehr als ausreichend. Monofile Schnüre eignen sich für das Spinnangeln kaum, da ihre Dehnung den Biss „verschluckt", wir als Angler also oftmals den Biss gar nicht richtig spüren können.

Für schwerstes Spinnfischen auf den größten unserer heimischen Räuber, den Wels, muss die Ausrüstung stärker ausfallen. Ruten mit einem Wurfgewicht von bis zu 200 Gramm, eine hochwertige, große Stationärrolle und eine geflochtene Schnur mit einem Durchmesser von mindestens 0,28 Millimetern sind gerade richtig, um den Urianen zu begegnen.

Nachfolgend möchte ich Ihnen nun die unterschiedlichen Kunstköder sowie ihr Laufverhalten im Wasser vorstellen und erklären, wie die einzelnen Modelle geführt werden.

Der richtige Wirbel

Wenn Sie Ihre Kunstköder nicht direkt an die Hauptschnur binden, sondern in einen Karabiner einhängen, ist es von äußerster Wichtigkeit, hochwertige Modelle zu verwenden. Viele minderwertige Produkte neigen dazu, im Drill aufzubiegen oder vom tobenden Fisch aufgehebelt zu werden. Ärgerliche Fischverluste sind die Folge.

◀ Rapfen lieben schnell geführte Kunstköder.

◀ Dieser kapitale Hecht hatte den Wobbler im Barschdesign zum Fressen gern.

Wobbler

Wobbler sind Fischimitationen, die meist aus Holz oder Kunststoff hergestellt werden und durch ihre taumelnden Bewegungen im Wasser einen kranken, geschwächten Fisch vortäuschen sollen. Mit Hilfe einer Tauchschaufel laufen Wobbler beim Einholen in unterschiedlichen Tiefen. Ausschlaggebend für die entsprechende Tauchtiefe ist die Stellung und Größe der Tauchschaufel. Je horizontaler die Schaufel angebracht ist, desto tiefer läuft der Wobbler. Größere Schaufeln lassen den Wobbler auch tiefer laufen. Flach laufende Wobbler hingegen erkennt man an den kleineren, eher vertikal angebrachten Tauchschaufeln. Es gibt sogar Modelle mit verstellbaren Tauchschaufeln.

Wobbler werden als schwimmende, sinkende und schwebende Varianten angeboten. Durch Auswahl der entsprechenden Modelle kann man ebenfalls die Lauftiefe bestimmen. Außerdem werden Modelle angeboten, die aus einem Stück gefertigt wurden, aber auch mehrteilige Wobbler sind im Handel erhältlich. Grundsätzlich gilt: Je mehr Glieder ein Wobbler besitzt, desto lebhafter wird er im Wasser laufen. Wer die Raubfische durch ganz besondere Reize zum Anbiss verleiten möchte, kann Wobbler mit Geräuschkapseln einsetzen. Hierbei handelt es sich um Modelle, die innen hohl sind und mit kleinen Kügelchen gefüllt sind, die beim Einholen verführerisch rasseln.

Seit einiger Zeit sind Modelle auf dem Markt, die aus Weichplastik hergestellt wurden. Diese Wobbler beziehungsweise Gummifische brachten ganz hervorragende Fangergebnisse in den letzten Jahren. Für welches Dekor sie sich entscheiden, hängt von den Wasser- und Wetterbedingungen und von der Lauftiefe ab. Manchmal mögen die Räuber besonders knallige Modelle, an anderen Tagen bevorzugen sie eher realistische, gedeckte Farben.

Wie wird der Wobbler geführt? Es gibt keine Grundregel, die besagt, wie ein Wobbler geführt werden soll. Selbst wenn Sie den Wobbler mit gleichmäßigem Zug einholen, wird er verführerisch im Wasser hin- und hertaumeln. Noch reizvoller wird es für unsere Räuber, wenn sie gelegentlich kurze Stopps einlegen oder auch mal einige zügige Kurbelumdrehungen machen. Ein krankes Fischchen – und das wollen wir ja imitieren – wird ja schließlich auch nicht schnurstracks durchs Wasser schwimmen, sondern ebenfalls kleine Pausen einlegen oder auch mal zügiger schwimmen.
Die Rutenspitze sollte beim Angeln mit dem Wobbler immer flach zum Wasser zeigen und in einem Winkel von 90° zum geführten Wobbler stehen.
Aufgrund ihrer starken Eigenbewegung eignen sich Wobbler ganz hervorragend für das Schleppangeln vom Boot aus. Hierzu wird einfach der Wobbler 10–30 Meter hinter dem fahrenden Boot hergezogen. Auf diese Weise wird eine enorme Wasserfläche nach den Räubern abgesucht.
Übrigens: Je dünner die verwendete Hauptschnur ist, desto tiefer laufen Wobbler.

▶ Verschiedene Jerkbaits im Überblick

Jerkbaits

Bei sogenannten Jerkbaits handelt es sich ebenfalls um Wobbler, allerdings besitzen diese häufig keine Tauchschaufel und sind daher ein wenig schwieriger zu führen. Jerkbaits sind meist sehr groß, haben eine Länge von 10–20 Zentimetern und sind für das Hechtangeln produziert worden. Auch hier gibt es wieder Hunderte von verschiedenen Modellen in allen erdenklichen Farben. Grundsätzlich werden die Jerkbaits aber in zwei Gruppen unterteilt. Es gibt die sogenannten Diver, die im Wasser bei entsprechender Führung eher Auf- und Ab-Bewegungen machen, während die „Glider" seitwärts ausbrechen.

Wie wird der Jerkbait geführt?
Leider entwickeln Jerkbaits keine oder kaum Eigenbewegung bei gleichmäßigem Einholen. „Jerken" ist englisch und heißt „rucken/reißen" und genauso müssen diese Köder auch geführt werden. Am besten steht man ein wenig erhöht, kurbelt nach dem Auswurf die lose Schnur ein, führt mit der Rutenspitze einen scharfen Ruck nach unten aus und holt sogleich die lose gewordene Schnur wieder ein, um den nächsten Ruck zu setzen. Hierbei bricht der Jerkbait seitwärts (oder nach unten) aus. Kurze Stopps geben dem Räuber Zeit, den Köder zu attackieren.
Für erfolgreiches Jerken benötigen wir spezielles Geschirr. Die Rute sollte mit einer Länge von 1,80–2,00 Metern möglichst kurz sein, damit wir die ruckartigen Bewegungen nach unten ausführen können. Längere Ruten eignen sich nicht so gut dafür. Aufgrund der strammen Rutenbewegungen muss die Rute entsprechend hart ausfallen. Im Handel werden

◀ Ein kleiner, unscheinbarer Kanal wird mit dem Jerkbait nach Hechten abgesucht.

diverse Jerkbaitruten in unterschiedlichen Preisklassen angeboten.

Als ideale Rolle für das Jerken hat sich eine kleine Multirolle mit etwa 0,20–0,25 Millimeter dünner, geflochtener Schnur herausgestellt. Selbstverständlich kann auch mit einer Stationärrolle gefischt werden, Multirollen stecken aber das kräftige Reißen mit der Rute eher weg als eine Stationärrolle. Ein Nachteil ist, dass das Werfen mit der Multirolle ein wenig mehr Übung erfordert.

Damit sich das Stahlvorfach nicht ständig mit dem Jerkbait verknotet, ist der Einsatz von Spinnstangen anstatt des weichen Vorfachmaterials zu empfehlen.

Blinker

Der Blinker ist der einfachste unserer Kunstköder, trotzdem aber in den meisten Gewässern äußerst fängig. Beim Blinker handelt es sich um einen ovalen, leicht gebogenen Metallkörper, welcher torkelnd durchs Wasser laufen soll. Blinker werden in lang ovaler bis kompakt ovaler Form, in unterschiedlichen Gewichten angeboten. Je kompakter und schwerer ein Blinker ist, desto tiefer lässt er sich im Gewässer führen. Im Handel sind die unterschiedlichsten Modelle erhältlich, oftmals mit bunten Federn oder Kunststoffanhängern verziert, was mehr Attraktivität auf die Raubfische ausüben soll. Ferner gibt es Krautblinker zu kaufen, welche über einen Hakenschutz verfügen, damit sich dieser nicht so schnell in Unterwasserpflanzen verheddern kann. Außerdem gibt es Perlmuttblinker, die sehr leicht sind und sich somit für flaches Wasser ganz besonders gut eignen und zudem auch noch eine ganz besonders reizvolle Farbe besitzen.

Wie wird der Blinker geführt?

Nach dem Auswurf lässt man den Blinker in die gewünschte Angeltiefe absinken. Der Blinker kann durch gleichmäßiges Eindrehen geführt werden. Kurze Zwischenstopps, in denen der Köder wieder ein

Stückchen absinkt oder kurze ruckartige Bewegungen, welche den Blinker leicht ausbrechen lassen, bringen oftmals den einen oder anderen Extra-Fisch an den Haken. Jedes Ruckeln am Blinker sollte umgehend mit einem saftigen Anschlag quittiert werden.

Spinner

Beim Spinner (das englische „to spin" bedeutet drehen) handelt es sich ebenfalls um einen Metallköder. Hierbei dreht sich ein Metallblatt beim Einkurbeln um eine Achse und reizt damit das Seitenlinienorgan der Raubfische, da der Spinner enorme Druckwellen erzeugt.

Im Handel werden die unterschiedlichsten Modelle angeboten. Auch hier gilt wieder: Je schwerer und kompakter das Modell, desto tiefer kann er später geführt werden. Spinner mit sehr langen, dünnen Metallblättern eignen sich besonders für strömendes Wasser. Während leichte Modelle ohne jegliche Beschwerung auf der Achse im Oberflächenbereich angeboten werden können, lassen sich schwerere Modelle im Mittelwasser führen. Für besonders tiefes Wasser wurden Bleikopfspinner entwickelt. Diese besitzen einen besonders schweren Kopf und sinken dementsprechend in tiefere Gewässerschichten.

Der Fantasie der Köderproduzenten sind keine Grenzen gesetzt und so wurden Doppelspinner entwickelt, welche gleich über zwei auf der Achse rotierende Metallblätter verfügen. Solche Köder senden besonders starke Druckwellen aus. Außerdem wurden verschiedene Köder miteinander kombiniert und so wurden Spinner

▶ Spinner gibt es in sehr viel verschiedenen Ausführungen.

▶ Solch eine Regenbogenforelle aus dem kleinen Bach fängt man meist nur ein mal im Leben.

Kunstköderangeln

entwickelt, die einen Wobblerkörper oder einen Gummifisch hinter der Achse haben. Aber auch Zocker oder Jigköpfe werden gerne mit Spinnerblättern verziert.

Wie wird der Spinner geführt?

Da Spinner in erster Linie das Seitenlinienorgan der Raubfische reizen sollen, müssen wir das Spinnerblatt zum Rotieren bringen. Dafür ist ein gleichmäßiges Einholen erforderlich. Es sind keinerlei Tricks nötig, um dem Spinner Leben einzuhauchen. Bei langsamerem Zug bieten wir den Spinner tiefer an als bei schnellerem Zug. Ob das Blättchen rotiert, spüren wir durch den enormen Druck, den dieser Köder ausübt, sehr eindeutig in der Rutenspitze.

Weichplastikköder

In den letzten Jahren haben die Weichplastikköder den Kunstködermarkt revolutioniert und es ist ein kaum überschaubares Angebot dieser Köder entstanden, welches den Einsteiger schnell verunsichern kann. Eine kleine Auswahl verschiedener Gummiköder reicht für den Anfang vollkommen aus.
Es gibt Gummiköder in allen erdenklichen Farben und Formen. Von Fischimitationen über Krebs- und Wurmimitaten bis hin zu Fantasieformen bietet der Handel alles Erdenkliche an.

◀ Größere Gummifische sollten mit einem Extra-Drilling versehen werden, um die Fehlbissquote so gering wie möglich zu halten.

◀ Farbe fängt! Ein Zander hatte Appetit auf einen knallgrünen Gummifisch.

Meist werden die Weichplastikköder in Verbindung mit einem Bleikopf in tieferen Gewässerschichten angeboten. Es gibt aber auch die Möglichkeit, den Köder unbeschwert in anderen Gewässertiefen anzubieten.
Ein großer Vorteil der Weichplastikköder ist ihre Konsistenz. Während ein beißender Fisch bei einem Köder aus harten Materialien nach einmaligem Zubeißen den Schwindel schnell bemerkt und mit Zahnschmerzen schnell wieder in der Tiefe des Gewässers verschwindet, beißt er bei einem Weichplastikköder nach einem Fehlbiss gerne noch mal zu.
Bei größeren Ködern sollten wir ein oder zwei Zusatzdrillinge durch kurze Einhänger verwenden. Damit steigern wir die Chance, auch vorsichtig beißende Fische zu haken.

Selbst ist der Mann

Bei einigen Modellen ist der Bleikopf bereits eingegossen. Besser ist in meinen Augen jedoch, Gummiköder und Bleiköpfe getrennt zu kaufen. So kann man sich am besten auf die Verhältnisse einstellen und zwischendurch auch mal Hakengröße und Bleikopfgewicht wechseln.

Wie wird ein Weichplastikköder geführt?

Wie die meisten anderen Kunstköder auch, können Gummifisch, Twister & Co. durch gleichmäßiges oder ruckendes Einholen in den unterschiedlichen Wasserschichten angeboten werden. Die beliebteste Methode ist allerdings, mit Ihnen grundnah stehende Fische durch zupfen (jiggen) zu überlisten. Hierzu lässt man den Köder an gespannter (!) Schnur zu Boden sinken und beobachtet dabei die Schnur aufmerksam. In dem Moment, in dem der Köder mit dem Bleikopf am Boden aufgekommen ist, fällt die Schnur in sich zusammen, was oftmals durch ein leichtes Zurückfedern in der Rutenspitze erkennbar ist. Jetzt zupfen wir den Köder leicht an, holen sogleich die gewonnene Schnur durch zwei oder drei Kurbelumdrehungen ein und lassen den Köder erneut zu Grund sinken. Wieder beobachten wir die Schnur und beginnen mit einer erneuten Zupfbewegung, wenn die Schnur wieder zusammenfällt.
Zu verschiedenen Jahreszeiten sollte der Köder auch unterschiedlich geführt werden. Bei wärmerem Wasser darf der Köder ein wenig zügiger – mit großen Zupfern – geführt werden, während es im Winter unbedingt ein wenig dezenter sein sollte. Beim Gummifischangeln sollte die Rute immer in Richtung Köder zeigen, damit wir nach oben ausreichend Platz für einen kräftigen Anhieb haben. Der Biss erfolgt zu 90 % in der Absinkphase des Köders und wird meist nur durch ein leichtes „Tocken" in der Rutenspitze wahrgenommen. Der Anschlag sollte noch in der gleichen Sekunde erfolgen.

Diese Art der Angelei erfordert einige Übung und muss erlernt werden. Es bedarf einiger Zeit, herauszufinden, wie schwer der Bleikopf sein muss, um den Köder natürlich anbieten zu können. Ist der Kopf zu schwer, sinkt der Köder zu schnell ab und wird von den Raubfischen kaum genommen. Ist er hingegen zu leicht, fühlen wir keinen Grundkontakt mehr und führen den Köder „blind". Allgemein gilt: Je tiefer das Wasser und je größer der Gummifisch, desto schwerer darf der Bleikopf ausfallen. Bei strömendem Wasser oder Wind sollte er nochmals

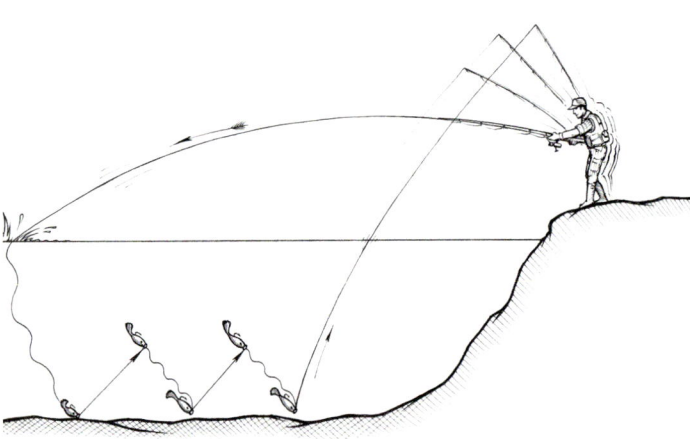

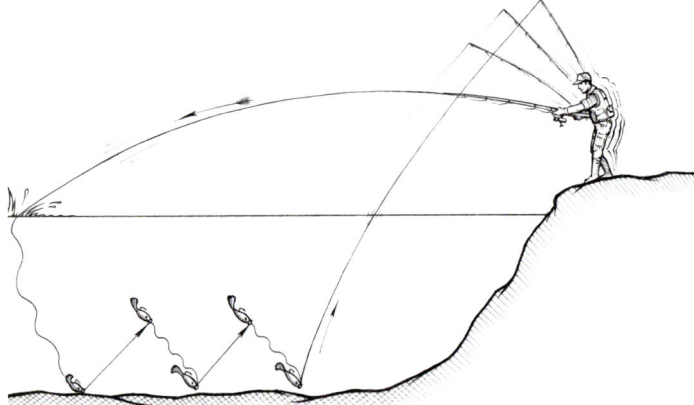

▼ Mit ein wenig Übung hat man es schnell raus, wie der Gummifisch geführt wird. Wenn sich der Köder nach dem Anzupfen in der Absinkphase befindet, erfolgen die meisten Bisse.

▼ Fänger und Sonne strahlen um die Wette. Bei diesem kapitalen Zander fällt das Lachen nicht schwer.

einige Gramm schwerer gewählt werden. Es gibt eine Reihe von Spezialmethoden zum Anbieten der verschiedenen Gummiköder wie zum Beispiel das Dropshot-Angeln oder das Vertikalangeln. Bei Ersterem wird mit einem Tastblei geangelt; bei Letzterem wird der Köder fast bewegungslos vertikal unter dem Boot angeboten. Diese Methoden sind aber sehr speziell und werden in der Regel lediglich von sehr erfahrenen Anglern ausgeübt, deshalb möchte ich sie hier nur kurz erwähnen. Die nachfolgend dargestellte Tabelle soll Ihnen helfen, einen groben Überblick über die eingesetzten Ködergrößen und die dazu passenden Bleikopfgewichte zu bekommen. Die Tabelle sollte nur als Hilfestellung angesehen werden, da Dinge wie Wind, Strömungsgeschwindigkeit und Erfahrungswerte des Anglers ebenfalls beachtet werden sollten.

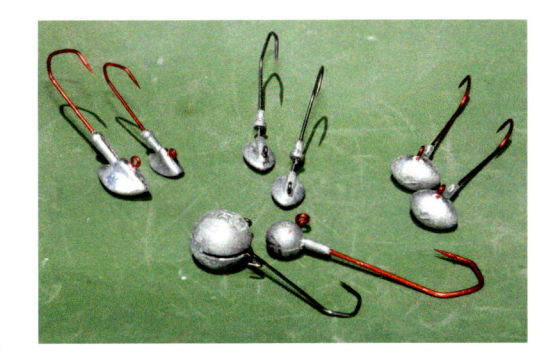

◀ Verschiedene Bleiköpfen für unterschiedliche Situationen am Wasser.

◀ Ein Zander versucht an der Oberfläche den Köder abzuschütteln.

Ködergrößen und Bleiköpfe

	Stillwasser, bis 3 Meter Tiefe	Stillwasser, bis 6 Meter Tiefe	Stillwasser, bis 9 Meter Tiefe	Fließwasser, bis 3 Meter Tiefe	Fließwasser, bis 6 Meter Tiefe	Fließwasser, bis 9 Meter Tiefe
Köder, ca. 8 Zentimeter	5–7 g	7–10 g	8–12 g	8–10 g	10–12 g	14–17 g
Köder, ca. 12 Zentimeter	7–10 g	10–12 g	12–15 g	9–11 g	12–17 g	17–21 g
Köder, ca. 16 Zentimeter	8–12 g	11–14 g	14–18 g	11–13 g	15–20 g	17–24 g
Köder, ca. 20 Zentimeter	11–15 g	13–16 g	15–20 g	12–14 g	20–25 g	22–28 g
Köder, ca. 25 Zentimeter	12–15 g	14–18 g	16–21 g	13–16 g	21–28 g	25–32 g

Oberflächenköder

Gelegentlich kommt es vor, dass die Raubfische unmittelbar an der Oberfläche ihre Nahrung aufnehmen. Dies ist das ideale Einsatzgebiet für Oberflächenköder, welche kaum tiefer als einen halben Meter laufen. Einige Wobbler verfügen über gar keine oder über eine fast vertikale Ausrichtung ihrer Tauchschaufel und lassen sich ganz hervorragend oberflächennah führen.
Als sehr fängige Oberflächenköder haben sich Froschimitationen bewährt. Häufig stehen Hechte dicht am Ufer zwischen Seerosen und anderem Uferbewuchs. Die meisten Frösche besitzen einen Krautschutz, sodass wir sie mitten durch dieses Grünzeug hindurchziehen können. Mit ruckenden Bewegungen – wie bei einem echten Frosch – zupfen wir den Frosch durch die Seerosen. Ein Biss ist unverkennbar, denn der Hecht stößt von unten auf den Köder zu und schnappt ihn sich lautstark von der Oberfläche. Ein spannender Moment, der dem Angler einen sofortigen Adrenalinschub garantiert. Der Anhieb sollte zügig und entschlossen ausfallen.
Auch Popper (das englische „to pop" bedeutet so viel wie knallen) verleiten viele Raubfische zum Angriff an der Wasseroberfläche. Hierbei handelt es sich um spezielle Wobbler, die an der Oberfläche geführt werden können. Sie haben eine konkave (nach innen gewölbte) und nach oben gerichtete Schaufel beziehungsweise einen entsprechend ausgehöhlten Kopf. Einige Modelle besitzen am Schwanzende kleine Propeller, mit denen laut hörbarer Lärm an der Wasseroberfläche verursacht wird.
Der Popper wird mit kurzen, ruckenden Zügen über die Wasseroberfläche gezogen, wobei bei jedem Zug ein knallendes Geräusch entsteht und so die Raubfische auch auf größere Entfernungen gereizt werden. Bei jedem Zug bricht der Popper seitwärts aus. Zwischendurch sollte immer wieder ein kurzer Stopp eingelegt werden. Dies ist der Moment, in dem viele Raubfische zupacken.
Ein weiterer Köder ist der Spinnerbait, welcher ursprünglich in Amerika zum Schwarzbarschangeln hergestellt wurde. Der Spinnerbait verfügt über ein (oder mehrere) rotierendes Spinnerblatt, welches an einem Draht, der zu einem 90°-Winkel gebogen ist, angebracht ist. Am anderen Ende des Winkels befindet sich ein meist

▶ Eine Auswahl verschiedener Oberflächenköder.

▶ Sogenannte „Popper" machen einen Heidenlärm an der Wasseroberfläche.

Kunstköderangeln

beschwerter Fransen- oder Gummiköder. Schon bei leisestem Zug beginnt der Spinnerbait zu „arbeiten" und setzt eine Reihe von Reizen aus. Spinnerbaits lassen sich ganz hervorragend oberflächennah führen, sie können aber nach entsprechender Absinkphase auch tiefer angeboten werden. Sie können gleichmäßig, aber auch mit kurzen Sprüngen und Zupfern eingeholt werden.
Alle vorgestellten Kunstköder eignen sich ganz hervorragend für stark verkrautete Gewässer, in denen die Raubfische mitten im Kraut stehen – dort, wo andere Köder und Methoden versagen würden.

Spezialköder

Es gibt noch eine Reihe Spezialköder, die für ganz besondere Situationen oder Fischarten entwickelt wurden.
Das Rapfenblei ist eigens für das Rapfenangeln entwickelt worden. Rapfen werden meist im Fließwasser, weit entfernt vom Ufer an der Wasseroberfläche gehakt. Ihre Lieblingsspeise ist Fischbrut, kaum länger als ein kleiner Finger. Hierfür ist ein kleiner Köder erforderlich, der gute Flugeigenschaften besitzt. Rapfenbleie haben ein hohes Eigengewicht und lassen sich dennoch oberflächennah führen. Rapfen lieben zügig geführte Köder, deshalb sollten wir das Rapfenblei nach dem Auftreffen auf der Wasseroberfläche sehr schnell, aber mit gleichmäßiger Einholgeschwindigkeit durch die obere Wasserschicht ziehen. Aber Vorsicht! Rapfen beißen glashart zu und sind sehr zähe Kämpfer. Unterschätzen sie diesen harmlos aussehenden Weißfisch nicht.
Ebenfalls für das Rapfenangeln wurde der Spinner-Jig entwickelt. Dieser Köder vereint Eigenschaften wie gute Flugeigen-

◀ Diese Spezialköder sind für ganz bestimmte Situationen entwickelt worden.

◀ Mit einem oberflächennah geführten Spinnerbait konnte der Hecht gelandet werden.

schaften und ein hohes Gewicht bei geringer Größe. Zügig an der Wasseroberfläche eingeholt, sendet das kleine Spinnerblatt an der hinteren Öse des Köders reizvolle Signale für den Rapfen aus.
Zocker wurden ursprünglich für das grundnahe Angeln entwickelt, lassen sich aber ebenfalls mit entsprechender Einholgeschwindigkeit in der oberen Wasserschicht beim Rapfenangeln einsetzen. Normalerweise jedoch werden Zocker am Grund mit leichten Auf-und-Ab-Bewegungen (Pilken) angeboten. Ganz besonders eignen sie sich

für das Angeln vom Boot aus. Die Zocker werden ausgeworfen, zu Boden sinken gelassen und dann ähnlich einem Gummifisch gezupft. Wichtig hierbei ist, den Köder stets an gespannter Schnur wieder absinken zu lassen, um auch zarte Bisse zu spüren. Zocker sind ganz hervorragende Barsch- und Forellenköder.

Ähnlich den Zockern funktionieren Zikaden. Dies sind ebenfalls sehr schwere kompakte Köder, die recht schnell zum Grund sinken, jedoch über ein verführerischeres Spiel als ein Zocker verfügen. Die Zikade wird – im Gegensatz zu den meisten anderen Kunstködern – nicht an der Spitze, sondern am Rücken, hinter dem ersten Drittel des Körpers in den Wirbel eingehängt. Dort besitzen sie mehrere Löcher. Je weiter vorne wir den Wirbel einhängen, desto schneller sollte der Zug ausfallen. Zikaden werden mit pilkenden Bewegungen angeboten und beginnen schon bei leichtem Zug recht kräftig zu vibrieren. Man kann sie in allen Gewässertiefen einsetzen, wo sie alle Arten von Raubfischen locken können. Ganz besonders bewährt haben sie sich beim Angeln vom Boot aus, wo sie auch vertikal unter dem Boot angeboten werden können.

Für das Angeln mit dem Blinker in besonders großen Tiefen wurden extra schwere Disc-Blinker entwickelt. Dieser Blinker verfügt über keinerlei Wölbung und dadurch über relativ wenig Eigenbewegung, jedoch wird er in stark strömendem Wasser kaum an die Oberfläche gedrückt und bleibt beständig in den tieferen Wasserschichten. Um diesem Köder Leben einzuhauchen, ist es nötig, ruckend mit der Rute zu arbeiten.

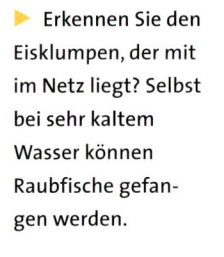

▶ Erkennen Sie den Eisklumpen, der mit im Netz liegt? Selbst bei sehr kaltem Wasser können Raubfische gefangen werden.

▶ Ein spritziger Drill: Hoffentlich hält der Haken...

Methoden des Raubfischangelns im Überblick

Posenangeln

Auch für das Angeln auf Raubfische bietet das Posenangeln vom Gewässerrand aus eine fängige Methode, bei der lediglich Montage und Köder den Beutegreifern angepasst werden müssen. Das Angeln mit lebenden Fischen ist verboten, jedoch nehmen viele Raubfische auch gerne tote Fische (oder Fetzen davon), da dies mit weniger Energieaufwand für die Räuber verbunden ist.

Bei ruhigem Wasser zeigt die Pose den Biss von Fischen fast jeder Angeltiefe. Wichtig ist es, das Gewässer und damit die vermuteten Aufenthaltsorte der Fische zuvor gut auszuloten. Es kann von Vorteil sein, zwei Angeln auszuwerfen, die den Köder in verschiedenen Tiefen anbieten.

Bojenmontage

Die Bojenmontage ermöglicht das Posenangeln unabhängig von Wind, Wellen und Strömung. Zwar wird ebenfalls vom Ufer aus geangelt, zum Ausbringen der Bojenmontage ist allerdings neben Zeit und Erfahrung auch ein Boot nötig. Eine auf der Oberfläche schwimmende Boje (z. B. ein leerer Kanister oder ein Styroporblock), wird durch einen mittels eines Seils festgebundenen Stein an der sorgfältig ausgeloteten Angelstelle platziert. Über eine Schnur werden Boje und Wirbel oberhalb der Montage verbunden. Nun bleibt der Köder selbst bei Wind und Wellen an der gewünschten Stelle und muss erst nach mehreren Stunden kontrolliert werden.

Schleppangeln

Durch das Schleppangeln können vom Boot aus große Bereiche des Gewässers beangelt werden. Es ist eine Form des Posenangelns, die ebenfalls das genaue Ausloten des Bodens erfordert, um markante Stellen zu finden, an denen sich die Raubfische vermutlich aufhalten.

Möglich ist sowohl das Auswerfen einer feststehenden Posenmontage bei angehaltenem Boot an unterschiedlichen Stellen des Gewässers als auch das Auswerfen einer Posen-Schleppmontage bei langsam fahrendem Boot. In diesem Fall ist jedoch eine Laufpose mit abgeknickter Schnur-Innenführung notwendig, um den Köder in der gewünschten Angeltiefe zu halten.

Grundangeln

Das Grundangeln ist eine passive Angelmethode, bei der der Köder grundnah angeboten und der Biss über die Rutenspitze angezeigt wird. Sie ist besonders dann vorteilhaft, wenn man nur kleine Areale umso intensiver über einen längeren Zeitraum befischen möchte, weil man dort futtersuchende Raubfische erwartet. Auch in stark beangelten Gewässern bietet sich das Grundangeln an, da dort die Fische häufig nicht mehr auf Kunstköder hereinfallen. Zudem ist es eine fängige Methode für den Winter, da die Fische sich grundnah aufhalten und vor dem Biss teilweise lange zögern. Häufig werden beim Grundangeln größere Exemplare als bei anderen Angelmethoden erbeutet.

Besonders wichtig ist das Anstechen der Schwimmblase toter Fische beim Grundangeln, da diese sonst auftreiben.

Spinnfischen/ Kunstköderangeln

Beim Kunstköderangeln ist viel Fingerspitzengefühl und Durchhaltevermögen erforderlich, weshalb es als die Königsdisziplin des Raubfischangelns gilt. Der Köder, der entweder eine Imitation lebender Beutetiere (wie Insekten) darstellt oder schlicht den Beißreflex reizen soll, muss ständig gefühlvoll in Bewegung gehalten werden, um ihn lebendig und realistisch erscheinen zu lassen.

Da sich Beuteschema und Jagdverhalten der Raubfische stark unterscheiden und sich dieses im Wandel der Jahreszeiten auch noch verändert, ist die Auswahl des richtigen Köders maßgeblich. Um für jeden Fisch und jede Situation den optimalen Köder anbieten zu können, gibt es inzwischen eine unendliche Auswahl an verschiedensten Kunstködern im Handel. In diesem Buch werden folgende wichtige Arten vorgestellt: Wobbler, Jerkbaits, Blinker, Spinner, Gummiköder, Oberflächenköder und besondere Spezialköder.

Die richtige Landung für Raubfische

Es ist so weit. Der Fisch hat angebissen, der Anhieb kam sicher durch und der Fisch wehrt sich vehement am anderen Ende der Schnur. Nun steht noch die erfolgreiche Landung unserer Beute an. Der sicherste Weg, den Fang an Land zu bekommen ist meist ein geräumiger Kescher, in den wir den ausgedrillten Fisch hineinbugsieren müssen. Wichtigste Voraussetzung für einen erfolgreichen Kescherversuch ist es, Ruhe zu bewahren. Stundenlang haben wir auf den Biss gewartet, nun kommt es auf ein paar Minuten mehr oder weniger auch nicht mehr an. Mit der linken Hand strecken Sie den Kescher möglichst weit vor, mit der rechten Hand halten Sie die Angel und führen den Fisch gefühlvoll in den Kescher hinein. Sollte er kurz vorher noch mal all seine Kräfte mobilisieren, geben Sie ihm den Raum, den er benötigt und begehen bitte nicht den Fehler, den Fisch mit aller Gewalt in den Kescher hineinzuzerren. Ärgerliche Fischverluste in letzter Minute wären die Folge.

Der Unterfangkescher mag zwar die sicherste Methode sein, Raubfische zu landen, doch manchmal ist er einfach nicht zur Hand und liegt 20 Meter weiter im Gebüsch oder noch zusammengeklappt in der Rutentasche.
Es gibt eine Reihe anderer Möglichkeiten, die Raubfische aus dem Wasser zu bekom-

Großer Kescher

Verwenden Sie einen möglichst großen Kescher. Beim Kauf im Angelladen wirken die Kescher häufig überdimensioniert. Glauben Sie mir, haben Sie Ihren ersten dicken Brocken erst mal am Haken, werden Sie über jeden Zentimeter froh sein, den der Kescher größer ist. Kescher mit etwas größeren Maschen lassen sich im Wasser besser führen, da sie sich nicht so stark vollsaugen und weniger Wasserwiderstand bieten als kleinmaschige Materialien. Außerdem verhängen sich aus dem Fischmaul heraus stehende Haken nicht so leicht im Keschermaterial.

▶ Der Kescher kann gar nicht groß genug sein, will man seine Beute sicher ins Boot bringen.

Die richtige Landung für Raubfische

men, die allerdings ein wenig Übung erfordern. Die Rede ist von der Handlandung. Es gibt für die unterschiedlichen Raubfische unterschiedliche Methoden, die Fische sicher zu greifen und aus dem Wasser zu heben. Nachfolgend stelle ich Ihnen diese Methoden vor:

Der Nackengriff

Eine recht sichere Methode, kleine und mittlere Hechte, Zander oder auch große Barsche zu greifen, stellt diese Variante der Handlandungen dar. Wenn der Fisch ausgedrillt ist und sich mühelos auf der Seite liegend heranziehen lässt, umfasst man einfach den Fisch im Nackenbereich hinter den Kiemendeckeln und packt entschlossen zu. Bei Barschen und Zandern sollten Sie darauf achten, den Rückenflossenkamm mit der Handfläche hinunterzudrücken, denn diese besitzen spitze Stacheln. Es ist sehr unangenehm, in sie hineinzugreifen. Erschrecken Sie bitte nicht, sollte der Fisch noch mal zu zappeln beginnen. Halten Sie ihn mit festem Griff – auf der einen Seite den Daumen, auf der anderen die übrigen vier Finger – und legen ihn vor sich ab. Auf keinen Fall sollten Sie vor Schreck den Fisch ins Wasser zurückfallen lassen, denn dabei kann Ihnen Ihre Beute in letzter Sekunde noch vom Haken abkommen.

Der Kiemengriff

Eine ebenso unkomplizierte Methode, die Fische zu landen, ist der Kiemengriff. Der Kiemengriff eignet sich besonders für größere Hechte und Zander, deren Nacken bereits so dick ist, dass wir ihn nur noch schlecht mit der Hand umfassen können. Für einen sicheren Kiemengriff ziehen wir den ausgedrillten Fisch an uns heran und greifen mit vier Fingern in den Kiemen-

◄ Der Hecht liegt flach auf dem Wasser und ist ausgedrillt. Jetzt kann er gegriffen werden.

◄ Kleinere Raubfische können problemlos im Nacken gegriffen werden.

◄ Gerade für Hechte eignet sich der Kiemengriff ganz hervorragend.

Raubfischangeln

deckel, während der Daumen von außen auf diesen drückt. Wir müssen unbedingt darauf achten, dass die vier Finger vor dem ersten Kiemenbogen greifen, da beim Hecht diese Kiemenbögen mit kleinen, rasiermesserscharfen Zähnen besetzt sind. Greifen wir in die Kiemenbögen hinein, werden wir blutige Schnittwunden erhalten. Haben wir den Fisch sicher im Griff, gleiten wir mit der Hand den Kiemendeckel in Richtung Maul bis zu der Stelle entlang, wo der Kiemenbogen an die Unterseite des Kopfes angewachsen ist und heben den Fisch aus dem Wasser.

Einige Fische beginnen in diesem Moment das Schlagen. Halten Sie den Fisch bitte unbedingt mit entschlossenem Griff fest und lassen ihn nicht fallen, andererseits drohen die besagten Schnittverletzungen oder Fischverlust. Im Handel gibt es spezielle Landungshandschuhe zu kaufen, die das Verletzungsrisiko nahezu ausschließen. Für ungeübtere Angler sicherlich eine gute Investition.

Den Fisch sicher im Kiemengriff haltend, können wir ihn in Minutenschnelle vom Haken lösen und versorgen, ohne ihn zwischendurch immer wieder ablegen zu müssen. Hechte öffnen bei dieser Methode meist von ganz alleine das Maul, sodass das Hakenlösen kein Problem darstellen dürfte. Eine sichere Methode, größere Fische zu landen, die allerdings ein wenig Übung und ein beherztes Zugreifen erfordert.

Der Barschgriff

Kleinere Barsche lassen sich in der Regel einfach an der Schnur aus dem Wasser heben. Um dem Verlust größerer Exemplare entgegenzuwirken, sollten wir diese mit dem Barschgriff aus dem Wasser heben. Der heimische Flussbarsch besitzt

▶ Die Kiemenbögen von Hechten sind mit scharfen Zähnchen übersät, deshalb muss der Fisch vor dem ersten Kiemenbogen gegriffen werden.

▶ Ist der Fisch sicher im Griff, kann er ohne viel Fummelei gleich vermessen werden.

zwei hufeisenförmige Erhärtungen in Ober- und Unterlippe, die mit Tausenden kleiner Zähnchen bewachsen sind und sich wie Schmirgelpapier anfühlen. Hieran können wir den Barsch sicher greifen. Wir stecken dem ausgedrillten Barsch einfach den Daumen von der Innenseite der Unterlippe auf die Zahnreihe und drücken von außen mit dem gekrümmten Zeigefinger dagegen. Ein so gegriffener Barsch kann fast nicht mehr verloren gehen, egal wie stark er sich auch wehren mag. Aber auch hier gilt: Entschlossen zugreifen und kräftig festhalten, wenn der Barsch das Schlagen beginnt.

Der Bauchgriff

Eine weitere Methode, kleinere Raubfische wie Forelle, Zander oder Barsch bis zu einem Gewicht von etwa 2–3 Kilogramm zu greifen, ist der Bauchgriff. Für diesen Griff sollte der Fisch komplett ausgedrillt sein. Man schiebt einfach seine Hand vorsichtig unter den Bauch des Fisches, umfasst ihn von unten und hebt ihn aus dem Wasser. Dieser Griff ist nicht ganz so sicher wie die eben vorgestellten Varianten, soll hier aber nicht unerwähnt bleiben.

Der Wallergriff

Der Wels besitzt eine hufeisenförmige Zahnreihe im Ober- und Unterkiefer, an der wir ihn, ähnlich wie den Barsch, aus dem Wasser heben können. Bei kleineren Exemplaren umgreifen wir mit dem Daumen die untere Zahnreihe und ziehen den Fisch aufs Land. Bei sehr großen Exemplaren umgreifen wir die untere Zahnreihe lieber mit den übrigen vier Fingern und stützen von unten mit dem Daumen. So können wir mehr Kraft entwickeln, um Welse von mehr als 30 Kilo-

◀ Mit dem Griff ins Maul hält man Barsche am sichersten fest.

◀ Keine Angst vor großen Mäulern: Der Wallergriff hat sich bewährt!

Raubfischangeln

> **Der leichte Klapps**
>
> Zum Ansetzen des Wallergriffes: Scheinbar ausgedrillte Welse entwickeln bei der Landung häufig nochmals ungeahnte Kräfte und überraschen den verblüfften Angler. Erfahrene Welsangler geben deshalb dem ausgedrillten Wels mit der flachen Hand einen kleinen Klapps auf den Kopf, bevor sie zum Wallergriff ansetzen.

gramm ins Boot oder an Land ziehen zu können. Die Zähne des Welses sind nicht sonderlich groß, dennoch ist es ratsam einen Landehandschuh zu verwenden, da der Wels mit seinen kleinen Zähnen ansonsten die Haut aufschürfen könnte. Außerdem haben wir den Fisch mit einem Handschuh sicherer im Griff.

Meist schießt der Wels noch einmal davon und verbraucht seine letzten Kraftreserven, sodass es für den Angler keine bösen Überraschungen mehr gibt, wenn er den Fisch aus dem Wasser heben will. Wenn Sie einen Wels vom Boot aus landen, dann achten Sie bitte darauf, dass sie ihn nicht mit der Bauchseite über die Bordwand ins Boot zerren, sondern heben Sie ihn neben dem Boot möglichst hoch an und bringen zunächst den massigen Kopf ins Boot. Das dünnere Hinterteil des Welses wird dann von ganz alleine ins Boot gleiten. Das Ziehen des Welses mit dem Bauch über die Bordwand kann beim Fisch innere Verletzungen hervorrufen und zum Tod führen.

Der Lippengreifer

Der sog. Lippengreifer bietet eine weitere Möglichkeit Raubfische landen zu können. Bei diesem Werkzeug handelt es sich um eine Art Zange, die man an der wulstigen Lippe des Unterkiefers ansetzt. Je stärker der Zug des Fisches ist, desto mehr zieht sich die Zange zu. Ist der Fisch mit diesem Greifer erst einmal gegriffen, wird er nicht mehr verloren gehen. Selbst kapitalste Exemplare können mit dem Lippengreifer aus dem Wasser gehoben werden.

Für kleinere Fische wie Barsch oder Forelle ist dieses Gerät sicherlich überdimensioniert, aber gerade für größere, zähnestarrende Raubfische wie Hecht und Zander bietet der Lippengreifer eine gute Alternative zum Kescher oder der Handlandung. Für das Boots- oder Watangeln ist es eine sichere Landehilfe.

Leider kommt es bei sehr wehrhaften Fischen gelegentlich zu Verletzungen im Maulbereich. Sollten Sie also vorhaben, den Fisch zurücksetzen zu wollen, sollten sie auf dieses Hilfsmittel vorsichtshalber verzichten.

▶ Der Lippengreifer sollte nur verwendet werden, wenn die Fische in der Küche verwertet werden.

Die Arten

Aal *(lat. Anguilla anguilla)*
Der Aal ist heutzutage in fast allen stehenden und fließenden Gewässern Deutschlands beheimatet – nicht zuletzt durch regelmäßigen Besatz der zuständigen Behörden und Angelvereine. Ganz besonders scheint sich der Aal im schlammigen Boden und in Bereichen mit vielen Versteckmöglichkeiten wohlzufühlen. Die aufgeschütteten Steinpackungen an den großen Flüssen scheinen ihn ganz besonders anzuziehen, denn hier kann er sich ganz vorzüglich verstecken.
Aale sind katadrome Wanderfische – das bedeutet, dass sie zum Laichen vom Süßwasser ins Salzwasser ziehen. Nachdem der Aal einige Jahre im Süßwasser zugebracht hat, wandert er ab September oder Oktober in Richtung Meer. Hierbei passiert er selbst kleinste Bachläufe und kann streckenweise sogar durch feuchtes Gras gleiten, um an sein Ziel zu kommen. Ziel der Reise ist das Sargassomeer, wo der Aal später ablaicht. Der Laichvorgang ist weitestgehend unerforscht, der Rogen des Aales wurde aber schon in 180–200 Metern Tiefe gefunden, was darauf schließen lässt, dass der Aal in großen Tiefen ablaicht. Nach dem Laichen stirbt der Aal offensichtlich, denn es wurde noch nie ein Aal nach seiner Wanderung wiedergesehen. Nach dem Schlüpfen bleiben die Aale noch eine Weile im Meer und wandern dann als Glasaale zurück in die Flüsse. Trotz seines schlangenartigen Erscheinungsbildes ist der Aal ein richtiger Fisch mit Kiemen und Schuppen. Die Schuppen sind zwar klein und länglich und in die Haut eingebettet, aber dennoch vorhanden. Die Rücken-, Schwanz- und Afterflosse ist beim Aal zu einem durchgängigen Saum gewachsen. Das Maul ist leicht oberständig, das heißt, der Unterkiefer ist länger als der Oberkiefer. In deutschen Gewässern gibt es nur eine einzige Art der Aale, diese entwickeln sich im Verlauf ihres Lebens jedoch zu zwei unterschiedlichen Varianten. Während der sogenannte Spitzkopfaal

◀ Aalangeln auf der Buhnenspitze im Fluss

▶ Die junge Anglerin feut sich über einen knackigen Portionsaal.

▶ Gut gelockt ist halb gefangen. Der gefüllte Futterkorb führte den Aal zum Köder.

einen spitzen, langen Kopf behält und sich überwiegend von Kleinstlebewesen wie Larven, Würmern, kleinen Muscheln oder Schnecken ernährt, entwickeln sich andere Aale zu Breitkopfaalen, die ein eher räuberisches Leben führen und kleine Fischchen verspeisen.

Die durchschnittliche Größe von Aalen beträgt 40–75 Zentimeter. Kapitale Exemplare erreichen über 100 Zentimeter und werden bis zu 6 Kilogramm schwer.

Wer es mit der Angelrute auf den geheimnisvollen Aal abgesehen hat, sollte mit Maden, allen Arten von Würmern oder kleinen Fischchen grundnah sein Glück versuchen. Fetzenköder von kleineren Köderfischen sind ebenfalls fängig. Der Aal ist eher nachtaktiv, daher wird ein Ansitz in den späten Abend- und Nachtstunden erfolgreicher sein als am Tage. Dies soll allerdings nicht heißen, dass es unmöglich ist, Aale am Tag zu fangen. Da der Aal über einen ausgesprochen guten Geruchssinn verfügt, sollte der Köder regelmäßig ausgetauscht werden, um stets einen duftenden Köder am Haken zu haben. Das Anfüttern mit zerkleinerten Fischchen, Würmern oder mit Maden kann sich erfolgssteigernd auswirken.

Flussbarsch *(Perca fluviatilis)*

Was bei den Friedfischen das Rotauge ist, ist bei den Raubfischen der Barsch. Er ist in fast jedem Gewässer vorhanden, häufig sogar in großer Stückzahl. Der Flussbarsch fühlt sich trotz seines Namens nämlich nicht nur im Fluss wohl, sondern gedeiht auch in stehenden Gewässern und Kanälen prächtig. Der Barsch lebt anfangs am liebsten in Rudeln und wird erst mit zunehmender Größe zu einem Einzelgänger – was jedoch nicht bedeutet, dass er nicht trotzdem mit mehreren Fischen gemeinsam auf die Jagd geht. Die Barsche fühlen sich im Winter in tieferem Wasser wohl. In den wärmeren Monaten halten sie sich

Die Arten 147

oberflächennah oder im Mittelwasser auf, sind aber auch sehr häufig ufernah in der Nähe von Stegen, Brücken, umgestürzten Bäumen, Schilfkanten und anderen Strukturen zu finden. Oft sind Barsche aber auch im Freiwasser anzutreffen, wo sie auf Raubzüge gehen. Erhebungen am Gewässergrund sind ebenfalls gute Barschstellen, an denen sich die gestreiften Gesellen immer wieder einfinden. Nicht umsonst werden solche Unterwassererhebungen in Anglerkreisen „Barschberge" genannt.

Die Laichzeit des Barsches erstreckt sich meist über die Monate März und April, kann sich bei entsprechend kalten Wintern aber durchaus nach hinten verlagern.

Das Aussehen des Flussbarsches ist durch sein Streifenmuster und die stachelbesetzte Rückenflosse einmalig und er dürfte kaum mit anderen Fischen zu verwechseln sein. Der Rücken ist meist graugrün, graubraun oder dunkelblau, während die Flanken grünlich silbern mit dunklen Querstreifen scheinen. Der Bauch hingegen ist fast weiß und die Schwanz-, Bauch- und Brustflossen sind fast immer kräftig rot gefärbt. Der Barsch besitzt sogenannte Kammschuppen. Diese sind am Hinterrand kammartig gezahnt, wodurch sich der Barsch ein wenig rau anfühlt.

Durchschnittlich erreicht der Flussbarsch eine Größe von 20–35 Zentimetern. Kapitale Exemplare werden über 50 Zentimeter lang und maximal 3,5 Kilogramm schwer. Leider neigt der Barsch bei unzureichendem Nahrungsangebot oder bei Überpopulation zur Kleinwüchsigkeit, sodass es in vielen Gewässern unmöglich ist, Barsche über 25 Zentimeter Länge zu fangen. Barsche ernähren sich recht abwechslungsreich und so besteht ihre Nahrung aus jeglichem Kleingetier wie Bachflohkrebsen, Larven, Würmern, Schnecken, Muscheln und kleinen Fischchen. Je größer der Barsch wird, desto stärker ernährt er sich räuberisch von kleinen Fischen. Selbst vor seiner eigenen Brut macht der Barsch keinen Halt und wird regelrecht zu einem Kannibalen. Barsche können mit allen Arten von Kunstködern gefangen werden, vorausgesetzt

◀ Barsche sind Kannibalen und schrecken auch vor ihren Artgenossen nicht zurück. Der Biss auf dieses Barschimitat beweist es.

▶ Barsche über 40 Zentimeter sind schon richtige Brocken.

▶ Blutrote Flossen, Querstreifen über dem Rücken. Barsche kann man nicht mit anderen Fischen verwechseln.

Maden, Raupen oder Larven kann man jederzeit mit einem Barschbiss rechnen. Wollen Sie den Barschen mit der Grundangel zu Leibe rücken, sollten Sie den Köder durch einen kleinen Auftriebskörper in Form von Styropor oder Schaumstoff zum Schwimmen bringen und ein Stück über dem Grund anbieten. Das Geheimnis in der Barschangelei liegt häufig darin, die Barsche zu finden. Hat man einen gefangen, folgen meist weitere.

Forellen *(Salmo trutta)*

Aufgrund von Platzmangel, fasse ich hier unsere heimischen Forellen zusammen. Ob Bach-, Regenbogen-, Meer- oder andere Forellenarten sowie Saiblinge – sie alle gehören zur Familie der Salmoniden, erkennbar an der Fettflosse, welche zwischen Rücken- und Schwanzflosse sitzt, recht klein und von fleischiger Konsistenz ist.

Forellen lieben sauerstoffreiches Wasser und fühlen sich somit in kleinen Bächen, Flüsschen und tiefen, klaren Seen wohl. Bachforellen, Saiblinge und ganz besonders die etwas weniger anspruchsvollen Regenbogenforellen findet man heutzutage aber durch Besatzmaßnahmen auch in diversen anderen bewirtschafteten Gewässern.

Die Laichzeit der verschiedenen Salmoniden liegt zwischen Winteranfang und Winterende. Zum Laichen graben die Forellen mit ihrer Schwanzflosse sogenannte Laichgruben in den Gewässergrund, in die später die Eier abgelegt werden.

Forellen und Saiblinge sind in erster Linie an der erwähnten Fettflosse erkennbar und besitzen einen torpedoförmigen Körper, der je nach Art unterschiedlich gefärbt ist. Während die Bachforelle bräunlich gefärbt und mit roten und schwarzen Tupfen versehen ist, trägt die Regenbogenforelle

sie sind nicht zu groß und passen in das Beuteschema der Barsche. Sie lieben aber auch alle Arten von Würmern und können ganz hervorragend mit der Posenmontage und einem frischen Rot-, Tau- oder jedem anderen Wurm gefangen werden. Auch bei kleinen, fingerlangen Köderfischchen sowie

Die Arten   **149**

◀ Eine wunderschöne wilde Bachforelle im Profil

◀ Diese Regenbogenforellen stammen aus einer Teichanlage.

ein rötlich-purpurnes Schuppenkleid mit schwarzen Tupfen. Die Meerforelle dagegen ist silbern und Saiblinge sind mit ihren rot und grün schimmerndem Leib, der auffälligen Marmorierung und den schneeweiß abgesetzten Flossen die farbenfrohesten Salmoniden.

In vielen Bächen und Flüssen sind Forellen mit 40–50 Zentimetern Länge bereits als ein großes Exemplar anzusehen, die verschiedenen Arten können aber unter optimalen Bedingungen ganz erstaunliche Größen und Gewichte erreichen. Zu unterscheiden ist allerdings zwischen wilden Forellen und den gemästeten Teichforellen aus der Zucht. Eine 60 Zentimeter lange Regenbogen- oder Bachforelle aus einem kleinen Forellenbächlein ist ein ordentlicher Fang, auf den man sehr stolz sein darf. In den Forellenzuchten, wo man als Angler pro Rute für einen Angeltag bezahlt, werden dickbäuchige Forellen bis über 10 Kilogramm ausgesetzt und gefangen.

Die Hauptnahrung von Forellen besteht aus Insekten und deren Larven, Wasserkäfern, Flohkrebsen und kleinen Fischen. Unter Berücksichtigung des Speiseplanes der Forellen ist es kein Wunder, dass besonders Fliegenfischer mit ihren Insektenimitaten den richtigen Köder präsentieren und erfolgreich sind. Forellen können aber auch mit Naturködern wie zum Beispiel Würmern, Maden oder kleinen Köderfischchen an der Posenmontage beangelt werden. Der Einsatz von kleinen Kunstködern wie Spinner, Blinker, kleinen Wobblern, Gummifischen oder Streamern steht dem Fliegenfischen in nichts nach; meist werden mit diesen Ködern sogar die größeren Forellen überlistet.

Hecht (lat. *Esox lucius*)

Der Hecht fühlt sich in den meisten heimischen Gewässern wohl und ist in Flüssen und Seen – ja selbst in kleinsten Teichen – zu Hause. Kaum ein Gewässer, in dem wir keinen Hecht finden können. In den Flüssen scheint er die strömungsberuhigten Bereiche wie Gumpen, Rückströmungen oder den geschützten Bereich der Buhnen zu bevorzugen, was allerdings nicht heißt, dass er sich zur Jagd nicht auch bis in die Hauptströmung vorwagt. In Seen und Teichen liebt er Bereiche, in denen er ausreichend Deckung findet, um aus dem Hinterhalt rauben zu können. Gerne steht der Hecht inmitten von Krautbetten, an Schilfrändern, zwischen umgestürzten Bäumen und anderen Deckungsmöglichkeiten und lauert dort auf vorbeischwimmende Beute. Hat der Hecht einen solchen Unterstand gefunden, bleibt er häufig standorttreu und verteidigt diesen aggressiv gegen Eindringlinge.

Viele Hechte sind aber durchaus auch sehr wanderlustig und folgen den Futterfischen. Ganz besonders ist dies in großen Gewässern zu beobachten, wo dem Hecht die Deckungsmöglichkeiten fehlen und er im Freiwasser unter den Kleinfischschwärmen verweilt. Im Normalfall ist der Hecht ein Einzelgänger, aber gerade in den großen Gewässern leben oftmals mehrere Hechte auf engstem Raum – immer dort, wo sich der meiste Futterfisch einfindet. Der Hecht ist sicher der markanteste unserer Raubfische und kann kaum mit einem anderen Fisch verwechselt werden. Die Körperform des Hechtes ist seinem Raubverhalten angepasst, denn der Hecht ist lang und schlank, sodass er blitzschnell aus dem Hinterhalt zupacken kann. Bei seinen Überraschungsangriffen kann der Hecht ein ganz erstaunliches Tempo vorlegen. Der Rücken des Hechtes ist dunkel, die Flanken sind grünlicholiv mit gelblichen Flecken, Marmorierung oder Streifen. Einige Hechte verfügen über geringere Musterung und sind fast gelblich. Die Färbung scheint von Hecht zu Hecht und von Gewässer zu Gewässer unterschied-

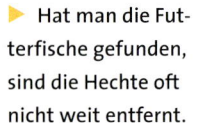

▶ Hat man die Futterfische gefunden, sind die Hechte oft nicht weit entfernt.

Die Arten 151

◀ 105 cm Hecht werden hier präsentiert

lich zu sein. Die Flossen, insbesondere die Schwanzflosse, sind ebenfalls gescheckt oder von rötlichbrauner Färbung. Durch das flache, breite Maul, welches an einen Entenschnabel erinnert, können wir den Hecht eindeutig identifizieren.

Der Unterkiefer, der ein wenig länger als der Oberkiefer ist, verfügt über eine Reihe großer Greifzähne. Im Oberkiefer hingegen finden wir Hunderte nach hinten stehende, kleine, nadelscharfe Zähne. Für eine Beute, die mit diesem Maul gepackt wurde, gibt es kein Entrinnen. Die Augen des Hechtes sind nach oben und vorne gerichtet und können somit die Beute gut anvisieren.

Die Durchschnittsgröße beträgt für normale Exemplare 50–85 Zentimeter und für kapitale Tiere über 130 Zentimeter beziehungsweise bis zu maximal 25 Kilogramm. Die Laichzeit des Hechtes liegt in den Monaten März bis Mai, in der die Eiablage in flachem Wasser, am liebsten in überschwemmten Wiesengebieten stattfindet. Die Nahrung des Hechtes besteht fast ausschließlich aus kleinen und größeren Fischen. Der Hecht ist sich aber auch nicht zu schade, andere Tiere wie Mäuse, Ratten, Entenküken oder Frösche, die sich gerne im und am Wasser aufhalten, zu fressen. Tendenziell versucht der Hecht, seinen Energieaufwand für die Jagd so gering wie möglich zu halten, und so frisst er mit einem Angriff lieber einen großen Fisch, als dass er zehn kleinen Fischen hinterherjagt. Darauf sollten wir uns auch beim Ansitz einstellen und nicht zu kleine Köder verwenden. Große Köderfische, an der Posen- oder Grundmontage angeboten, sowie alle Arten von großen Spinnködern sind ideal für den Fang von Hechten. Frosch- oder Mausimitationen, mit der Spinnangel an der Oberfläche herangezupft, haben ebenfalls schon viele Hechte zum Anbiss reizen können.

◀ Das Maul des Hechtes verfügt über rasiermesserscharfe Zähne.

Raubfischangeln

▶ Der Rapfen ist zwar ein Weißfisch, ist aber alles andere als friedlich.

Rapfen (Schied) *(lat. Aspius aspius)*

Der räuberisch lebende Rapfen gehört zur Familie der Cypriniden und fühlt sich ganz besonders in den heimischen Flüssen wohl. Man findet ihn aber auch in Kanälen und stehenden Gewässern, wo er bei entsprechendem Nahrungsaufkommen zu stattlichen Exemplaren heranwachsen kann.

Der Rapfen liebt das fließende Wasser und so findet man ihn meist auch dort, wo die Strömung besonders stark ist, beispielsweise hinter Wehren oder ganz besonders auch um die Spitze der Buhnenköpfe herum – eben überall dort, wo es turbulent ist. Rapfen jagen in kleinen Rudeln meist an der Oberfläche des Gewässers. Jagende Rapfen sind schnell ausgemacht: Sie lieben es, an der Wasseroberfläche zu rauben, wo sie lautstark und mit lautem Klatschen in die Kleinfischschwärme hineinstoßen, sodass die kleinen Fischchen panikartig auseinanderspritzen. Rapfen sind kleine Vagabunden und ziehen in den Gewässern viel umher und sind damit häufig an vielen unterschiedlichen Stellen zu finden.

Die Laichzeit der Rapfen findet zwischen April und Juni statt. In diesen Monaten legen sie ihre Eier vorwiegend zwischen Steinen ab.

Der Rapfen besitzt einen langen, schlanken und muskulösen Körper, der an den Seiten leicht abgeflacht ist. Der Rücken ist dunkel, oft bläulichgrün, die Flanken silbern schimmernd und der Bauch ist weiß. Die Farbe der Flossen reicht von olivgrau bis rötlich, die Schwanzflosse ist tief gegabelt. Um bei seinen Raubzügen erfolgreich zu sein, verfügt der Rapfen über ein recht großes

Rapfenblei

Ganz besonders gut eignen sich übrigens spezielle Rapfenbleie für seinen Fang. Diese lassen sich weit werfen (denn oftmals steht der Rapfen weit draußen in der Strömung) und können sehr zügig in der oberen Wasserschicht eingeholt werden.

Die Arten

Maul, welches weit aufgerissen werden kann. Der Unterkiefer ist sehr kräftig mit verdickten Lippen und leicht vorstehend. Der Rapfen verfügt im Gegensatz zu den anderen Raubfischen nicht über Fangzähne. Sollten Unsicherheiten bei der Fischbestimmung auftreten, zählt man am besten die kleinen Schuppen entlang der Seitenlinie. Der Rapfen verfügt über 65–74 Schuppen, während seine ähnlich ausschauenden Verwandten wie Döbel oder Aland weniger Schuppen besitzen.

Im Durchschnitt wird der Rapfen zwischen 40–60 Zentimeter groß, kapitale Exemplare können auch mehr als 90 Zentimeter und ein Gewicht von bis zu 9 Kilogramm erreichen.

Wie die anderen Räuber auch, ernährt sich der Rapfen überwiegend von Fischen. Da er die Jagd an der Wasseroberfläche liebt, besteht seine Beute meist aus kleinen Lauben, Rotfedern, Rotaugen und anderer Fischbrut. Der Rapfen ist sich aber auch nicht zu schade, Kleinkost wie Heuschrecken, Fliegen, Larven oder Motten zu verzehren.

◀ Rapfenbleie wurden für das zügige Einholen produziert.

An der Angel ist der Rapfen ein zäher Kämpfer und zeigt sich im Drill äußerst kampfstark.

Am besten setzen wir die leichte Spinnrute ein und führen unsere Köder, wie Blinker, Spinner oder kleine Wobbler, sehr zügig durch die oberen Wasserschichten. Die Rollenbremse sollte stets gut eingestellt sein, denn der Biss eines Rapfens kommt unverhofft und glashart. Eine zu fest eingestellte Bremse hat beim Rapfenangeln schon zu vielen Schnurbrüchen geführt. Ebenfalls sehr erfolgreich kann das Fischen mit der Fliegenrute sein, sofern der Rapfen nicht zu weit entfernt vom Ufer steht.

◀ Schlank und wild, das sind die Markenzeichen eines Rapfens.

Raubfischangeln

Wels (Waller) *(lat. Silurus glanis)*
Der Wels lebt in der Tiefe großer Flüsse und Seen sowie überall dort, wo er durch Besatzmaßnahmen heutzutage heimisch geworden ist. Der Wels hält sich am liebsten da auf, wo er sich tagsüber gut verstecken kann, zum Beispiel in unterspültem Ufer, Gehölz oder kleinen Höhlen. Hat der Wels einen solchen Platz gefunden, ist er sehr standorttreu und verlässt seinen Unterschlupf nur zur Jagd. Gerne hält er sich aber auch in tiefen, ausgespülten Löchern und über schlammigem Grund auf.

Die Laichzeit liegt zwischen Anfang Mai und reicht bis in den Juli. Nach dem Laichen bewacht der Milchner noch einige Tage die Brut, bis die Jungen schlüpfen.

Der Wels ist ein extrem massiv gebauter Fisch mit breitem Kreuz, welches zum Schwanz hin stetig schmaler wird. Charakteristisch ist der unverhältnismäßig große, breite Kopf mit riesigem Maul, welches im Ober- und Unterkiefer mit winzigen, in Reihen stehenden Zahnstoppeln besetzt ist. Von der Oberlippe wachsen zwei sehr lange und unter dem Maul weitere vier Bartfäden, mit denen der Wels den Gewässergrund abtasten kann.

Der Wels hat nur sehr kleine Augen und kann schlecht sehen, sodass er mithilfe seiner Bartfäden, dem Seitenlinienorgan und dem sogenannten Weberschen Organ feinste Schwingungen unter Wasser wahrnehmen kann. Diese drei Sinne sind entsprechend wichtig zum Auffinden von Beute.

Auf dem breiten Rücken des Wallers wächst eine sehr kleine, nach vorne gerückte Rückenflosse. Die Schwanzflosse ist klein und abgerundet, die Afterflosse stellt einen langen Saum, der fast bis zur Schwanzflosse reicht, dar.

Die Färbung der Waller ist unterschiedlich. Es wurden schon Exemplare mit fast schwarzer Färbung, aber auch schlammgraue bis olivgrüne und mit hellen und dunklen Flecken beziehungsweise Marmo-

▶ Die Angel wird genau an der richtigen Stelle ausgeworfen. Unter solchem Treibgut verstecken sich Welse mit Vorliebe.

rierungen versehene Exemplare gefangen. Ja selbst gelbliche Waller sind möglich. Die Haut des Welses ist glatt und schuppenlos und sehr schleimig.

Durchschnittlich erreichen sie 100–150 Zentimeter, kapitale Exemplare sogar über 250 Zentimeter. Sie können ein Gewicht von maximal 120 Kilogramm erreichen. Der Wels gilt in seinem Raubverhalten als Jäger und Sammler. Geht er auf die Jagd, ernährt er sich von Fischen und kleinen Tieren, die am und im Gewässer leben, wie zum Beispiel Entenküken, Ratten oder Fröschen. Der Wels als Sammler hingegen schleicht sich durchs Gewässer und sucht nach kleinerer Kost wie Krebsen, Muscheln, Würmern und anderem Getier. Der Wels ist zwar ein Grundbewohner und man bekommt ihn nur selten zu Gesicht – wenn er sich jedoch bei der Nahrungsaufnahme befindet, wagt er sich auch ins Mittelwasser und an die Oberfläche hervor, wo er lautstark auf Jagd geht. Man sieht dann seinen mächtigen Schwanz an der Oberfläche schlagen oder man hört ein lautes Ploppen, das entsteht, wenn er seine Beute mit dem riesigen Maul von der Wasseroberfläche saugt.

Für uns Angler bedeutet dies, dass wir ihn mit einer ganzen Reihe von Ködern mit Erfolg beangeln können. Große Köderfische, an der Posen- oder Grundmontage angeboten, sind ein hervorragender Welsköder, aber es werden genauso viele Exemplare auf Tauwurmbündel, Eingeweide von Hühnern, Kalamaris oder Fischpellets gefangen. Große Spinnköder, die viel Druckwellen erzeugen und damit den Waller reizen, sind ebenfalls gute Köder. Das Gerät muss freilich immer sehr stark gewählt werden, wollen wir einen gezielten Versuch auf den Wels wagen.

▲ Nicht immer, aber immer öfter gehen Waller nachts auf die Jagd.

◀ Nur mit kräftigstem Gerät lassen sich Welse in der Strömung dirigieren.

▶ Der Zander liebt das Dämmerlicht, dennoch können auch bei strahlendem Sonnenschein gute Fänge gemacht werden.

Zander *(lat. Stizostedion lucioperca)*
Der Zander gehört zur Familie der barschartigen Fische (Percidae) und hat seinen Ursprung in Osteuropa. Er ist im Laufe der Jahre aber auch bis in viele unserer heimischen Flüsse und Seen vorgedrungen. Bevorzugt bewohnt er tiefe Seen und langsam fließende Flüsse, dringt aber auch bis ins Brackwasser vor. Hauptsache scheint zu sein, dass das entsprechende Gewässer nährstoffreich ist.
Da der Zander Helligkeit meidet, befindet sich sein „Wohnzimmer" meist am tiefen Gewässergrund, wo er gerne in Schwärmen und Rudeln lebt und jagt. Größere Fische treten häufig als Einzelgänger auf. Zur Beutejagd wagt sich der Zander besonders nachts und in der Dämmerung ins Flachwasser hervor und raubt manchmal sehr ufernah, im Mittelwasser oder sogar an der Wasseroberfläche. Der Zander ist ein schwer zu durchschauender Fisch: Trotz allem ist er mitunter auch bei strahlendem Sonnenschein in flacherem Wasser anzutreffen. Ansonsten bevorzugen Zander unter Wasser Struktur und sind am Grund direkt an den Kanten, Löchern und Unterwasserbergen anzutreffen. Im Fluss sind es Bereiche, die den Verlauf der Strömung unterbrechen, wie etwa Buhnen, Wehre, Brückenpfeiler oder Ähnliches.
Die Laichzeit des Zanders liegt in den Monaten April bis Juni. Die Eiablage erfolgt vorzugsweise auf sandigem oder kiesigem Grund, wo sich der Zander Laichgruben gräbt. Die Eier haften mit ihren klebrigen Hüllen an Steinen und Pflanzenteilen. Das Männchen bewacht das Gelege für einige Zeit und betreibt Brutpflege.
Der Zander ist eine echte Schönheit unter den Raubfischen. Sein Körper ist langgezogen und mit einem spitz zulaufenden Kopf ausgestattet. Die Farben reichen von Anthrazit- oder Grün-Tönen am Rücken über silbrig schimmernde und mit dunklen Querstreifen besetzte Flanken bis hin zu einem weißen Bauch. Bei einigen Exem-

Die Arten 157

plaren können die Querstreifen fehlen. Typisch für den Zander sind die zwei Rückenflossen, wobei die erste mit spitzen Stacheln besetzt ist.
Im spitzen Ober- und Unterkiefer des Zanders befinden sich neben vielen kleinen Bürstenzähnchen jeweils zwei große spitze Fangzähne, die sogenannten Hundszähne, mit denen der Zander seine Beute gut packen kann. Der Zander besitzt große matte Augen, welche wie Opale schimmern und ihm den Spitznamen „Glasauge" einbrachten.
Genau wie der Barsch besitzt auch der Zander kleine, festsitzende Kammschuppen, sodass er sich rau anfühlt und gut zu greifen ist.
Die durchschnittliche Größe beträgt 40–75 Zentimeter, bei kapitalen Exemplaren über 100 Zentimeter. Er kann bis zu 15 Kilogramm wiegen.
Die Ernährung des Zanders ist räuberisch, denn er frisst hauptsächlich kleine Fische. In den Mägen von toten Zandern wurden allerdings auch schon Muscheln, Garnelen, Krebse und dergleichen gefunden. Stellt man dem Zander mit der Angel nach, sollte man aber trotzdem nicht auf den Einsatz von Köderfischen oder Fetzenködern verzichten. An der feinen Posenmontage oder mit einem leicht gleitenden Blei an der Grundmontage angeboten, kann man ganz hervorragend Zander fangen. Bestenfalls sollte der Köder jedoch durch Verwendung eines Auftriebskörpers 10–30 Zentimeter über dem Grund schweben. Sehr erfolgreich ist zudem der Einsatz verschiedenster, tief laufender Kunstköder – allen voran die Gummiköder, die mit ihren Bleiköpfen prädestiniert dazu sind, grundnah dargereicht zu werden. Raubt der Zander in anderen Wasserschichten, können auch andere Kunstköder mit Erfolg eingesetzt werden. Nur eines sollten sie nicht sein: zu groß! Zwar werden hin und wieder Zander auch auf große Hechtköder gefangen, die optimale Größe eines guten Zanderköders sollte aber zwischen 7–15 Zentimetern liegen.

◀ Eine kleine Auswahl verschiedener Zanderköder

◀ Das „Glasauge" des Zanders, gab ihm seinen Spitznamen

▲ Die durchschnittliche Länge eines Zanders liegt zwischen 40-75 cm.

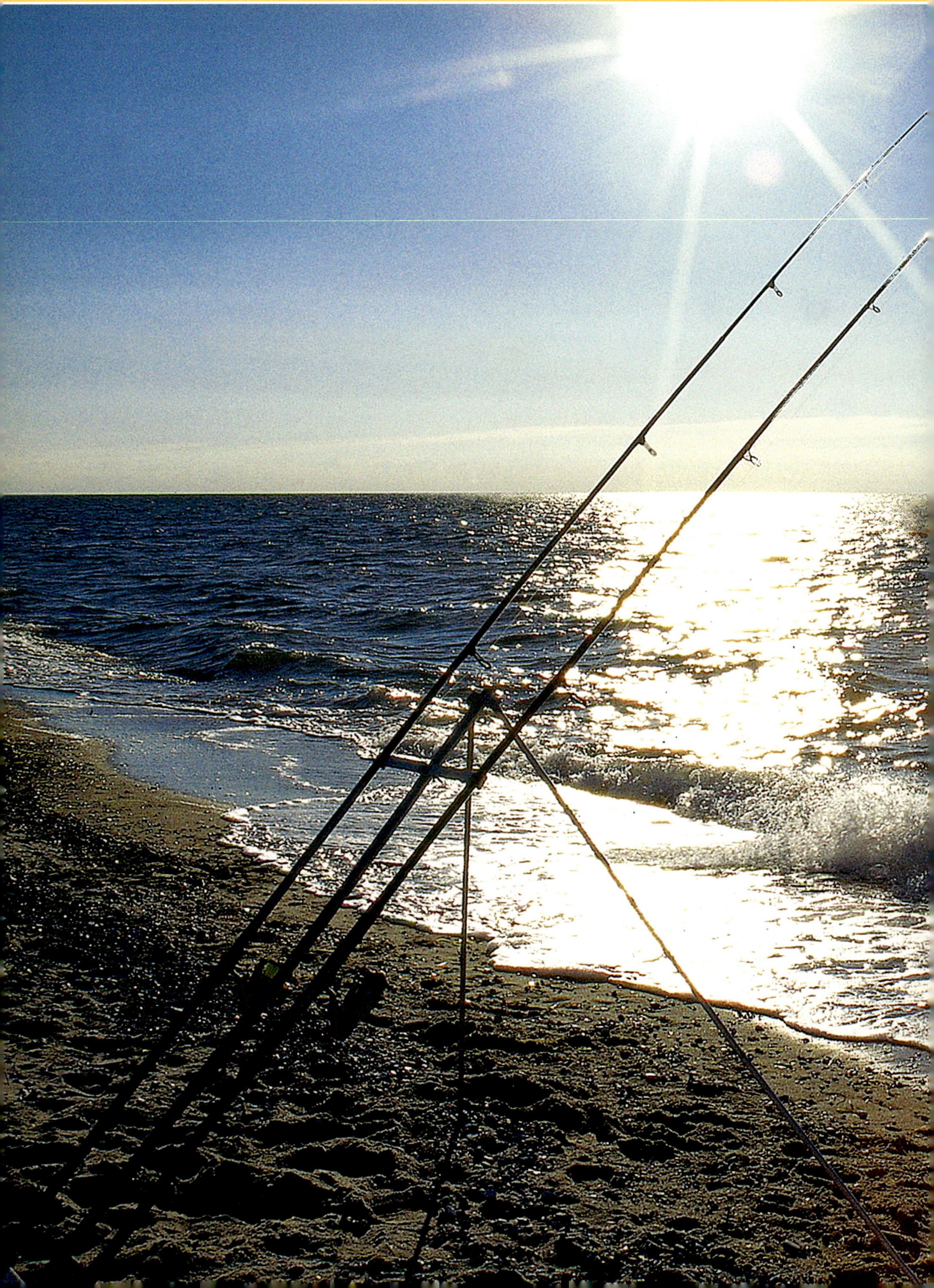

Meeresangeln

160 Kutterangeln
167 Bootsangeln
170 Küstenangeln

Meeresangeln

▶ Salz in der Luft und Wasser bis zum Horizont – Meeresangeln bedeutet Freiheit

Der Geruch von Salz in der Luft, die Möwen kreischen, Wellen schlagen an den Strand und blutrot versinkt die Sonne in der Ostsee. Kitschig? Ja, aber auch wunderschön! Das Meer übt schon seit jeher eine riesige Anziehungskraft auf den Menschen aus. Mal liegt es da wie ein Spiegel, am nächsten Tag schon ist es wild und ungezähmt, unberechenbar und faszinierend. Nun kann man das Meer bei einem Spaziergang am Strand genießen oder aber – noch viel besser – mit der Angel in der Hand. Ob am Strand, im Hafen auf der Mole oder den Planken eines Kutters – auch aus anglerischer Sicht hat das Meer viele Gesichter. Die Gesetzgebungen erleichtern auch Neulingen die ersten Schritte zum Meeresangeln. So ist zum Fischen in der Ostsee von Schleswig-Holstein lediglich der Jahresfischereischein erforderlich. Wer keinen hat und aus einem anderen Bundesland kommt, kann mit einer Ausnahmegenehmigung, dem 40 Tage gültigen Touristenschein, trotzdem auf Dorsch, Plattfisch, Hering und alle anderen Ostsee-Bewohner fischen. Erhältlich ist dieser in allen Ortsämtern. In Mecklenburg-Vorpommern ist zusätzlich zum Jahresfischereischein noch eine Anglererlaubnis für die Ostsee nötig. Die gibt es in Angelläden, an manchen Tankstellen sowie in Tourismuseinrichtungen. Auch Mecklenburg-Vorpommern bietet seinen Urlaubsgästen einen vier Wochen gültigen Tourismusschein. Infos gibt es im Internet unter www.lallf.de (Landesamt für Landwirtschaft, Lebensmittelsicherheit und Fischerei in Rostock). Also, auch wenn Sie die Prüfung zum Fischereischein vielleicht noch nicht hinter sich gebracht haben, die Tore zum Meeresangeln stehen Ihnen offen.

Kutterangeln

Zahlreiche Kutter bringen die Angler auf der Ostsee, einige wenige auf der Nordsee an den Fisch. Auf der Ostsee steuern die Kapitäne das ganze Jahr über Fanggründe an, in denen mit Dorsch gerechnet wird. Als Beifang gibt es gerade beim Angeln mit Naturködern wie Watt- oder Seeringelwürmern zwar auch immer wieder Plattfische, Wittlinge und auf Pilker auch mal die eine oder andere Meerforelle (oder sogar einen Lachs), aber an den meisten Tagen landen wirklich nur Dorsche in den Kisten. Auf der Nordsee lohnt das Dorschangeln kaum noch. Dafür sind die Kutter im Sommer oft ausgebucht – denn dann ist Makrelenzeit! Mit speziellen Paternostern (vier oder fünf glitzernde Makrelenfliegen übereinander) lassen sich schnell einige leckere Makrelen-Mahlzeiten zusammenangeln – vorausgesetzt, der Kapitän findet die Schwärme.

◀ Lecker und leicht zu fangen – Makrelen

Willkommen an Bord

Eine Ausfahrt mit dem Kutter ist gerade für Einsteiger in die Meeresangelei eine sinnvolle Sache. Das Auffinden der Fische übernimmt der Kapitän und bei den Profis an Bord kann man sich prima den einen oder anderen Trick abschauen, findet schnell

◀ Mit Gleichgesinnten an der Reling – auf dem Kutter entstehen Freundschaften

Seekrankheit

Ob Landratte oder erfahrener Kutterangler – jeden kann es mal treffen. Die Rede ist von der Seekrankheit. Wer sich nicht sicher ist, ob er dem Seegang gewachsen ist, sollte auf jeden Fall vorsichtshalber Tabletten gegen Übelkeit einstecken. Sonst ist das Gejammer später groß. Vorbeugend sollten Sie möglichst ausgeschlafen und mit einem Frühstück im Magen an Bord gehen. Vielen Anglern wird unter Deck im Aufenthaltsraum eher schlecht als draußen. Mittschiffs sind die Bewegungen des Kutters am wenigsten zu spüren. Wenn Ihnen schon etwas komisch ist, dann sollten Sie sich dort aufhalten – am besten an der frischen Luft. Von dort aus ist es dann auch nicht mehr weit bis zur Reling... Ein kleiner Trost für alle, die es doch erwischt: An Land geht es Ihnen gleich wieder gut.

Meeresangeln

Kontakt und vielleicht sogar neue Angelfreunde. Gerade an den Wochenenden kann es allerdings ganz schön eng zugehen an der Reling. Ungeübte Angler fangen dann schnell die Montagen der Nachbarn und müssen auf dem voll besetzten Schiff auch beim Werfen sehr aufpassen. Besser: Suchen Sie sich für die ersten Schritte auf den Planken einen Tag in der Woche aus.

Buntes Blei

Wer mit Dorschen Bekanntschaft machen möchte, ist auf einem Ostsee-Kutter sicher besser aufgehoben. Mit der passenden Ausrüstung und ein wenig Übung dauert es nicht lange, bis der erste marmorierte Räuber am Pilker hängt. Und da sind wir auch schon beim Köder Nummer eins: dem Pilker. Das ist im Grunde nur eine lackierte Fischimitation aus einer Bleilegierung oder Stahl. Es gibt ihn in vielen verschiedenen Formen, Farben und Gewichten. Zum Angeln auf der relativ flachen Ostsee brauchen wir nur die kleineren Pilker. Gut beraten sind Sie für den Anfang mit einigen Modellen von 50, 70 und 90 Gramm. Unter normalen Wind- und Strömungsbedingungen ist der 70-Grammer locker ausreichend. An ganz ruhigen Tagen kommt der 50er zum Einsatz und wenn es doch mal etwas stärker weht und der Kutter schnell treibt, hängen Sie den 90er in den Karabiner ein. Nur in Ausnahmefällen müssen auf der Ostsee auch mal schwerere Geschütze bis maximal 200 Gramm ran. Für den Fall der Fälle bieten aber fast alle Kutter an Bord Pilker zum Verkauf an, sodass Sie notfalls Ihre Köderpalette noch aufstocken können. Die besten Pilkerfarben werden natürlich von den alten Kutterhasen heiß diskutiert. Jede Farbe hat schon mal gut gefangen. Für die ersten Gehversuche auf den Planken brauchen Sie jedoch nur zwei Varianten: am besten eine natürliche, zum Beispiel Silber, Blau, Schwarz oder eine Kombination daraus sowie etwas Knalliges. Gelb-Rot, Orange-Silber oder Grün-Rot sind echte Klassiker, die fast immer fangen. Die gedeckteren Farben laufen bei sehr klarem, hellem Wetter und in flachen Fanggründen oft besser. Aber hier gilt: einfach ausprobieren und bei den Nachbarn an der Reling abgucken. Meistens zeigt sich schon nach kurzer Zeit, wo die Vorlieben der Dorsche liegen.

Der Pilker kann als alleiniger Köder zum Einsatz kommen oder mit sogenannten Beifängern kombiniert werden. Beifänger sitzen rund 40 bis 50 Zentimeter über dem Pilker an einem Seitenarm am Vorfach. Als

▼ Schöner Winterdorsch – in der Ostsee auf Pilker gefangen

▼ Früh am Morgen legen die Kutter ab. Was wird der Tag bringen?

Beifänger werden auf der Ostsee hauptsächlich kleine Twister an Jig-Köpfen eingesetzt. Bevorzugte Farben: Rot oder Orange mit gelbem Kopf sowie Schwarz mit gelbem oder rotem Kopf. An manchen Tagen wollen die Dorsche nur kleine Happen und beißen dann fast nur auf die Beifänger. An anderen Tagen wiederum fängt der Pilker besser. Auch Doubletten, also zwei Fische an einem Vorfach, sind mit Beifänger möglich. Viele Kutter-Profis fischen häufig sogar nur mit Beifängern. Der Pilker wird von seinem Drilling befreit und dient nur als Wurfgewicht und um die Montage am Grund zu halten. Diese Technik nennt man „Jiggen".

Die Sache mit der Drift

Wer als Landratte zum ersten Mal auf einem Angelkutter anheuert, hat die größten Probleme meistens mit der Drift. Drift nennt man die Bewegung des Kutters, der durch Wind und Strömung übers Wasser treibt. Der Kapitän legt das Schiff immer quer zum Wind. Dann ertönt über die Hupe das Signal zum Angeln. Je nachdem, auf welcher Seite Sie nun stehen, finden Sie ganz unterschiedliche Angelbedingungen vor. Der Kutterangler spricht von der Abdrift, wenn er die Nase im Wind hat. Der Kutter treibt also vom ausgeworfenen Köder weg. Andrift heißt das Gegenteil: Sie haben den Wind im Rücken und driften auf Ihren Köder zu. Machen wir doch mal einen Wurf zusammen: Sie stehen nun also in der Andrift. Jetzt ist es sinnvoll, weit zu werfen, um anschließend einen langen Weg für die Köderführung zu haben. Nachdem der Pilker gelandet ist, lassen wir ihn bis zum Grund absinken. Nun wird er mit einem Ruck über die Rute vom Grund angehoben. Anschließend lassen wir ihn

an gespannter Schnur wieder absinken. In dieser Absinkphase kommen die meisten Bisse. Die Tatsache, dass der Kutter, auf dem wir stehen, auf den Köder zutreibt, macht es nicht ganz einfach, den Kontakt zum Pilker aufrechtzuerhalten. Der direkte Kontakt ist jedoch das Wichtigste, denn nur mit gespannter Schnur spüren wir, wann der Pilker am Grund aufschlägt oder von einem Dorsch geschnappt wird. Immer wieder müssen wir zwischen den Pilkbe-

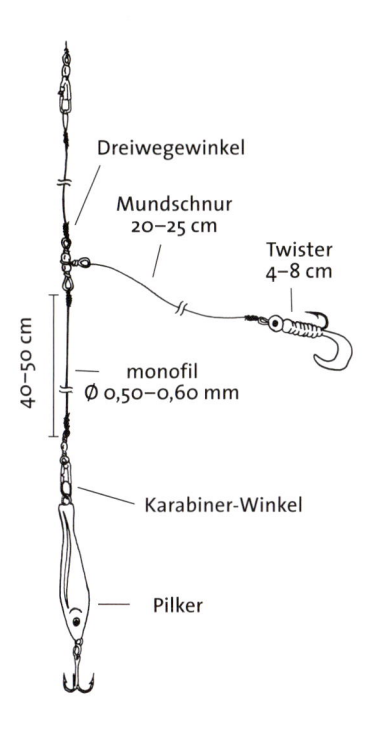

◀ Klassische Pilkmontage mit einem Beifänger, hier mit Dreiwegewirbel, ich empfehle jedoch die Rotationsperle, wie auf Zeichnung Seite 165.

◀ Gute Taktik: Zwei Twister als Beifänger und ein Pilker ohne Drilling als Wurfgewicht

Meeresangeln

▶ Doublette – das heißt zwei Fische an einer Montage

▶ Unter der Woche ist auf den Kuttern oft mehr Platz – gut für Anfänger

wegungen (das sind die Ruck-Bewegungen mit der Rute) an der Rolle kurbeln, um die Schnur nicht erschlaffen zu lassen. Wir holen den Pilker in mehr oder weniger großen Sprüngen zu uns heran. Gleichzeitig treibt der Kutter auf den Köder zu. Dadurch kommt der Köder recht schnell bis ans Boot und sollte dann eingeholt und erneut ausgeworfen werden. Ansonsten gerät unser Pilker erst unter den Kutter und dann auf die andere Seite, wo die Schnüre der Mitangler durch das Wasser laufen – da sind Verwicklungen natürlich vorprogrammiert. Also, auswerfen, den Pilker in Sprüngen über Grund führen und am Kutter wieder einholen. Etwas entspannter geht es in der Abdrift zu. Es reicht hier schon, den Pilker direkt am Schiff absinken zu lassen oder nur einen kurzen Wurf zu machen. Anschließend wird gepilkt, wobei der treibende Kutter dafür sorgt, dass wir Strecke absuchen. Etwas schwierig kann es dabei werden, den Grundkontakt zu halten. Denn nach jedem Sprung muss der Pilker wieder am Grund aufschlagen – und das klappt in der Abdrift nur mit einem ausreichend schweren Pilker. Zu schwer sollte der Köder aber auch nicht sein. Denn dann sinkt er zu schnell ab und die Dorsche haben kaum Zeit, ihn zu attackieren. Wählen Sie den Pilker deshalb nur so schwer wie wirklich nötig, um den Grundkontakt zu halten. Viele Angler fischen in der Abdrift bevorzugt mit Pilker ohne Drilling und haben darüber zwei Beifänger. Der Pilker kann einfach gehalten werden und schleift dabei über Grund. Hänger gibt es durch das Fehlen des Drillings kaum. Für das Spiel der Beifänger sorgen hauptsächlich die Drift des Kutters und kurze Zupfer mit der Rute. Bei dieser Methode können Sie den Pilker auch ruhig etwas zu schwer wählen. Die meisten Kutter wechseln übrigens bei jedem neuen Angelstopp die Seiten. Sie haben also immer abwechselnd An- und Abdrift. Darauf können Sie sich zwischen den Stopps schon vorbereiten, indem Sie zum Beispiel eine andere Montage einhängen. Einige Kutter – gerade im Osten der Republik – haben jedoch auch feste An- und Abdriftseiten. Bevorzugen Sie eine Seite, lohnt es sich, vor der Abfahrt zu fragen, wo diese liegt, denn Sie fischen dann den ganzen Tag nur dort.

Alternativen zum Pilker

Pilken und Jiggen sind die beliebtesten Techniken auf Dorsch vom Kutter. Alternativ können Sie aber auch normale Gummifische einsetzen, die Sie vielleicht vom Zander-Angeln schon kennen. Schaufelschwanzfischchen zwischen 8 und 12 Zentimetern Länge passen prima ins Beuteschema der Ostseedorsche. Gute Farben sind Rot, Orange, Schwarz, Blau-Weiß und Braun. Allerdings müssen nun deutlich schwerere Jig-Köpfe ran. Mit 50–100 Gramm liegen Sie richtig. Mit Gummifisch angelt es sich am besten in der Abdrift. Hier muss der Köder nur in der Drift gehalten und mit kleinen Sprüngen über Grund geführt werden – an manchen Tagen viel erfolgreicher als das Pilken.

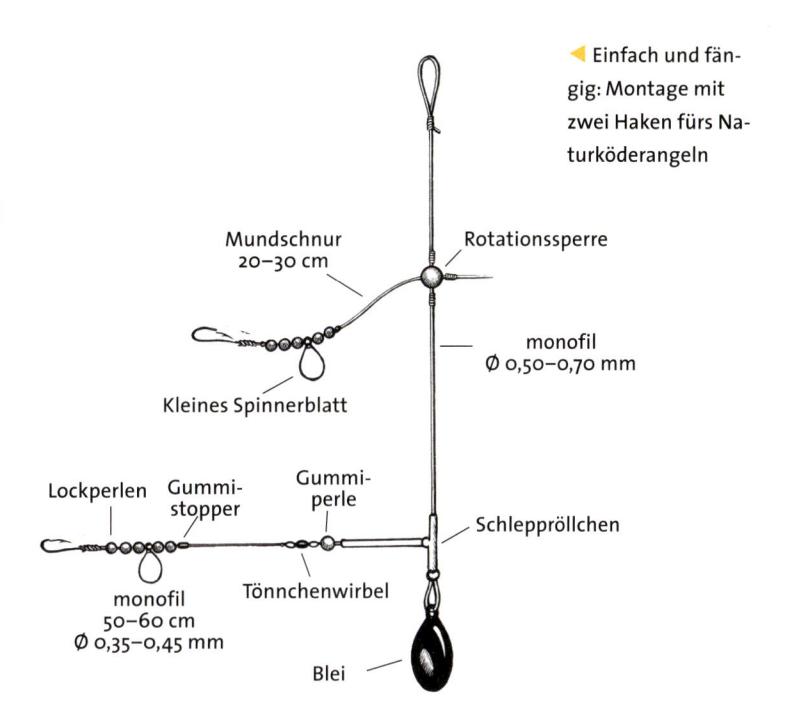

◂ Einfach und fängig: Montage mit zwei Haken fürs Naturköderangeln

◂ Gummifische mit schweren Köpfen fangen oft besser als Pilker

Natürlich lassen Dorsche auch einen knackigen Wattwurm nicht links liegen. Aber mit Naturködern fischt auf den Kuttern kaum noch jemand. Würmer sind teuer und an vielen Tagen auch einfach nicht so fängig wie aktiv geführte, künstliche Köder. Wer es probiert, kann dafür mit einer bunteren Beute rechnen. Vor allem Plattfische stehen auf Naturkost. Eine einfache Naturködermontage mit zwei Haken reicht völlig aus. Geworfen wird damit nicht. Stattdessen fischen Sie direkt unter der Rutenspitze. Damit das so bleibt und Sie sich nicht mit ande-

Meeresangeln

ren Anglern ins Gehege kommen, muss das Blei schwer genug sein. In der Regel reichen 200–300 Gramm aus, es können aber durchaus auch Gewichte bis zu 1000 Gramm nötig werden. Diese sind dann nur noch mit speziellen Naturköderruten zu bewältigen – eine Angelei für Spezialisten.

▶ Sichert die Rute während der Fahrt – eine Relingklette

▶ Bunte Perlen machen Wattwürmer noch fängiger

Gerätekasten Kutter

Seit die Dorschbestände durch den enormen Befischungsdruck und Umweltbedingungen immer weiter zurückgehen, wurde auch die Angelei immer weiter verfeinert. Die Zeiten, in denen man mit einem bleigefüllten Kupferrohr oder einer Türklinke als Pilker und einer kurzen, harten Rute mal eben eine Kiste voll Dorsch fangen konnte, sind vorbei. Die meisten Angler benutzen heute recht lange Ruten zwischen 3,00–3,60 Metern mit Wurfgewichten bis zu 100–200 Gramm. Dazu nehmen sie eine geflochtene, rund 0,15–0,20 Millimeter dicke Schnur und die passende Rolle der Größe 4000 oder 5000. Damit lässt sich ordentlich werfen und viel Ostseegrund nach Dorschen absuchen. Manchmal ist es auch wichtig, ein wenig vom Kutter entfernt zu fischen. Denn gerade in flacheren Ecken übt das Schiff eine Scheuchwirkung auf die Fische aus – sie suchen im Bereich des Kutters das Weite. Neben den üblichen Angelutensilien wie Messer, Lappen, Lösezange und Maßband empfehlen sich für die Seefahrt noch einige andere nützliche Gegenstände. Zum Befestigen der Rute an der Reling sollte mindestens ein Band, besser eine spezielle Reling-Klette mit an Bord sein. Letztere schützt die gute Rute vor Kratzern und ermöglicht eine schnelle Entnahme. Ein oder zwei Spanngurte liefern gerade bei starkem Wellengang wertvolle Dienste. Mit ihnen sichern Sie Ihre Angelbox und die Fischkiste vor dem Verrutschen. Gerät ein gut gefüllter Pilkerkasten erst mal in Bewegung, kann er leicht irgendwo anschlagen und zerbrechen oder im schlimmsten Fall sogar einen Mitangler von den Beinen holen. Im Sommer sollten Sie daran denken, Ihren Fang frischzuhalten. Ein Tag in der prallen Sonne macht aus den leckeren Filets sonst schnell ekelige, weiche Lappen, die niemand mehr essen möchte. Tipp: Nehmen Sie Eis zum Kühlen mit. Ich friere vor der Tour Wasser in Tetrapaks (zum Beispiel Milch- oder Safttüten) ein, die ich in einer Kühlbox mit an Bord nehme.

Bootsangeln

Mit dem Motorboot auf eigene Faust zum Fisch – ein echter Trend in Deutschland. Kein Wunder, denn als ihr eigener Kapitän bestimmen nur Sie, wohin die Reise geht, wann Sie endet und welche Fische Sie fangen möchten. Mit dem Blick auf dem Echolot die Dorsche suchen oder mit Naturködern auf der Sandbank Plattfische fangen, mit Blinkern und Wobblern schleppen oder auch einfach mal den Anker setzen und eine Runde in der sommerlichen Ostsee schwimmen – ein eigenes Boot bedeutet Freiheit! Und es muss nicht mal Ihres sein. Entlang der ganzen Ostseeküste gibt es Bootsvermieter, die neben großen, PS-starken Modellen auch führerscheinfreie Motorboote verleihen. Damit können Sie natürlich nicht etliche Seemeilen rausfahren, aber das müssen Sie normalerweise auch gar nicht. Oft liegen vielversprechende Plätze für Dorsch und Plattfisch nur ein paar Hundert Meter vom Ufer entfernt. Die meisten Bootsverleiher sind auf Angler eingestellt und zeigen Ihnen auf der Seekarte gerne die besten Ecken. Für die grundlegende Bedienung von Motor, Echolot und Sicherheitsmitteln gibt es eine Einweisung, sodass Sie auch ohne jegliche Vorkenntnisse und Erfahrung auf Fangfahrt gehen können.

Dorsch

Vom Kleinboot aus können Sie alle gängigen Angeltechniken einsetzen. Die meisten Angler pilken auch hier auf Dorsch. Da meistens in etwas flacheren Gebieten und aufgrund der Bootsgröße nur bei recht wenig Wind gefischt wird, kann das Gerät einen Tick leichter gewählt werden. Mehr als 80 Gramm sind fast nie nötig. 50 Gramm sind Standard und lassen sich prima auch mit einer normalen Hechtspinnrute fischen. Auch können deutlich kürzere Ruten zum Einsatz kommen. Das kleine Boot hat kaum Scheuchwirkung, daher muss auch nicht weit geworfen werden.

Plattfisch

Viele Kleinbootangler fischen gezielt auf Plattfische, deren Bestand sich in der Ostsee immer weiter verbessert. Ist erst die richtige Stelle gefunden – Sandflächen oder Mischgrund aus Sand und Steinen – liegen schnell einige der leckeren Flachmänner

◀ Kleine, führerscheinfreie Charterboote – für küstennahes Angeln ausreichend

◀ Autor und Rute & Rolle-Redakteur Tobias Norff mit dickem Ostseedorsch – gefangen mit Spinnrute und kleinem Gummifisch.

► Fisch gefunden, Fisch gefangen – auf dem Kleinboot haben Sie alles selber in der Hand.

in der Kiste. Um viel Fläche abzusuchen, wird normalerweise vom treibenden Boot gefischt. Nur wenn die Drift zu stark ist und die Würmer an der Montage dadurch im Eiltempo über den Grund flitzen, ist es besser zu ankern. Dann wird die Montage weit ausgeworfen und langsam mit längeren Pausen eingeholt. Plattfischbisse machen sich meistens durch ein typisches Zittern in der Rutenspitze bemerkbar. Jetzt am besten nicht sofort anschlagen, sondern ein bisschen Schnur geben, langsam bis drei zählen und erst dann den Haken setzen. Platten brauchen manchmal etwas Zeit, um den Köder samt Haken in ihr recht kleines Maul zu bekommen. Naturködermontagen können Sie natürlich selber knüpfen oder für den Anfang im Fachhandel fertig kaufen. Die Hakengröße für Plattfisch sollte etwa bei 1–2 liegen. Da Plattfische sehr gut auf Farben und Lichtreflexe ansprechen, darf das Vorfach gerne ein paar Lockvögel in Form von Perlen oder Spinnerblättern aufweisen. Bewährte Farben sind Gelb, Rot und Orange. Natürlich dürfen Sie beim Naturköderangeln auch mit Dorschen rechnen. Wer es gezielt probieren möchte, sollte jedoch die Haken einen Tick größer und stabiler wählen: 1/0 und 2/0 passen gut. Eine bewährte, einfach zu fischende Montage für Plattfisch und Dorsch können Sie anhand der Zeichnung binden.

Schleppen

Schleppen ist nicht nur was für das Angeln im Süßwasser auf Zander, Hecht und Barsch. Vom Motorboot aus lassen sich mit dieser Methode, bei der Kunstköder hinter dem Boot hergezogen werden, prima Dorsche, Meerforellen und sogar Lachse fangen. Letztere sind aber eher den Profis

► Vom Motorboot aus lässt sich prima auf Plattfisch angeln.

◀ Perlen, Bleie, Haken und Vorfachschnur – die Zutaten für Naturködermontagen

◀ Ein tief laufender Wobbler brachte diesen tollen Dorsch an Bord.

vorbehalten, die mit großem Aufwand, mehreren Ruten und allerlei teuren Hilfsmitteln große Gebiete der Ostsee durchstreifen. Hauptbeute der Kleinbootangler sind in Küstennähe Dorsche und Meerforellen. Wer es auf Dorsch abgesehen hat, braucht Köder, die auf Tiefe gehen und möglichst dicht über Grund laufen – denn dort steht der Dorsch in der Regel. Diesen Zweck erfüllen am besten Wobbler. Für unterschiedliche Tiefen benötigen Sie natürlich auch unterschiedliche Modelle. Gut beraten sind Sie mit einem Modell, das es auf rund fünf Meter bringt, einem bis acht und einem bis zehn Meter. Manche Hersteller geben die Lauftiefe auf der Verpackung oder direkt auf dem Wobbler an – bei vielen Modellen allerdings in Fuß beziehungsweise Feet (1 Fuß sind rund 30 Zentimeter). Dorschwobbler sollten rund 10–18 Zentimeter lang sein, so kommen Sie mit normalem, kräftigem Spinngeschirr locker aus und der Drill eines guten Dorsches wird garantiert zum echten Erlebnis! Die marmorierten Großmäuler beißen zwar auch auf deutlich größere Modelle, doch das Schleppen mit richtig großen Wobblern erfordert dann auch wieder spezielle, sehr starke Ruten. Meerforellen werden Sie auf grundnah laufende Wobbler selten fangen. Die silbernen Kraftpakete rauben eher auf halber Wassertiefe bis dicht unter die Oberfläche. Neben flach laufenden Wobblern bis zwei, drei Metern Lauftiefe können nun auch prima schlanke, etwa 8–12 Zentimeter lange Blinker zum Einsatz kommen. Wer auf Meerforelle schleppen möchte, sollte nicht zu tiefes Wasser ansteuern, sondern eher in unmittelbarer Küstennähe zwischen zwei und fünf Metern bleiben. Schauen Sie nach abwechslungsreichem Grund mit Steinen und Kraut. Dort fühlen sich die Meerforellen wohl.

In den Sommermonaten werden Sie beim Schleppen ganz sicher auch auf Hornhechte treffen. Die lustig aussehenden Tiere beißen meistens nahe der Wasseroberfläche, manchmal aber sogar auf die tief laufenden Dorschwobbler. Beim Schleppen auf Hornhecht gibt es oft viele Fehlbisse. Der harte Schnabel dieses Fisches bietet dem Haken kaum Möglichkeiten einzudringen. Am besten funktioniert es mit möglichst kleinen Drillingen (Größe 6–8), die mit einem kurzen Stück Schnur am Blinker befestigt werden. Die Schnur gibt dem Haken mehr Beweglichkeit und macht es dem Hornhecht schwerer, den Haken auszuhebeln. Fehlbisse werden Sie trotzdem noch einige bekommen. Aber das gehört beim Hornhecht einfach dazu. Übrigens: Der Hornhecht hat grüne Gräten, das ist ganz normal. Der Fisch ist also nicht verdorben und kann bedenkenlos gegessen werden.

Küstenangeln

Wer den Bewohnern der Ostsee auf die Schuppen rücken möchte, braucht nicht unbedingt ein Boot oder muss sich in die Hände eines Kutterkapitäns begeben. Ob mit Watt- und Seeringelwürmern, Wobblern oder Blinkern – auch von der Küste aus lassen sich schöne Fänge machen. Dabei geht je nach Jahreszeit und Angeltechnik die ganze große Fischpalette der Ostsee an den Haken: vom Hornhecht über Hering und Plattfisch bis zu Dorsch und der kampfstarken Meerforelle.

Brandungsangeln

Beim Brandungsangeln kommen ausschließlich Naturköder zum Einsatz. Köder Nummer eins ist dabei der Wattwurm. Angelgeschäfte an der Küste haben fast immer welche vorrätig. Trotzdem am besten vorher reservieren – gerade am Wochenende. Oder Sie suchen sich ihre Köder selber an seichten Sandstränden. Sandkringel auf dem Meeresgrund verraten Ihnen den Unterschlupf der Würmer. Nun müssen diese freigespült werden. Gut klappt dies mit einer Saugglocke an einem Besenstiel. Einfach zwischen Sandkringel und der kleinen Mulde daneben ansetzen und einige Male kräftig auf- und abbewegen. Dabei entsteht ein Krater. Darin oder auch daneben liegt der freigespülte Wurm, den Sie am besten mit einem kleinen Kescher oder Küchensieb einsammeln. Um die mindestens 50 Würmer, die für einen Brandungsabend nötig sind, zu finden, braucht es allerdings schon ein wenig Geduld. Dafür ist die Wattwurmsuche manchmal fast so spannend wie das Angeln selbst. Alte Brandungshasen kombinieren den Wattwurm gerne mit einem Seeringelwurm. Der bringt noch einen anderen Duft ins Wasser. Der Seeringelwurm ist außerdem deutlich zäher und hält besser am Haken. Deshalb wird er auch zum Schluss auf den Haken gezogen und dient somit als eine Art Stopper, der den Wattwurm am Herunterrutschen hindert. Wichtig: Beide Wurmarten dürfen nicht wie ein Tauwurm durchstochen werden, sondern sollten aufgezogen werden. Das heißt: Den Haken am Kopf einstechen und dann vorsichtig den Wurm über den Haken – und ruhig auch ein gutes Stück auf die Schnur – ziehen.

▼ In der Brandung kommt es auf weite Würfe an.

▼ Seeringelwürmer sind einer der Topköder fürs Brandungsangeln.

Küstenangeln

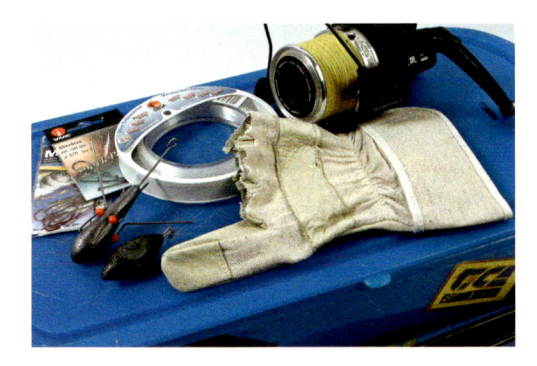

Am besten geht das mit einer Wurmnadel. Wird die Haut, gerade beim Wattwurm, verletzt, läuft er aus und ist nicht mehr so fängig. Wer keine Würmer bekommt, kann sich auch mit Muschelfleisch oder Heringsfetzen behelfen – gute Notköder, aber lange nicht so fängig wie Watt- oder Seeringelwürmer.

Brandungsangeln ist eine Wissenschaft für sich. Die Profis schleppen Gerät für Tausende von Euros an den Strand und werfen selbst gegen den Wind über 100

◀ Ein Handschuh schützt den Zeigefinger beim Werfen mit den schweren Brandungsbleien.

◀ Plattfische stehen meistens dichter unter Land als Dorsche – gut zu erreichen auch für ungeübte Werfer

Gerätekasten Brandungsangeln

Brandungsruten sind lang und stark, weil sie für extreme Weiten gemacht sind. Die Standardmodelle messen 3,90–4,20 Meter und die Wurfgewichte betragen meistens 200–250 Gramm. Kombiniert werden sie mit speziellen Weitwurfrollen, die über extrem große Spulen verfügen. Als Schnur hat sich in den letzten Jahren dünne geflochtene durchgesetzt (Durchmesser 0,14–0,18 Millimeter). Mit dieser dünnen, aber starken Schnur kommt es beim Werfen allerdings zu Verletzungen am Zeigefinger, der die Schnur beim Durchziehen hält. Außerdem ist die recht dünne Hauptschnur dem Druck beim Durchziehen nicht gewachsen, deshalb muss auf jeden Fall noch eine sogenannte Schlagschnur (etwa doppelte Rutenlänge) davorgeknotet werden. Das kann sowohl dickere geflochtene (0,30–0,40 Millimeter) als auch dickere monofile (0,5–0,70 Millimeter) Schnur sein. Zusätzlich sollte auf jeden Fall ein Fingerschutz getragen werden. Dafür eignet sich zum Beispiel der abgeschnittene Zeigefinger eines Garten- oder Arbeitshandschuhes. Spezielle Brandungshandschuhe sind im Fachhandel erhältlich. Nach dem Auswerfen muss die Brandungsrute irgendwo recht steil aufgestellt werden, um möglichst viel Schnur aus dem Wasser und damit aus den Wellen herauszuhalten, damit die Bisse an der Spitze angezeigt werden können. Es gibt dafür Rutenhalter, die in den Sand gesteckt werden und Dreibeine, die auch auf Steingrund prima stehen. Letztere sind teurer, dafür aber überall verwendbar, auch auf der betonierten Mole. Zur Bissanzeige bei Nacht befestigen Sie einfach ein Knicklicht an der Rutenspitze – per Knicklichthalter oder Klebeband.

Meeresangeln

▶ Von der Mole aus klappt's auch mit leichterem Gerät und kürzeren Würfen

▶ Auch dicke Aale fängt man im Sommer und Herbst in der Brandung.

Meter weit. Die großen Wurfweiten sind wichtig, um tiefes Wasser zu erreichen. Denn nicht immer kommen die Dorsche dicht unter Land. Der Köder muss zum Fisch. Plattfische liegen meistens nicht so weit draußen und sind schon mit recht kurzen Würfen erreichbar. Im Spätsommer und Herbst machen Aale die Brandungsbeute noch bunter. Sie ziehen oft sehr dicht in Strandnähe entlang. Würfe von 20–30 Metern reichen aus. Ideale Bedingungen zum Brandungsangeln herrschen bei auflandigem Wind. Dann ist das Wasser aufgewühlt und es wird viel Nahrung freigespült. Das lockt auch die Dorsche dichter unter Land und damit in Wurfweite. Brandungsangeln bedeutet übrigens zugleich Nachtangeln. Dorsche und vor allem Plattfische beißen zwar auch manchmal tagsüber, aber richtig interessant wird es eigentlich erst, wenn die Sonne am Horizont versinkt. Zum Brandungsangeln kommen Montagen mit einem oder zwei Haken zum Einsatz. Am Ende sitzt ein schweres Blei zwischen rund 100–250 Gramm. Es sorgt für die nötige Wurfweite und hält die Montage am Platz – auch wenn der Wind an der Schnur zerrt und starke Strömung herrscht. Kleine Lockperlen (zum Nachtangeln am besten nachleuchtend) vor den Ködern sorgen für optische Reize. Moderne Brandungsmontagen sind mit sogenannten Clips ausgestattet. Das sind kleine Kunststoff- oder

Drahthäkchen, in die die Haken samt Würmern eingehängt werden. So fliegt die Montage weiter und die Köder halten perfekt am Haken. Beim Aufprall auf die Wasseroberfläche oder spätestens bei Grundkontakt lösen sich die Haken wieder aus den Clips. Heute gibt es im Fachhandel zahlreiche, brauchbare Fertigvorfächer, sodass auch Brandungsneulinge mit echten Profimontagen ihre ersten Fische in der Brandung fangen können. Eine ganz einfache Montage mit überall erhältlichen Bauteilen zeigt unsere Zeichnung. Die übrigens auch für Pilk- und Naturködermontagen einsetzbaren Rotation-Beads (Rotationsperlen) haben zwei Bohrungen. Durch die eine läuft die Vorfachschnur, durch die andere die Mundschnur. Fixiert werden Perle und Mundschnur durch einfache Stopperknoten.

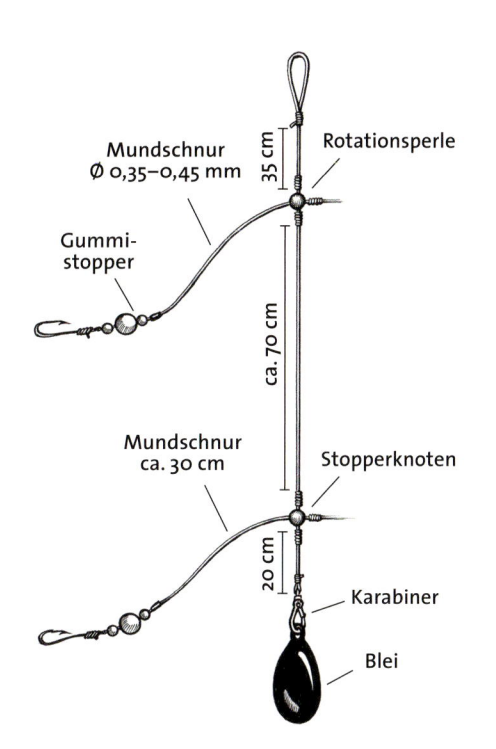

◀ Einfache aber fängige Montage für Brandung und Mole

Molenangeln

Wer nicht gleich viel Geld in eine Brandungsausrüstung investieren möchte, kann auch mit seinem normalen Grundangelgerät zum Erfolg kommen. Damit sind allerdings kaum die nötigen Wurfweiten zu erreichen, um vom Strand aus gut Dorsche zu fangen; von Molen oder Seebrücken aus funktioniert es aber! Diese Bauwerke stehen entlang der gesamten Küste. Sie ragen oft weit ins Meer hinein und nehmen uns damit Wurfweite ab. Am Kopf der Mole oder Seebrücke ist es häufig bereits tief genug, um Dorsche zu fangen. Weitwürfe sind nicht mehr nötig und auch die Bleie können deutlich leichter gewählt werden. Achtung: Manche Seebrücken und Molen sind allerdings zeitweise für Angler gesperrt – vor allem in den Sommermonaten, wenn viele Spaziergänger unterwegs sind. Frühling und Herbst sind aber ohnehin die besseren Zeiten für die Brandung. Denn gerade Dorsche halten sich dann in flacherem Wasser auf, während sie im Sommer tiefere Regionen weiter draußen bevorzugen.

◀ Tiefes Wasser und Dorsche finden sich an vielen Molen in bequemer Wurfentfernung

Heringsangeln

Wenn der Hering im Frühjahr zum Laichen an die Küste kommt, herrscht vielerorts Volksfeststimmung. Jeder, der noch eine alte Angel im Keller hat, macht sich auf den Weg ans Wasser, um sich eine leckere Mahlzeit zusammenzufangen, denn schwer ist Heringsangeln wirklich nicht. Die Montage besteht aus bis zu fünf mit Glitzerfäden oder schimmernder Fischhaut garnierten kleinen Haken. Als Wurfgewicht dient ein flaches Heringsblei, das durch seine stark taumelnden Sinkeigenschaften und die grelle Farbe zusätzlich lockt. Das Ganze wird einfach ausgeworfen und dann langsam, mit kurzen Pausen oder langsamen Pilkbewegungen eingeholt. Dabei sollten verschiedene Wasserschichten vom Grund bis ins Mittelwasser abgesucht werden, um herauszufinden, wo genau die Fische stehen. Sind die Heringe voll da, ist es aber kaum möglich, an den silbernen Fischen vorbeizuangeln.

Die einzige Schwierigkeit beim Heringsangeln besteht im Grunde darin, den richtigen Zeitpunkt abzupassen. Zwischen März und Mai steuern die Heringe ihre Laichplätze im brackigen Wasser von Flussmündungen, Häfen und Förden an. Die Zeit, in der die Fische wirklich in Massen auftauchen, kann recht kurz sein: Es sind oft nur zwei, drei Wochen. Davor und danach kommen wetterabhängig immer mal wieder kleinere Schwärme. Auch dann können Sie reiche Beute machen, aber durchaus auch mal leer ausgehen. Am sichersten ist es, zwischen März und Mai immer mal wieder bei einem Fachhändler in der Nähe der typischen Heringsplätze anzurufen und zu fragen, ob der Hering schon da ist. Beliebte Plätze an der Ostseeküste sind zum Beispiel die

▼ Kinderleicht – Heringsangeln

▼ Wenn der Hering da ist, herrscht an vielen Stellen dichtes Gedränge.

Küstenangeln 175

Rügendammbrücke, die über den Strelasund führt, die Schlei und vor allem die Häfen von Kappeln, Neustadt, Rostock oder Kiel sowie die Mole von Eckernförde, Lübeck und Travemüde. An der Nordseeküste lohnt ein Besuch mit Heringspaternoster zum Beispiel in Meldorf, Cuxhaven und Wilhelmshaven. Nicht an allen Plätzen ist das Angeln nur mit Fischereischein oder Touristenschein erlaubt. Für manche benötigen sie einen Extra-Schein, den Sie in umliegenden Angelfachgeschäften erhalten. Auch sollten Sie sich über die Bestimmungen vor Ort informieren. So darf zum Beispiel nicht überall mit fünf Haken gefischt werden.

Gerätekasten Heringsangeln

Wenn der Hering voll da ist, können sie mit jedem Angelgerät fangen, das noch einigermaßen in Schuss ist. Besser ist aber schon eine vernünftige Kombination, die auch weitere Würfe zulässt, denn nicht immer schwimmen die Fische vor Ihren Füßen. Auch sollte die Rute nicht allzu hart sein. Heringe haben ein weiches Maul, wodurch der Haken schnell wieder ausschlitzen kann. Ideal ist eine Rute von drei Metern Länge mit einem Wurfgewicht um 60 Gramm. Dazu gehört eine passende Stationärrolle mit 0,25er-0,30er monofiler Schnur – fertig ist die Heringsgrundausrüstung. Fehlen nur noch ein paar Vorfächer, die es fertig im Handel zu kaufen gibt. Heringe können tagesabhängig unterschiedliche Vorlieben zeigen. Zu empfehlen sind zum Beispiel Vorfächer mit echter Fischhaut. An manchen Tagen kann eine kleine Leuchtperle vor jedem Haken fangentscheidend sein. Am besten kaufen Sie ein paar Vorfächer mit unterschiedlich geschmückten Haken und probieren aus, worauf die Heringe gerade stehen. Ach so, denken Sie an eine Aufbewahrungsmöglichkeit für den Fang. Heringe verderben recht schnell und sollten am besten möglichst bald nach dem Fang ausgenommen und dann kühl gelagert werden.

◂ Ein Hering kommt selten allein – und schnell ist eine leckere Mahlzeit zusammen gefangen

Spinnfischen

Mit einer mittelschweren Spinnrute von 40–50 Gramm Wurfgewicht können Sie an der Küste viel Spaß haben. Auf Spinnfischer warten hauptsächlich Dorsche, Meerforellen und Hornhechte. Letztere kommen in teils riesigen Schwärmen im Frühling in Küstennähe, um zu laichen. Auch wenig erfahrene Angler können dann tolle Drills mit den hektisch kämpfenden, springfreudigen Fischen erleben. Aber die Zeit muss passen: Eine in Norddeutschland bekannte Regel besagt: Wenn der Raps blüht, kommt der Hornhecht. Und das stimmt tatsächlich. Sobald die großen Rapsfelder Schleswig-Holsteins

▶ Dicke Meerforelle im Netz – nicht alltäglich an der Ostsee

▼ Im Frühling ziehen die Hornhechte in Küstennähe.

> **Poseneinstellung**
>
> Die Pose so einstellen, dass der Köder etwa einen Meter unter der Wasseroberfläche baumelt.

in kräftigem Gelb erblühen, tauchen auch die ersten Schnabelträger an der Küste auf. Der Startschuss fällt meistens im Mai. Anschließend lassen sich die schlanken, silberglänzenden Fische bis in den Sommer hinein von der Küste aus fangen, bevor sie wieder tieferes Wasser ansteuern. Weiter draußen, vom Boot aus, gehen auch später im August und September, teilweise im Herbst noch, Hornhechte an die Haken. Als Köder eignen sich schlanke Blinker, kleine Küstenwobbler und Streamer, die per Fliegenrute oder auch hinter einem Sbirullino oder einer Wasserkugel angeboten werden. Bei Spinnködern sollte etwas Schnur zwischen Drilling und Köder angebracht werden, um die Hornhechte besser zu haken. Alternativ lassen sich die „Hornis" auch hervorragend mit schmalen Fischfetzen an der Posenmontage überlisten.

Als Köder eignen sich prima Fetzen vom Hering oder vom Hornhecht selbst. Doch zurück zum Spinnfischen: An Küstenabschnitten, an denen der Grund schnell abfällt und tieferes Wasser in Wurfweite ist, werden auch regelmäßig Dorsche mit der Spinnrute gefangen. Als Köder kommen hier hauptsächlich schlanke Blinker und Küstenwobbler zum Einsatz. Küstenwobbler erkennen Sie übrigens daran, dass sie keine Tauchschaufel haben. Im Gegensatz zu Blinkern haben sie den Vorteil, dass sie nicht so schnell absinken und sich dadurch bei gleichem Wurfgewicht deutlich langsamer führen lassen. Erhältlich sind sie in jedem küstennahen Fachgeschäft. Wer

◀ Spinnfischen an der Küste: Gefangen werden Dorsche, Meerforellen und Hornhechte

gezielt auf Dorsch spinnen möchte, sollte versuchen, seinen Köder relativ dicht am Grund zu führen. Die Bartelträger nehmen zwar gerade nachts und in der Dämmerung auch oberflächennah angebotene Köder, aber es kann nicht schaden, ihnen ein wenig entgegenzukommen. Dorsche stehen normalerweise dicht am Grund. Leicht auflandiger Wind bietet perfekte Voraussetzungen zum Dorschangeln, denn dann kommen die Fische dichter unter Land – wie in der Dämmerung auch. Wollen Sie Dorsch, sollten Sie deshalb auf jeden Fall bis in die Dunkelheit hinein angeln. Farbtipps für die Köder: Am besten ist alles mit Rot, Grün-Gelb, Kupfer, in der Dämmerung und nachts Schwarz. Kommen wir zu einem weiteren Fisch, den man durch Spinnfischen beangelt: Die Meerforelle – der sogenannte „Fisch der tausend Würfe". Tatsächlich kann es schon mal so lange dauern, bis einer dieser

Gerätekasten Spinnfischen

Eine Spinnrute mit 40–50 Gramm Wurfgewicht reicht für Hornhecht, Dorsch und Meerforelle gleichermaßen. Teilweise sind an der Küste weite Würfe erforderlich, um tieferes Wasser zu erreichen. Längere Ruten zwischen 2,70–3,30 Meter sind deshalb von Vorteil. An der Rolle sollte nicht zu sehr gespart werden (das gilt übrigens für die gesamte Technik beim Meeresangeln). Salzwasser setzt der Technik ordentlich zu und nur einigermaßen hochwertige Modelle halten dem auf Dauer stand. In Sachen Schnur scheiden sich die Geister. Die einen bevorzugen dünne geflochtene mit 0,12–0,15 Millimetern Durchmesser, da mit dieser sehr weit geworfen werden kann. Andere möchten auf die Dehnung der monofilen Schnur nicht verzichten. Gerade Meerforellen, die sehr hektisch kämpfen, steigen an dehnungarmer geflochtener Schnur schnell mal aus. Ein guter Kompromiss ist eine geflochtene Schnur, der wir als Puffer einfach rund zehn Meter monofile der Stärke 0,25–0,28 vorschalten. Damit können Sie ordentlich weit werfen, haben einen guten Kontakt zu Fisch und Köder, dabei aber immer noch etwas Dehnung, um Kopfschläge und Sprünge des Gegners abzufedern. Sinnvoll zum Spinnfischen an der Küste ist eine Wathose, die es Ihnen erlaubt, den Fischen ein Stück entgegenzukommen. Außerdem sollte ein Watkescher (Kescher mit kurzem Griff) nicht fehlen, falls die Mutter aller Meerforellen Ihren Köder nimmt.

Meeresangeln

hübschen, kampfstarken Salmoniden am Haken hängt. Oder Sie erleben gleich beim ersten Versuch eine Sternstunde mit mehreren Fischen und unvergesslichen Drills.

Meerforellenangeln kann grausam, aber auch fantastisch sein. Jedes Jahr werden an der deutschen Küste mit leichtem Spinngeschirr oder Fliegenrute Ausnahmefische über 90 Zentimeter Länge gefangen. Die Durchschnittsgröße liegt aber eher zwischen 40–50 Zentimetern. Auf jeden Fall macht dieser Fisch süchtig! Meerforellen werden entlang der gesamten Ostseeküste gefangen. Die besten Küstenabschnitte zeichnen sich durch abwechslungsreichen, mit großen Steinen und Pflanzen durchsetzten Grund aus. Zum Spinnfischen kommen schlanke Blinker, Küstenwobbler und Fliegen zum Einsatz. Letztere können per Fliegenrute oder mithilfe eines Sbirullinos oder einer Wasserkugel angeboten werden. Die besten Aussichten auf das Silber der Ostsee haben Sie im Frühjahr und im Herbst, wenn die Wassertemperaturen nicht zu kalt und nicht zu warm sind. Meerforellen lassen sich aber auch im Sommer fangen, dann allerdings meistens nur in den ganz frühen Morgenstunden, abends und in der Nacht. Milde Phasen im Winter können auch sehr ertragreich sein.

▶ Ein einsamer Meerforellenangler wirft im Morgengrauen den Köder Richtung Horizont.

▶ Spezielle Küstenwobbler können langsamer geführt werden als Blinker.

▼ Schnittige Küstenblinker- und -wobbler sowie Sbirullinos mit Fliege, fliegen auch gegen den Wind gut

Meeresangeln auf einen Blick

Kutterangeln

Zahlreiche Kutter bieten eine Mitfahrt zum Angeln, vor allem auf der Ostsee, an.

Gerade für Einsteiger ist dies eine gute Möglichkeit, die ersten Erfahrungen mit dem Fangen von Meerwasserfischen zu sammeln. Der Kapitän übernimmt das Auffinden der Fische; dafür kann es besonders im Sommer aber auch sehr voll auf guten Kuttern werden.

Der Kutter treibt beim Angeln quer zum Wind, er befindet sich in der sogenannten Drift. Je nachdem, ob man auf der Seite der Abdrift (das Boot treibt vom ausgeworfenen Köder weg) oder der Andrift (das Boot treibt auf den Köder zu) fischt, herrschen sehr unterschiedliche Angelbedingungen. Die meisten Kutter wechseln nach jedem Angelstopp die Seite, es gibt aber auch Kutter mit festen An- und Abdriftseiten. Etwas einfacher ist das Angeln in der Abdrift, da die Schnurr automatisch gespannt ist und so der Kontakt zum Köder besser gehalten werden kann. Zudem holt das Boot beim Angeln in der Andrift den Köder recht schnell ein, sodass dieser wieder neu ausgeworfen werden muss.

Der bedeutendste Köder (vor allem für den Dorschfang) ist der Pilker: eine lackierte Fischimitation aus einer Bleilegierung oder Stahl. Bei häufigem Angeln ist für alle Meeresangelmethoden spezielle Ausrüstung erforderlich, die beständig gegen das aggressive Salzwasser ist.

Bootsangeln

Das Angeln mit dem Motorboot ermöglicht größere Freiheit als das Kutterangeln, da man selbst mit dem eigenen (oder gemieteten) Boot hinausfährt. Es gibt auch kleine Boote, die ohne Bootsführerschein gefahren werden dürfen. Oft reicht es schon, ein paar Hundert Meter von der Küste entfernt zu angeln; die besten Plätze dafür kann man sich vom Bootsvermieter auf der Karte zeigen lassen.

Wie beim Angeln auf Süßwasserfische auch, ist eine gute Möglichkeit das Schleppangeln.

Küstenangeln

Beim Küstenangeln sind zwei Varianten zu unterscheiden: das Brandungsangeln und das Molenangeln.

Das Brandungsangeln erfordert große Wurfweiten, um tieferes Wasser zu erreichen. Gefischt wird nur mit Naturködern wie dem Wattwurm, die in Angelgeschäften erworben oder am Strand eigenhändig gesammelt werden können. Wichtig sind schwere Bleie (meist kombiniert mit speziellen Ruten), um die nötigen Wurfweiten zu erzielen und die Montage am Angelplatz zu halten. Auflandiger Wind ist für das Brandungsangeln am besten, da dieser den Boden aufwühlt und so Nahrung freispült, die die Fische anlockt.

Für Einsteiger mit normaler Grundausrüstung stellt das Molenangeln eine bessere Alternative zum Brandungsangeln dar. Von der Spitze der Mole beziehungsweise Seebrücke aus muss nicht mehr so weit geworfen werden, da bereits tieferes Wasser erreicht ist.

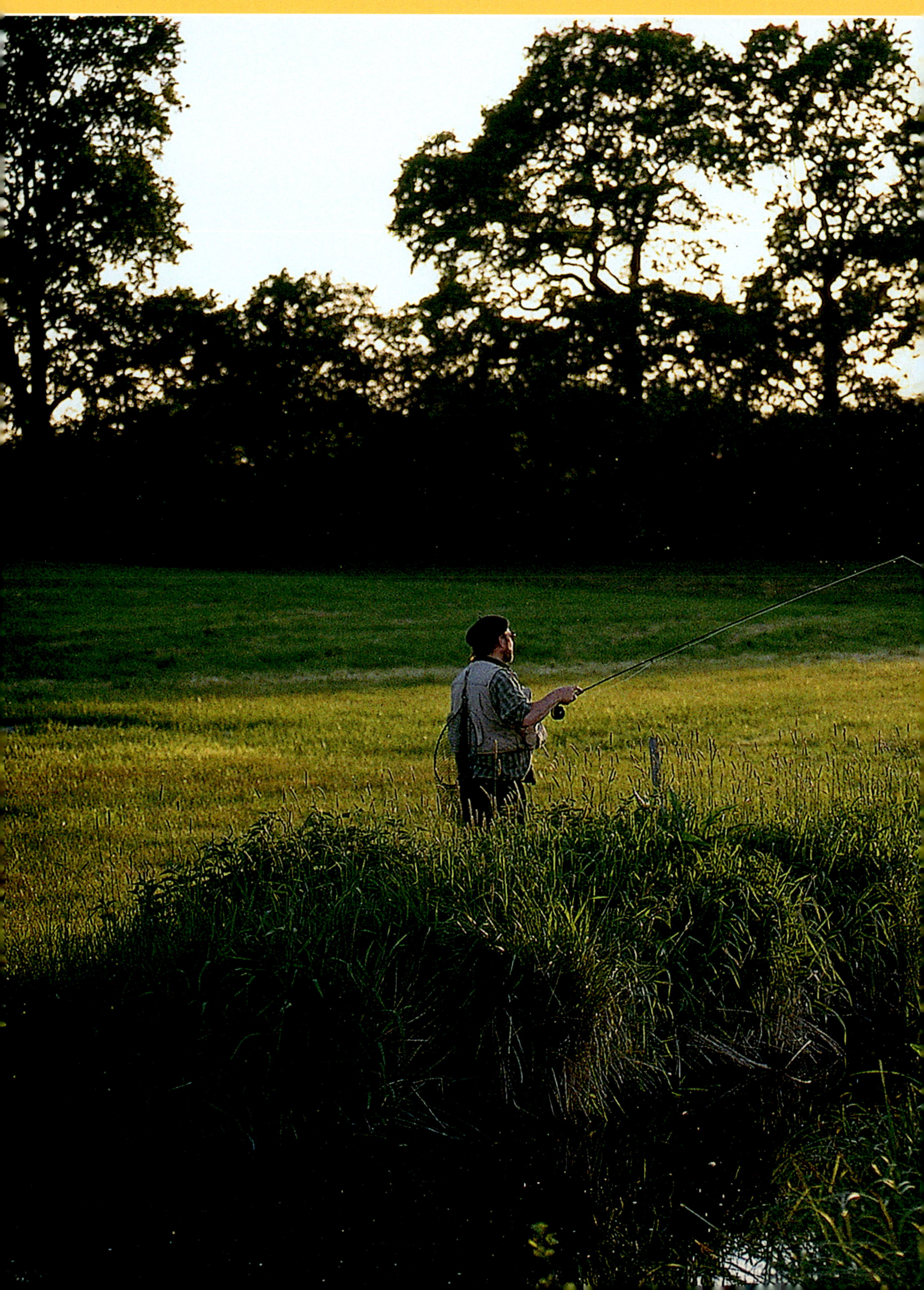

Fliegenfischen

182 Die Königsdisziplin
    Vielfältige Angelmethode
183 Der Wurf
185 Fliegen
187 Am Gewässer
188 Ausrüstung

Fliegenfischen

Die Königsdisziplin

Das Fliegenfischen galt zu allen Zeiten als Königsdisziplin der Angelmethoden. Doch unabhängig davon, welchen Titel man dieser besonderen Art des Angelns zuschreibt – sie hat ihre ganz eigene Magie und begeistert Jung und Alt.
Galt das Fliegenfischen lange als teuer, ist die spezielle Ausrüstung heute erschwinglicher. Auch wenn das Fliegenfischen tief mit dem Angeln auf Forellen, Äsche und Lachs verwurzelt ist, spricht diese Methode weitaus mehr Fischarten im Süß- und Salzwasser an.
Doch es sind nicht die Zielfischarten, die das Fliegenfischen ausmachen, sondern es ist der Wurf, die Rolle mit Schnur sowie das Gerät mit seiner außergewöhnlichen Rute. Das alles zusammen, dieses kunstvolle Gebilde in Handarbeit auf Haken gebunden, das den Fisch zum Anbeißen verlocken soll, ist eine der wesentlichen Besonderheiten der Fliege. Die völlige Harmonie des Materials spiegelt dann auch den völligen Einklang des Fliegenfischers mit der ihn umgebenden Natur wider.

▼ Eine kampfkräftige Regenbogenforelle im glasklaren Wasser – perfekt für die Fliege

Vielfältige Angelmethode

Mit der Fliege kann man fast alle Fischarten befischen, die Beute in Form von Insekten, Fischchen, Würmern oder Krebsen nehmen. Genauso funktioniert sie aber auch bei den Fischen, die wie der Lachs aus anderen Gründen beißen. Fischarten, die sich gut mit der Fliege fangen lassen, sind Hechte, Rapfen und Barsche – wenn sie nicht zu tief stehen. Weißfische können ebenfalls angesprochen werden. Vom kleinen Hasel über den Döbel bis hin zum Karpfen ist vieles möglich. Aal oder Plattfische werden jedoch sehr selten an der Fliege gefangen. Wichtig ist, dass die Fische im oder zum Oberflächenbereich hin aktiv sind und nicht über den Geruchssinn jagen.
Fliegen sind überwiegend Sichtköder, denn sie laufen weder besonders vibrationsreich noch duften sie oder können besonders tief geführt werden. Daher sind Gewässer, die nicht zu tief sind, und Gewässerabschnitte mit klarem bis maximal angetrübtem Wasser deutlich von Vorteil.
Neben Süßwasser-Gewässern hält auch das Salz- und Brackwasser aussichtsreiche Reviere bereit. So kann man in der westlichen Ostsee neben Meerforellen zum Beispiel auch Steelheads oder aus Zuchtanlagen geflüchtete Regenbogenforellen fangen. Dorsche unter Land oder Hornhechte sind weitere Beifänge. In den ausgesüßteren Teilen der Ostsee sind zudem auch Hechte gut zu fangen.
In der Nordsee und dem nördlichen Atlantik beißen Köhler, Pollack und Wolfsbarsche auf die Fliege. Makrelenartige Fische können darüber hinaus ebenso erfolgreich befischt werden, allerdings am besten vom Boot aus.

Meerforelle mit der Fliegenrute gefangen

Die richtige Haltung der Rute: Der Zeigefinger liegt oben auf, der Griff ist beim Wurf nah unter dem Handgelenk.

Der Wurf

Das Werfen steht im Mittelpunkt des Fliegenfischens und beschäftigt ehrgeizige Fliegenfischer nicht nur am Wasser. Längst ist es eine Leidenschaft in der Leidenschaft, die eifrig auf Sportplätzen und Wiesen geübt wird. Damit ist ausdrücklich nicht der Castingsport gemeint, sondern das Werfen mit normalem Gerät, mit dem Trickwürfe, die Sauberkeit der Präsentation und natürlich auch Distanzwürfe geübt werden.

Dabei ist der Begriff Distanz relativ: Das Fliegenfischen ist eine Fischerei im Nahbereich. Wurfweiten zwischen 10–20 Metern sind durchschnittlich und decken die meisten Situationen ab. Zwar kann der besonders geübte Werfer auch um die 30 Meter werfen, für die Praxis ist dies aber in vielen Fällen meist unnötig und über einen längeren Zeitraum sehr kräftezehrend. Genau das soll das Werfen mit der Fliegenrute aber nicht sein. Mit wenigen, wohldosierten Bewegungen muss die Fliege an das Ziel gebracht werden, und auch nach

Das Werfen mit der Fliegenrute zu lernen, bedeutet regelmäßiges trainieren am Wasser und auf dem Rasen.

Fliegenfischen

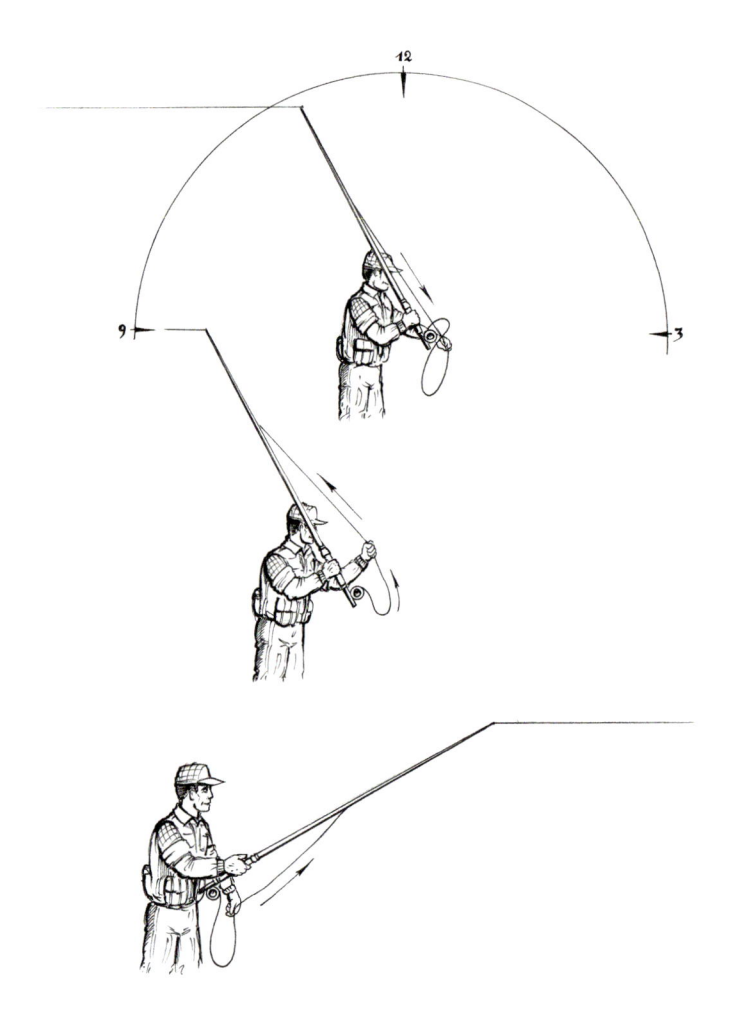

▲ Dem Werfer gelingt der richtige Stoppunkt und Zug. Das Abknicken des Handgelenks soll aber nicht sein. Anfänger machen diesen Fehler besonders häufig.

einem langen Angeltag sollten Arm-, Schulter- und Rückenmuskulatur entspannt sein. Der Anfänger erlebt in seinen ersten Versuchen meist das Gegenteil. Verfeinert man durch Übung die Bewegungsabläufe, dosiert man also seine Kraft optimal, ist dies aber schnell vorbei und macht sich nicht nur am eigenen Körper, sondern auch am besseren Wurf selbst bemerkbar.
Der Wurfablauf folgt relativ strengen Gesetzmäßigkeiten: Stopppunkte sind beim Vorwärts- und Rückschwung mit der Rute zu setzen. Um diese richtig zu treffen, hilft zur Verdeutlichung das Ziffernblatt einer Uhr, das man sich bildhaft hinter dem Werfer vorstellt. Dabei ist die Position zwölf Uhr direkt über dem Werfer. Stopp-

punkte setzt man beim Vorwärtswurf etwa bei ein Uhr, beim Rückschwung liegt diese ungefähr bei elf Uhr. Damit die Schnur sich beim Vorwärts- und Rückwärtsschwung nicht überschlägt oder sich die Fliege an der Schnur aufhängt, muss die Rute leicht elliptisch geführt werden. Bei der Rückwärtsbewegung geht dazu der Arm etwas zur Seite weg. Beim Vorwärtsschwung wird die Rute gerade nach vorne geführt. Die Schnur läuft dabei am besten über die Rutenspitze ab oder etwas seitlich daran vorbei. Man könnte die Aufteilung der Aufgaben der beiden Hände vereinfacht so beschreiben: Der Rutenarm ist das Steuer und bestimmt die Richtung des Wurfes, wogegen die Schnurhand das Gaspedal ist, das die Schnur durch eine Zugbewegung beschleunigt.
Wenn nach dem Erlernen des einfachen Zuges der Doppelzug mit der Schnurhand gelernt werden soll, scheint die Motorik schnell ausgereizt. Hier lässt sich nur tröstend sagen, dass aller Anfang schwer ist, aber viel Übung den Meister macht.
Ziel muss es sein, mit nur wenigen Leerwürfen, die Schnur sauber auswerfen zu können.
Ob die Grundlagen des Werfens autodidaktisch erlernt werden sollten, wird unterschiedlich bewertet. Viele Instrukteure weisen aber zu Recht darauf hin, dass sich besonders zu Beginn viele Fehler einschleichen können, die im Nachhinein nur mühsam zu beheben sind.

Kurse

Informieren Sie sich über Fliegenfischerkurse und nehmen Sie an einem der zahlreich in Deutschland angebotenen Wochenendkurse teil. Danach ist ein regelmäßiges Training auf dem Rasen und am Wasser sehr vorteilhaft.

Fliegen

Einige sind kunstvoll mit kostbaren Materialien gebunden und scheinen eher ein Vitrinenobjekt zu sein, wohingegen andere mehr einem wenig prächtigen Teppichflusen gleichen: Die Rede ist von den Fliegen. Unabhängig davon, wie sie aussehen, sind sie das Produkt reiner Handarbeit, ja das Produkt eines Handwerks mit langer Tradition. Der Begriff Köder fällt unter Fliegenfischern entsprechend selten, denn gut gebundene Fliegen sind hoch geschätzt und eigene, selbstgebundene Fliegen der Stolz eines jeden Fliegenfischers.

Der Begriff Fliegen ist ein Oberbegriff, der nicht nur Imitate von Fluginsekten umfasst, sondern auch Imitate weiterer Nahrungskomponenten eines Fisches beinhaltet. Dazu gehören zum Beispiel auch Fischchen oder Krebstiere. Die Beutetiere imitierenden Produkte bilden die erste Kategorie der Fliegen. Die zweite Kategorie sind sogenannte Reizfliegen: Sie provozieren den Anbiss, ohne eine wirkliche Imitation darzustellen. Solche Reizfliegen werden zum Beispiel auf Lachs und Hecht gefischt.

Die Übergänge zwischen Reizfliege und Imitation können fließend sein. Weiterhin lassen sich die viele Tausend verschiedene Fliegen nach ihrem Einsatzort im Gewässer einteilen:

Imitationen

Trockenfliegen schwimmen, bedingt durch den richtigen Materialmix, auf der Oberfläche. Sie imitieren Insekten, die im Wasser geschlüpft sind und sich kurzzeitig an der Oberfläche aufhalten sowie eierablegende Insekten oder Landinsekten, die durch den Wind auf das Wasser gedrückt werden.

▲ Tubenfliegen werden überwiegend beim Lachsangeln gefischt.

◀ Trockenfliegen müssen gut auf der Wasseroberfläche schwimmen.

◀ Emerger imitieren aufsteigende Insekten.

Fliegenfischen

▶ Goldkopfnymphen sind fängige Nymphen-Imitationen.

▶ Streamer sind besonders früh in der Forellensaison erfolgreich.

▶ Garnelenimitationen dürfen in keiner Fliegenbox für Meerforellen fehlen.

Als **Emerger** bezeichnet man Fliegen, die im Oberflächenbereich angeboten werden. Sie imitieren zur Wasseroberfläche aufsteigende Insekten. Teilweise hängen sie mit einem Teil aus dem Wasser, während der andere Teil unter der Oberfläche hängt. Das Nymphenstadium ist die Hauptlebensphase der später aufsteigenden, natürlichen Wasserinsekten.

Eintagsfliegen, Köcherfliegen und Mücken gehören zu den typischen Vertretern, die begehrte Beute von Fischen sind. Auch Flohkrebse gehören zur Fischnahrung, sind aber keine Insekten.

Streamer sind Fischchenimitationen oder Fantasiefliegen. Sie sind auf größere Haken gebunden und werden tiefer unter der Oberfläche gefischt.

Nassfliegen sind keine ausgewiesenen Imitationen. Diese zarten und nur gering absinkenden Fliegen sind etwas aus der Mode gekommen, obwohl sie durchaus fängig sind.

Reizfliegen

Reizfliegen können zum Beispiel sehr grelle, unnatürliche Farben haben oder Furchen in der Wasseroberfläche, wie zum Beispiel Popper- oder Zigarrenmuster.

Lachsfliegen sind Reizfliegen, die durch Form, Größe und Farbe sowie ihren Lauf im Wasser Lachse zu Anbeißen verleiten.

Meerforellenfliegen sind meist mittelgroße Streamermuster, die auf salzwasserbeständige Haken gebunden werden und häufig Fischchen oder Krebstiere nachempfinden. Fliegen müssen nicht hundertprozentig imitierend sein, es müssen aber wesentliche Schlüsselreize beim jagenden Fisch angesprochen werden.

Die meisten Fliegen werden auf Einzelhaken gebunden, Doppelhaken oder Drillinge werden nur beim Lachsfischen verwendet. Auch wenn Springermontagen möglich sind, wird überwiegend nur eine Fliege gefischt.

Vorsicht, Fliegen dürfen nicht zu groß oder zu schwer sein und die Ruteklasse überlasten. Ansonsten kann der Wurf schnell zusammenbrechen oder die Fliege geht auf Kollision mit dem Angler.

Für viele Fliegenfischer gehört das Binden der eigenen Fliegen zur Leidenschaft des Fliegenfischens dazu. Es bringt Spaß und sorgt in der angelfreien Zeit für spannende Beschäftigung.

Am Gewässer

Verschiedene Gewässer und Fischarten werden mit unterschiedlichen Taktiken befischt. Steigen zum Beispiel Forellen an einem Fluss nach Insekten an der Wasseroberfläche, wird die Trockenfliege oder der Emerger in der Regel stromaufwärts präsentiert, um diese auf den Fisch zutreiben zu lassen. Nymphen können auch

> **Ruhe**
>
> Fliegenfischen ist ein Fischen im Nahbereich. Gehen Sie daher besonders vorsichtig ans Wasser, um nahe stehende Fische nicht zu vertreiben.

stromauf geworfen werden, da man aber permanenten Kontakt zur Fliege haben muss, sollte die Schnurlänge kurz gehalten werden. Für diese Fischerei eignen sich auch Bissanzeiger, die am Vorfach befestigt werden und wie eine Pose funktionieren. An der Ostseeküste oder an stehenden Gewässern muss der Fliege durch aktives Einstrippen Leben eingehaucht werden. Da hier meist ins Ungewisse gefischt wird, sollte die Fläche systematisch fächerförmig abgeklopft werden. Gelegentliche Unterbrechungen beim Einholen oder auch unterschiedliche Einholgeschwindigkeiten verleihen der Fliege mehr Leben. Ist das Wasser kalt, sollte sie langsam geführt werden, bei warmem Wasser kann eine höhere Geschwindigkeit beim Einstrippen von Vorteil sein. Beißt ein Fisch, muss der Anschlag rasch gesetzt werden. Beim Lachs-

◀ In der Dämmerung kommen Fische häufig nah unter Land – schon kurze Würfe bringen Erfolg.

fischen kann allerdings auch ein verzögerter Anhieb vorteilhaft sein.
Das Fliegenfischen wird häufig vom Ufer betrieben, dennoch kann auch vom Boot oder Bellyboot gefischt werden, was sich zum Beispiel beim Hechtfischen als deutlicher Vorteil erweisen kann.

Ausrüstung

Zum Fliegenfischen benötigt man spezielles Gerät, das eine federleichte Fliege sanft zu transportieren vermag. Denn anders als bei allen anderen Angelmethoden stellt die Schnur das Wurfgewicht dar. Die Fliege mit ihrem Eigengewicht spielt eine untergeordnete, aber nicht unwichtige Rolle, denn auch das geringe Gewicht der Fliege trägt im besten Fall zur Balance bei.

Die Fliegenrute

Eine Trockenfliege sanft wie eine Feder auf die Wasseroberfläche fallen zu lassen, ist nur mit der Fliegenrute möglich. Fliegenruten sind elegante, leichte Ruten, die nur wenige Dutzend Gramm wiegen. Trotz ihrer grazilen Bauart müssen sie Rückgrat und Sensibilität gleichermaßen vereinen. Um die Schnur auch über größere Distanzen stabil zu werfen oder einen durchschlagenden Anhieb auch über etliche Meter setzen zu können, müssen sie aber auch Kraft haben. Beim Fischen selbst brauchen sie wiederum viel Sensibilität, denn kleinste Regungen an der Fliege müssen auch über die Fliegenrute wahrgenommen werden können. Zudem dürfen besonders bei dünnen Vorfachspitzen die Ruten nicht zu hart anspringen wenn ein Fisch die Fliege gepackt hat, sonst verliert man diesen rasch.

Zweihandruten stellen eine Besonderheit dar. Beide Hände sind an der Rute.

Die meisten heute hergestellten Ruten bestehen aus Kohlefaser, jedoch erfreuen sich auch traditionelle Splitcane-Ruten aus Bambus großer Beliebtheit. Sie werden in liebevoller und zeitintensiver Handarbeit gefertigt.

Fliegenruten werden in den Klassen 0–15 angeboten, die das Gewicht der Schnur angeben. Ein Beispiel: Eine Rute der Klasse 5 wirft im Regelfall auch eine Schnur der Klasse 5. Wirft man diese mit einer Klasse 4, lädt sich die Rute zu geringfügig auf, da ihr das benötigte Wurfgewicht im Nahbereich fehlt. Die Kombination kann nur punkten, wenn ausschließlich große Distanzen geworfen werden sollen. Belastet man die Rute mit einer Klasse 6, kann dies schnell zu einer spürbaren Überlastung führen, die das Werfen einschränkt. Dies kann gewollt sein, wenn man häufig im Nahbereich fischt. Die Rute lädt sich so schnel-

▶ Die große „Fahne" der Äsche ist eine Besonderheit

▶ Die rotgetupfte Bachforelle ist begehrt bei Fliegenfischern

◀ **Rutenvielfalt:** Zweihandruten werden mit beiden Händen gefischt (oben). Ab der Rutenklasse 7 haben Ruten einen kräftigen Griff, der auch das Werfen mit dem Daumen erleichtert (mitte). Der Zigarrengriff ist bei Ruten der Klassen 0-6 Standard

ler auf. Beim Distanzwurf fällt die Schnur jedoch zusammen. Der Rute selbst schadet die Über- oder Unterlastung nicht, jedoch machen größere Abweichungen der Schnurklassen keinen Sinn.

Die nötige Rutenklasse bestimmen Sie nach der Zielfischart und dem Gewässer. Eine klassische Forellenrute liegt im Bereich 4–6.

- Klasse 4 eignet sich besonders gut zum Fischen von Trockenfliegen.
- Klasse 5 ist eine universelle Rutenklasse, die in den meisten Situationen sensibel genug ist, um kleinere bis mittlere Fischgrößen zu befischen.
- Klasse 6 wirft auch schon beschwerte Fliegen oder Muster, die auf größere Haken gebunden wurden, und erleichtert generell weitere Würfe. Fischt man mit einer 6er-Klasse auf überwiegend kleinere Forellen, wirkt diese zu mächtig und zu wenig sensibel.

Die Rutenlänge muss mit dem Gewässer harmonieren. Übliche Längen liegen zwischen 2,45–2,75 Metern. Die Längen der Ruten werden auch häufig in der Maßeinheit foot (ein „ft." entspricht 30,5 Zentimetern) angegeben.

Für einen kleinen Bach mit einer Breite von nur wenigen Metern ist eine kurze Rute von zirka 2,10–2,60 Metern Länge gut geeignet. Ist der schmale Bach im Uferbereich aber mit hohem Bewuchs gesäumt, kann auch eine Rute von 2,75 Metern eine gute Wahl sein. Diese Länge ist auch für größere Gewässer gut geeignet. Sie erleichtert die Schnurführung deutlich.

Eine häufig gewählte Schnurklasse ist die Klasse 7 oder 8. Diese wird an der Ostseeküste und in Flüssen auf Meerforellen, aber auf Hecht auch in Seen, Flüssen und Kanälen gewählt. Sie hat Kraft genug, um auch große Fliegen befördern zu können, Distanzwürfe zu leisten und auch kapitaleren Fischen Paroli zu bieten. Selbst zum leichten Lachsfischen kann sie schon eingesetzt werden. Ein kleiner Knauf aus Kork (Fightingbutt) am Rutenende ist typisch. Die Rutenlänge in diesen Klassen liegt bei 2,75–3,05 Metern.

Die Schnurklasse 9 und 10 ist typisch für Lachsruten und wird meist als Zweihand-

Kompromiss

Müssen Sie sich zu Beginn auf eine „Kompromissrute" einlassen, ist die Anschaffung einer 6/7er Rute mit 9 ft. ratsam. Ansonsten sind die genannten „Universalruten" eine bessere Wahl.

▶ Lachsfischen mit der Zweihandrute – spannendes Angeln in Nordeuropa

▶ Bei Wind und Welle: Meerforellenfischen an der Ostsee mit der Fliege ist erfolgsversprechend.

rute gefischt. Bei der Zweihandrute befinden sich beim Werfen beide Hände an der Rute. Die Wurfhand kann sowohl die sein, die oberhalb der Rolle auf dem Griff liegt, als auch die, die unterhalb an oder auf dem Kork liegt. Diese Ruten sind meist zwischen 3,60–4,50 Meter lang.
Noch kräftigere Ruten werden zum Fischen in Europa nicht gebraucht. Rutenklassen jenseits der Klasse 11 werden für das „Little Big Game"-Fliegenfischen angeboten.
Universalruten sind:
- Zum Forellen- und Äschenfischen eine Rute der Klasse 5 mit einer Länge von zirka 2,60 Metern (8,6 ft.).
- Zum Hecht- und Meerforellenfischen sowie zum leichten Lachsfischen auf kleine Lachse eine Rute der Klasse 8 in einer Länge um 2,75 Meter. (9 ft.)
- Zum Lachsfischen eine Zweihandrute der Klasse 9 in einer Länge von etwa 4,30 Metern (14 ft.)

Der gegenwärtige Trend geht zur leichteren Rute. Dies macht aber nur für sehr erfahrene Fliegenfischer Sinn. Eine der Fischart unterkalibrierte Rutenklasse kann dazu führen, einen Fisch unnötig lange zu drillen – mit der Konsequenz, ihn eher zu verlieren oder ihn künstlich lange zu quälen. Im Extremfall gefährden Sie auch Ihr Gerät, indem die Schurverbindungen reißen, die Rute bricht oder die Bremse der Rolle Schaden nimmt.

Schnur und Vorfach

Der Fliegenschnur kommt eine besonders wichtige Rolle zu: Sie muss es in der Kombination mit der Rute zum einen schaffen, die Fliege auf die nötige Distanz zu bringen und zum anderen mit einem harmonischen Abrollen die Fliege sanft präsentieren zu können. Beides gelingt ihr nur, weil sie einen speziellen Aufbau (Taper) hat, ein Gewicht darstellt und eine glatte Oberfläche hat, die das Werfen und Präsentieren erleichtert.

Kategorisiert man Schnurtypen, so kann man von zwei Typen sprechen: Weight-forward (WF-)Schnüre und Dobbeltaper-Schnüre (DT). Die WF-Schnüre werden auch als Keulenschnur bezeichnet, da die Form, das sogenannte Taper, einer Keule gleicht. Gliedert man diesen Schnurtyp weiterhin in gängige Unterkategorien, so kann man ihn noch in Triangel-, Longbelly- und Schusskopfschnüre unterteilen. Letztere bestehen aus zweit separaten, mit Schlaufen versehenen Teilen: dem Schusskopf und der Runningline.
Das Gewicht wird nicht in Gramm ausgedrückt, sondern amerikanische Hersteller haben ein eigenes Gewicht zugrunde gelegt, das auf Basis der Maßeinheit „grain" basiert und mit „AFTMA" abgekürzt wird. AFTMA steht für „American Fishing Tackle Manufacturer Association". Definiert wird das Gewicht auf den ersten 9,14 Metern. Zwei Beispiele mögen dies praktisch verdeutlichen: Eine Schnur der AFTMA-Klasse 5 wiegt 140 grain, das entspricht 9,10 Gramm, eine AFTMA-Klasse 8 hat 210 grain auf den ersten Metern, was rund 13,6 Gramm entspricht. Vorfach und Fliege sind dabei nicht mit eingerechnet.

Fliegenschnüre werden in schwimmende (Floating), sinkende (Sinking) und Sink-Tip-Schnüre (Floating und Sinking in Kombination) unterteilt. Sink- und Sink-Tip-Schnüre werden zudem in verschiedenen Sinkraten angeboten. Dies beginnt mit Hover-Schnüren, diese sinken nur äußerst langsam und kleben fast unter der Oberfläche. Intermediate-Schnüre sinken dagegen etwas tiefer unter die Oberfläche.

Das Farbspektrum von Fliegenschnüren reicht von grau bis leuchtend orange. Während die meisten Sinkschnüre gedeckte Farben haben, sind Trockenschnüre oft auffällig. Den Fisch scheint dies nicht groß zu beunruhigen. Er schaut gegen die Wasseroberfläche und nimmt die Farbe nicht notwendigerweise so wahr, wie wir

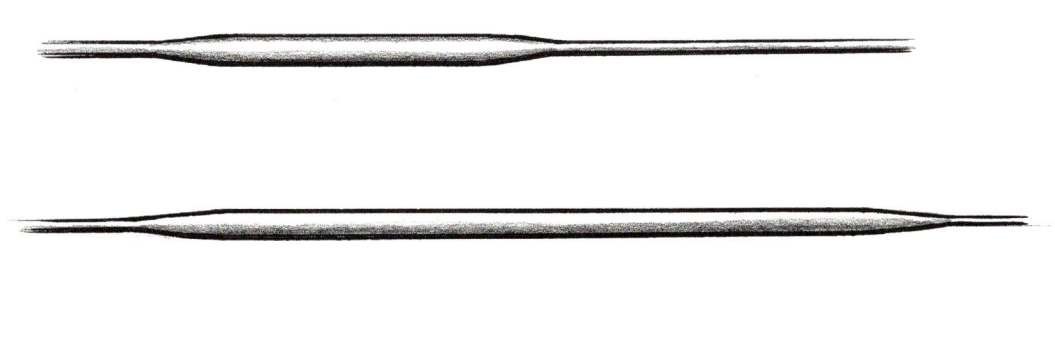

◀ Fliegenschnurprofile im Überblick: WF-Schnur, DT-Schnur, Schusskopf und Runningline (von oben nach unten)

Fliegenfischen

sie sehen. Vielmehr sieht er einen dunklen Strich.
Transparente Schnüre sollen eine geringere Scheuchwirkung haben, lassen sich aber schlechter beim Werfen und Fischen durch

Lieblingsfarbe

Wählen Sie eine hochwertige, schwimmende WF-Schnur in der Farbe Ihres Geschmacks, die Sie beim Werfen und Fischen gut sehen können. Pflegen Sie die Schnur regelmäßig! Sinkschnüre werden selten genutzt, meist reicht es aus, eine Trockenschnur mit einem sinkenden Vorfach zu kombinieren.

▶ Die Maifliege ist dir größte Eintagsfliegenart und ein beliebter Happen für Forellen und Äschen

▶ Steigen Fische, ist eine Trockenfliege die richtige Wahl

den Angler verfolgen. Die Länge einer Standard-Fliegenschnur beträgt rund 30 Yards, also umgerechnet 27 Meter. Verlängert wird diese Schnur durch eine dünne Nachschnur: das Backing. Diese selbst kann nicht geworfen werden. Geschickte Werfer schaffen es aber, die gesamte Fliegenschnur plus einige Meter Backing mit hinausschießen zu lassen. Die Hauptfunktion des Backings liegt vielmehr darin, bei kampfkräftigen Fischen eine Schnurreserve zu haben und – damit die Hauptschnur als Basis auf der Rolle einen nicht zu geringen Durchmesser hat – um diese aufzufüllen. Die Menge des Backings geben die Rollenhersteller meist sehr großzügig bemessen an.

Neue Schnüre verfügen über eine hohe Schussfreudigkeit. Beim Werfen gleiten sie glatt durch die Ringe. Mit der Zeit sammelt sich jedoch ein dünner Schmutzfilm auf der Oberfläche der Schnur, der das Werfen nach und nach erschwert. Um die Schnur wieder zu glätten, gibt es im Handel flüssige Schnurpflege. Einfach einige Tropfen auf einen nicht fusselnden Lappen geben, die Schnur durch den Lappen ziehen und etwas trocknen lassen, und sie wirft sich wieder wie neu.

Vorfächer, die die im Durchmesser kräftige Schnur mit der Fliege verbinden, müssen sich zur Fliege hin stark verjüngen. Auch diese gibt es von schwimmend bis stark sinkend. Bei den meisten angebotenen Vorfächern können die Spitzen bequem ausgetauscht werden. Der Markt bietet eine Vielzahl von Spitzenmaterial an, das zum Fliegenfischen geeignet ist. Übliche Stärken des Spitzenmaterials sind zum Beispiel 0,12–0,18 Millimeter für Forellen, Äschen und Weißfische. Für Meerforellen wählt man die Stärke 0,25 Millimeter und

Lachse benötigen einen größeren Durchmesser von mindestens 0,35 Millimetern an der Vorfachspitze. Sind große Lachse zu erwarten, geht die Spitze auch auf 0,45 und mehr Millimeter.
Vorfächer und Backing können mit einer im Handel erhältlichen Schlaufe an der Schnur befestigt werden. Für Hechte werden spezielle Vorfächer angeboten.

Die Rolle

Fliegenrollen muten, gemessen an der aufwendigen Konstruktion einer Stationärrolle, teilweise recht einfach an. Dies ist durch ihre Funktion zu erklären: Sie ist in erster Linie ein Aufbewahrungsort für die Schnur. Man wirft die Schnur beim Fliegenfischen nicht von der Rolle, sondern legt sich schon vor dem Wurf die Wurflänge aus und zieht nur während des Werfens gegebenenfalls mehr Schnur ab. Nimmt der Fisch die Fliege und zieht an der Schnur, lässt man die überschüssige Schnur durch die Finger gleiten oder rollt diese auf. Ansonsten wird die Schnur auch beim Einstrippen der Fliege durch die Hände geführt und entweder vor einem selbst abgelegt oder besser noch in Klängen gehalten. Im Drill kann, besonders bei kleineren Fischarten, ohne die Rolle gedrillt werden. So gibt es auch bei den meisten Rollen keine Übersetzung, alles läuft eins zu eins. Ist der Fisch kampfkräftig, wird nach dem Anhieb die lose Schnur aufgerollt und über die Rolle und deren Bremse gedrillt. Einige Rollen ermöglichen das Bremsen zusätzlich manuell: Man legt die Hand von unten an die überlappende Spule und bremst mit dem Handballen. Während bei kleineren Rollen deshalb häufig eher Hemmungen statt Bremsen montiert sind, damit die Schnur im Fall einer Flucht nicht überläuft und die Rolle blockiert, sind bei Rollen der mittleren und oberen Klasse die Bremsen wichtiger und häufig auf der Rückseite über ein Rädchen einstellbar. Antirevers-Fliegenrollen sind erhältlich, haben sich aber bisher nicht durchgesetzt.

Neben der Schnuraufnahme hat die Rolle aber durchaus noch andere Funktionen: Sie soll die Rute und Schnur beim Werfen ausbalancieren. Das tut sie allein schon durch ihre Position, denn sie ist am unteren Ende der Rute angebracht.

Zwei grundsätzliche Formen bestimmen das Erscheinungsbild der Rolle: Die Großkernrolle und die traditionelle Form. Die Großkernrolle hat einen großen Durchmesser, rollt die Schnur schneller ein und mindert das Kringeln der Fliegenschnur. Die traditionelle Form weist einen geringeren Durchmesser der Spule auf und ihr Kern kann mit einer größeren Menge Backing gefüllt werden.

Bekleidung und Zubehör

Fliegenfischen ist nicht nur durch die Rute ein gewichtmäßig leichtes Fischen, sondern auch die Ausrüstung ist eher sparsam. Einige wenige Dinge sollten aber

▲ Klassische und moderne Fliegenrollenkonstruktionen. Rollen sollten der Ruten- und Schnurklasse angepasst sein.

Fliegenfischen

▶ Fliegenfischer brauchen nur wenig Ausrüstung – die meisten Dinge passen in eine Fliegenfischerweste und sind immer am Mann

Atmungsaktiv

Das Fliegenfischen ist ein sehr aktives, bewegungsreiches Fischen, deshalb ist atmungsaktive Watkleidung sehr zu empfehlen.

neben Fliegenboxen, Vorfächern und Vorfachmaterial unbedingt in der Fliegenweste mitgeführt werden: Unverzichtbar sind Fliegendosen, ein Schnurclip und eine handliche Arterienklemme. Am besten werden diese im Brustbereich der Weste griffbereit an ausziehbaren Rollen befestigt. Werden Trockenfliegen gefischt, sollte ein Schwimmpräparat mitgeführt werden, das noch vor dem ersten Wurf in die Fliege einmassiert wird. Ein Amadou saugt die Nässe aus der Trockenfliege. Auch Vorfächer und Vorfachspitzenmaterial gehören in die Weste. Ein kleiner Priest zum waidgerechten Abschlagen sollte nicht fehlen. Eine Polarisationsbrille hilft nicht nur beim Ausmachen von Fischen und beim Erkennen des Untergrundes, sondern sie schützt auch vor zu starkem Sonnenlicht beim Wurf.
Ein handlicher Kescher mit knotenlosem Netz rundet die Ausrüstung sinnvoll ab. Für das Fischen am Meer oder vom Boot eignet sich ein Schnurkorb, der am Gürtel getragen wird. Die Schnur wird in diesen eingestrippt und schießt beim neuerlichen Werfen einfach heraus.

Reisen und Reviere

Viele Fliegenfischer müssen oder wollen reisen, um in den beeindruckenden Gewässern rund um den Globus prächtige Fische fangen und grandiose Landschaften erleben zu können. Nicht jeder hat einen Forellenbach, einen See voller Hechte oder die Ostsee vor der Tür. Die Alpenanrainer haben viele traumhafte Salmonidengewässer mit guten Forellen und Äschenbeständen – und zum Teil sogar ein Huchenvorkommen. Norwegen, Irland, Island, Schweden und zunehmend auch Dänemark bieten gute Lachsgewässer. Meerforellen im Süßwasser sind in Skandinavien gut zu fangen, während besonders in Norddeutschland, Dänemark und Schweden die Meerforelle in der Ostsee viele Fliegenfischer lockt.
Den gefangenen Fisch mit den Reisekosten aufzurechnen, macht keinen Sinn. Es zählt das Gesamterlebnis.

Andere Arten

Viele Angler zögern damit, mit dem Fliegenfischen zu beginnen, da ihnen das „richtige Gewässer" dazu fehlt. Wenn das Fliegenfischen aber nicht nur auf Salmoniden betrieben wird, erweitern sich die Chancen um ein Vielfaches.

Fliegenfischen auf einen Blick

Die Methode	Das Fliegenfischen gilt seit jeher als Königsdisziplin des Angelns überhaupt. Die Faszination liegt im Einklang des Fischers mit der Natur und seinem Material. Es ist spezielle Ausrüstung erforderlich: Rute, Rolle, Köder, Wurftechnik – nichts ist mit anderen Angelmethoden vergleichbar. Vor allem der Köder, die sogenannte Fliege, mutet oft wie ein kleines Kunstwerk an. Ihre Herstellung ist ein geschätztes Handwerk mit langer Tradition.
	Es ist gleichermaßen vom Ufer beziehungsweise im Bach stehend wie auch vom Boot aus möglich und handelt sich um eine Angelmethode für den Nahbereich. Wurfweiten von durchschnittlich 10–20 Metern sind typisch. Es gibt verschiedene Wurftechniken, die sich erheblich von denen anderer Angelmethoden unterscheiden, jedoch reicht für den Anfang der in diesem Buch beschriebene Überkopfwurf völlig aus.
Die Rute	Fliegenruten sind elegante, leichte Ruten. Sie sind im Verhältnis zu anderen Ruten recht kurz, damit trotz Ufervegetation gut geworfen werden kann. Der Rollengriff befindet sich, im Unterschied zu anderen Angelruten unter dem Handgriff.
Rolle & Schnur	Die Fliegenrolle ist einer reiner Schnurspeicher, daher wirkt sie gegen aufwendige Stationärrollen recht einfach. Die aufgespulte Fliegenschnur ist ziemlich schwer, weil sie das einzige Wurfgewicht beim Fliegenfischen bildet.
Fliegen	Man unterscheidet zwischen Imitationen natürlicher Lebewesen und meist grellen, unnatürlich aussehenden Reizfliegen.
	Als Imitationen gelten:
	Trockenfliegen – Sie werden auf der Oberfläche angeboten und imitieren Landinsekten, die sich z. B. zur Eiablage an der Wasseroberfläche aufhalten.
	Emerger – Sie werden an der Oberfläche oder dicht darunter angeboten und sollen z. B. aufsteigende Larven nachahmen.
	Streamer – Sie imitieren kleine Fische (oder Fantasieinsekten) und sinken etwas tiefer unter die Oberfläche.
	Nassfliegen – Sie sinken nur wenig unter die Oberfläche und ähneln aber keinem realen Tier.
	Reizfliegen sind z. B. Lachsfliegen oder Meerforellenfliegen und tragen die Fischart, die damit häufig gefangen wird, im Namen.

Infoline

Liebe Leser und Petrijünger

Allen Freunden und Bekannten, die in unterschiedlichster Form zur Realisierung dieses Buches beigetragen haben, möchte ich an dieser Stelle herzlich Danken! Denn obwohl das Schreiben eines Buches oftmals eine recht einsame Absicht darstellt, kommt man als Autor kaum ohne Hilfe aus.
Ganz besonderer Dank gilt meinen beiden Gastautoren Tobias Norff und Carsten Scharf, die jeweils aus ihren Fachgebieten zu diesem Werk in Form von Text, Bildern und viel Know-how beitrugen. Meinem Lektor Ben Boden, der mir bei der Manuskriptüberarbeitung unermüdlich zur Seite stand, danke ich ebenso.
Aber auch allen anderen gilt mein Dank, die mich durch Zuspruch, fachliche Unterstützung oder durch exklusives Bildmaterial vorantrieben, dieses Projekt zu verwirklichen. Dies waren (in alphabetischer Reihenfolge): Oliver Dohm, Arnulf Ehrchen, Stephan Hauschildt, Robin Illner, Sven Jakob, Jason Johanesson (USA), Ronnie Johansson (Schweden), Thomas Kemper, Frank Naubereit (BAC), Jürgen Proske, Christoph Reinecke, Nils Rentmeister, Timo Schneider, Torsten Stegmann, Burkhard Wagner, Thomas Wendt, Mike Zoellner. Und selbstverständlich danke ich meinen mit Begeisterung angelnden Kindern Dennis und Julia und meiner wunderbaren Frau Susanne, die mich in meinem Hobby stets unterstützt hat.

Ich hoffe, dass ich mit dieser Unterstützung für Sie ein Werk geschaffen habe, welches für viele Jahre Einsteigern und auch Fortgeschrittenen als Standardwerk der deutschen Angelliteratur dient. Falls Sie sich für ständig aktuelle Angelfotos interessieren, möchte ich Ihnen noch den Besuch meiner Homepage www.angelfoto-archiv.de ans Herz legen

Petri Heil

Ihr Florian Läufer

Florian Läufer wurde 1970 geboren und beschäftigte sich seit frühester Jugend mit der Angelei. Begonnen hat er mit dem Wettkampf-Angeln, was aber durch die Verpflichtung zur Tötung des gesamten Fangs ein Ende fand. Im Laufe der Zeit hat er sich zu einem bekannten Allrounder entwickelt, mit Hang zum Exotischen, so konnte er Fische auf nahezu allen Kontinenten der Erde fangen, woraus auch sein Bildband Faszination Angeln entstand. Seit einigen Jahren ist er ständiger Mitarbeiter der Fachzeitschrift „Rute & Rolle"

Zum Weiterlesen

Angelpraxis

Bailey, John
Das Kosmos Buch vom Angeln, 2007
Für 4 Millionen Angler allein in Deutschland: der Bailey zum Schnäppchenpreis! Alle Themen werden umfassend behandelt, sodass nicht nur Einsteiger, sondern auch erfahrene Angler noch dazu lernen können. Vom Angeln mit Naturködern über das Spinnfischen bis hin zum Fliegenfischen und Meeresangeln ist in diesem Werk alles enthalten.

Boden, Ben
Angeln – Der Einstieg, 2007
4 Millionen Angler in Deutschland – Tendenz steigend! Wer in diesem Hobby schnell und erfolgreich Fuß fassen will, braucht kompetente Anleitung. Dieser moderne, umfassende Ratgeber deckt alle Bereiche des Angelns ab: Ob Ernährung der Fische, Einsteiger-Ausrüstung, Meeresangeln oder Fliegenfischen – hier wird alles ausführlich und nachvollziehbar gezeigt und erklärt.

Bronk, Karsten
Deutschlands beste Angelgewässer, 2008
Deutschland besitzt mehr fischereiliche Perlen, als die meisten Petrijünger ahnen! Dieses Buch stellt weit über 100 Gewässer aus Deutschland vor. Und selbst wer über die Landesgrenzen hinaus sucht, findet die besten Gewässertipps für Österreich und die Schweiz.

Bronk, Karsten
Das 1 mal 1 des Fliegenfischens, 2009
Das Fliegenfischen boomt und deswegen gibt es nun einen modernen Ratgeber für Einsteiger. Der ambitionierte Angler erfährt hier, welche Geräte er zum Einstieg benötigt, welche Würfe man zu Beginn beherrschen sollte und wie die richtige Fliege ausgewählt wird. Schnell merkt der interessierte Angler, dass auch Fliegenfischen kein Hexenwerk ist. Hinweise, die einen verblüffend geringen Aufwand benötigen, führen dazu, dass Fliegenfischen so einfach wie nie zuvor beschrieben wird.

Gutjahr, Jan
ABC der Angeltechniken, 2009
Mit der richtigen Angeltechnik hat jeder gute Chancen, über kurz oder lang seinen Fisch zu fangen. Aber welche Technik ist für welchen Fisch die richtige und welche Geräte benötigt man? Der aus der Fachpresse bekannte Angelprofi Jan Gutjahr zeigt Ihnen, wie Sie mit überschaubaren finanziellen Aufwand zum sicheren Fangerfolg kommen.

Janitzki, Andreas
1 mal 1 des Angelns, 2009
Manch ein Einsteiger hat sich schon im Überangebot an Angelausrüstung und in der Fülle der verfügbaren Angeltechniken verwirrt. Angelprofi Andreas Janitzki verrät Ihnen, was Sie für Ihre Ausrüstung wirklich brauchen. Und er sagt Ihnen, wie, wann und wo Sie Ihr Gerät erfolgbringend einsetzen.

Löw, Thorsten
Beißt nicht gibt's nicht, 2009
Kapitale Karpfen, gewaltige Waller, glasäugige Zander, pfeilschnelle Hechte – alles kein Hexenwerk. Jeder Angler, ob Einsteiger oder Profi, kann mit dem richtigen Know-how sehr erfolgreich große Fische fangen. Dieses Buch verrät Ihnen: Wo Karpfen ihr Futter suchen, wann Schleien am besten beißen und wo der Hecht auf Beute lauert. Damit auch für Sie bald gilt: „Beißt nicht gibt's nicht"

Strehlow, Jörg
Zander angeln, 2009
Binnen kurzer Zeit ist dieses Buch bereits zu einem Klassiker geworden. Aktualisiert und erheblich erweitert, erscheint es noch attraktiver im größeren Format – und das bei unverändertem Preis! Und wie zuvor, hilft es mit zahlreichen Tipps und Tricks, in Sachen Technik und Taktik, vielen Anglern bei der Jagd nach Zandern, denn: Deutschlands erfolgreichster Zanderangler verrät jetzt noch mehr Tricks.

Unterhaltung

Bailey, John
Angebissen – ein angelnder Weltenbummler erzählt, 2002
Angeln ist eine Leidenschaft! Von Kindesbeinen an kann John Bailey der Faszination des Wassers und seiner Bewohner nicht widerstehen. Seine Angelreisen führen ihn von den heimischen Gewässern in die ganze Welt.

Bartelt, Peter
Am Wasser, 2008
Seen im nebligen Sonnenaufgang, spektakuläre Drillszenen – wunderschöne Bilder entstehen vor dem geistigen Auge des Lesers. Tauchen Sie mit ein, in die Faszination dieses Hobbys.

Eilts, Joachim
Vom Glück verfolgt..., 2007
33 Geschichten aus aller Welt, Angelabenteuer die in Afrika, Kanada, Norwegen und auch im Rest der Welt spielen! Ein Leckerbissen für jeden Petrijünger! Herzerfrischend, bildhaft und kurzweilig! Die Nase im Wind, Salz auf den Lippen und eine gebogene Rute ... Leser, die es schaffen, das Buch beiseite zu legen, haben nur noch einen Wunsch: angeln gehen! Raus in die Natur, ab ans Wasser!

Adressen

Deutschland

Deutscher Anglerverband e.V. (DAV)
Hausburgstr. 13
10249 Berlin
Tel. 030-42 72 975
oder –42 60 113
Fax 030-42 69 135

Verband Deutscher Sportfischer e.V. (VDSF)
Siemensstr. 11 – 13
63071 Offenbach a.M.
Tel. 069-85 50 06
Fax 069-87 37 70

Leibniz-Institut für Gewässerökologie und Binnenfischerei im Forschungsverbund Berlin e.V.
Alte Fischerhütte 2
OT Neuglobsow
16775 Stechlin
Tel: 033082 699 0
Fax: 033082 699 17

Bayrische Landesanstalt
Für Landwirtschaft (LfL)
Institut für Fischerei (IFI)
Weilheimer Str. 8
82319 Starnberg
Tel. 08151-2692-0
Fax. 08151-2692-170

Österreich

Verband österr. Arbeiter Fischerei Vereine
Lenaugasse 14
1080 Wien
Tel. 01-40 32 176
oder 40 39 754
Fax 01-40 32 120

Österr. Sport und Fischereiverband
Laudongasse 16
1082 Wien
Tel. 01-40 84 629

Schweiz
Schweizerischer Fischereiverband
Sekretariat
Vordergasse 30
8200 Schaffhausen
Telefon 052 624 5044, Fax 052 624 51 43

Angelzeitschriften

Angelwoche
Troplowitzstraße 5
22529 Hamburg

Blinker
Troplowitzstraße 5
22529 Hamburg

Fisch & Fang
Erich-Kästner Str. 2
56379 Singhofen

Der Raubfisch
Erich-Kästner Str. 2
56379 Singhofen

Rute & Rolle
Hellgrundweg 109
22525 Hamburg

Angeln im Internet

www.angeln.de
www.angeln-24.de
www.angelfoto-archiv.de
www.angeltreff.org
www.anglerzentrale.de
www.angler-online.de
www.angelwoche.de
www.anglerverband.com
www.angelsuchmaschine.de
www.angel-ussat.de
www.angelwelt.de
www.blinker.de
www.boilie.de
www.carp.de
www.carpermania.eu
www.carpmirror.de
www.cipro.de
www.der-angler.de
www.fischerpruefung.de
www.fischerweb.ch
www.fisch-hitparade.de
www.fischinfos.de
www.fischundfang.de
www.lfl.bayern.de
www.raubfisch.de
www.sfv-fsp.ch
www.sonntagsangler.de
www.vdsf.de
www.watersportcentrale.eu
www.wurmbader.de
www.xxl-angeln.de

Register

Aal	113f., 122f., 145f.	Fischen mit der freien Leine	57ff.
Aalangeln	113f., 122f.	Fischboilies	83
Abriebfestigkeit	16f.	Fleischmaden	64f.
Affenkletterer	46	Fliege	185ff., 195
AFTMA	191	Fliegenfischen	180ff., 195
Aktion	10f.	Fliegenrolle	193
Aland	84	Fliegenrute	188f.
Allroundausrüstung	9	Fluchtmontage	51ff., 63
Allroundfutter	81	Flussbarsch	146ff.
Anfüttern	32ff., 77ff.	Forellen	148ff.
Anhieb	50, 94ff.	Forelli-Boilies	82
Arterienklemme	26, 98	Friedfisch	84ff.
Ausloten	32ff.	Friedfischangeln	6ff., 63
Austarieren	21f.	Friedfischköder	64ff.
		Frontbremse	14
Bachforelle	148ff.	Froschimitation	136
Barbe	85	Futterkorb	24f., 48ff.
Barsch	112, 146ff.	Futterkorbangeln	48ff., 63
Barschangeln	112	Futterkorbrute	47ff.
Barschgriff	142f.	Futtermais	72
Bauchgriff	143	Futtermehl	77f., 80
Bebleiung	40ff.	Futterrezepte	81ff.
Beifänger	162f.		
Biegekurve	10	Geflochtene Schnur	15f.
Bienenmaden	65	Gelbschwanzwürmer	67
Birdfoodboilies	83	Gewässerwahl	28ff.
Birnenblei	22ff.	Graskarpfen	88
Blei	22f., 40ff., 43, 135	Groundbaiter	35
Blinker	131f.	Grundangeln	43ff., 63, 139, 118ff.
Bohnen	73	Grundblei	43f.
Boilie	35, 76, 82ff.		
Bojenmontage	116f., 139	Haarmethode	51ff.
Bolognese-Rute	42	Haken	17f.
Bootsangeln	167, 179	Hakenlöser	26, 94ff., 98f.
Brandungsangeln	170ff., 179	Hanfsaat	70
Brasse	86	Hecht	104ff., 118ff., 150f.
Brot	74	Hechtangeln	104ff., 118ff.
Buhne	31	Heckbremse	14
		Hering	174f.
Caster	65	Heringsangeln	174f.
Castingboom	23f.		
Chirurgen-Knoten	19	Jerkbait	130f.
Clinch-Knoten	19	Jiggen	163
Dendrobena	69	Karpfen	90ff.
Döbel	87	Kartoffel	71
Doppelter Grinner-Knoten	19	Käse	75
Dobbeltaper-Schnüre	191	Kescher	25, 140
Dorsch	167	Kichererbsen	72
Dosenmais	70	Kiemengriff	141f.
Doublette	163	Klemmblei	21ff.
Drift	163f.	Knoten	18ff.
Drill	95f.	Knotenfestigkeit	15
Durchlaufblei	22f.	Köder	64ff., 69ff., 129ff., 136ff., 170ff.
		Kunstköder	129ff.
Echolot	33, 108	Kunstköderangeln	124ff., 139
Einhängebiss-anzeiger	24	Küstenangeln	170ff., 179
Emerger	186, 195	Kutterangeln	160f., 179
Erdnüsse	71		
		Lachsfliege	186
Feederrute	47ff.	Landung	96ff., 140ff.
Festbleiangeln	51ff., 63	Laubwürmer	67
Feststehende Pose	20f.	Laufblei	22f.

Register

Laufbleimontage	44	Schrotblei	21ff.
Laufpose	20ff.	Schwimmbrot	59
Lippengreifer	144	Seeringelwürmer	170f.
Lockfutter	24	Selbsthakmontage	51ff., 63
Lotblei	32ff.	Segelpose	108
Loten	32ff.	Sichtköder	182
		Sink-(Tip)-Schnur	191
Maden	24	Spezialköder	137f.
Madenkorb	25	Spinner	132f.
Madenpuppen	65	Spinnerbait	136
Matchangeln	38	Spinnfischen	124f., 139, 176ff.
Matchpose	37f.	Spinnrute	127f.
Meeresangeln	158ff., 179	Splitcane-Rute	188
Meerforelle	148ff.	Spule	12f.
Meerforellenfliegen	186	Spulenachsenknoten	20
Mehlwürmer	67	Stationärrolle	12
Mistwürmer	67	Steckrute	10f.
Molenangeln	173, 179	Steg	11
Monofile Schnur	16	Stickpose	39
		Stipppose	37
Nackengriff	141	Stipprute	42
Nassfliegen	186, 195	Stopperknoten/-perle	19, 21f.
Naturköder	170ff.	Streamer	186, 195
No-Knot-Knoten	19	Strömungsfutter	81
Nudeln	75	Supermarkt-Boilies	82
Nussboilies	84		
		Tauwurm	68
Oberflächenangeln	57ff., 63	Teborlarve	66
Oberflächenköder	136ff.	Teigköder	74
		Teleskoprute	10
Palomar-Knoten	19	Testkurve	55
Partikelköder	69ff.	Tierische Köder	64ff.
Paternoster	161	Tigernüsse	73
Pellets	79	Tiroler Hölzchen	44
Pendelbissanzeiger	46	Tragkraft	15ff., 39
Pilker	162ff., 165	Trockenfliegen	185f., 195
Pinkies	64	Tropfenblei	41f.
Plättchenhaken-Knoten	20	Unterfangkescher	25
Plattfisch	167f.		
Polarisationsbrille	57	Vorfach	17f., 46, 190f.
Popper	136		
Pose	20ff., 36ff.	Wachsraupe	66
Posenangeln	36ff., 63, 104ff., 139	Wallergriff	143f.
		Wattwürmer	170f.
Rapfenblei	137, 152	Weichplastikköder	133ff.
Raubfischangeln	100ff., 139	Weightforward-Schnüre	191
Regenbogenforelle	148ff.	Weizen	70
Reizfliege	186f.	Wels (Waller)	114ff., 123, 154f.
Rolle	12ff., 195	Welsangeln	114ff., 123
Rollenbremse	12ff.	Winkelpickerrute	47, 63
Rotation-Beads	173	Wirbel	20, 128
Rotauge	89	Wobbler	129f.
Rotfeder	90	Wolkenbildendes Futter	81
Rotwürmer	67	Wurfgewicht	10f., 55
Rute	10f., 42, 47f., 110, 127f., 188f.		
Rutenring	11	Zander	110f., 120ff., 156f.
Rutenständer	17	Zanderangeln	110f., 120ff.
		Zocker	137f.
Saiblinge	148ff.	Zuckmückenlarve	66
Schlaufenverbindung	19	Zweihandrute	188
Schleie	92f.	Zwei-Stegring	11
Schleppangeln	108f., 139, 168f.		
Schnur	15f., 190f.		
Schnurinnenführung	109f.		

Bildnachweis

Mit 231 Fotos von Florian Läufer und 4 Fotos von Burkhard Wagner: (Seiten 25, oben; 30, oben; 126, oben; 149, oben); 3 Fotos von Thomas Kemper: (Seiten 72; 76, links; 84); 2 Fotos von Robin Illner: (Seite 85); 1 Foto von Ben Boden: (Seite 91); 5 Fotos von Arnulf Ehrchen: (Seiten 104, 150; 167, unten; 175); 3 Fotos von Torsten Stegmann: (Seiten 114; 153, unten, 156); 29 Fotos von Tobias Norff: (Seiten 129, links; 148,oben; 161-166; 167, oben; 168 – 174; 177; 178,rechts); 1 Foto von Jürgen Proske: (Seite 132, unten); 2 Fotos von Timo Schneider: (Seite 176) und 21 Fotos von Carsten Scharf: (Seiten 182 – 194)

29 Illustrationen von Kay Elzner und 2 von Frank Schleidt: (Seiten 10 und 163)

Unser gesamtes lieferbares Programm und viele weitere Informationen zu unseren Büchern, Spielen, Experimentierkästen, DVD, Autoren und Aktivitäten finden Sie unter **www.kosmos.de**

Impressum

Umschlaggestaltung eStudio Calamar unter Verwendung der Aufnahmen von Florian Läufer.

Mit 306 Fotos und 31 Illustrationen

Gedruckt auf chlorfrei gebleichtem Papier

©2009, Franckh-Kosmos-Verlags-GmbH & Co. KG, Stuttgart
Alle Rechte vorbehalten
ISBN 978-3-440-11647-0
Redaktion: Ben Boden
Produktion: Die Herstellung
Satz/Repro: Medienfabrik GmbH
Printed in Germany /
Imprimé en Allemagne

Alle Angaben in diesem Buch erfolgen nach bestem Wissen und Gewissen. Sorgfalt bei der Umsetzung ist indes dennoch geboten. Der Verlag, der Autor und die Herausgeber übernehmen keinerlei Haftung für Personen-, Sach- oder Vermögensschäden, die aus der Anwendung der vorgestellten Materialien und Methoden entstehen könnten. Dabei müssen geltende rechtliche Bestimmungen und Vorschriften berücksichtigt und eingehalten werden.

KOSMOS.
Immer ein guter Fang.

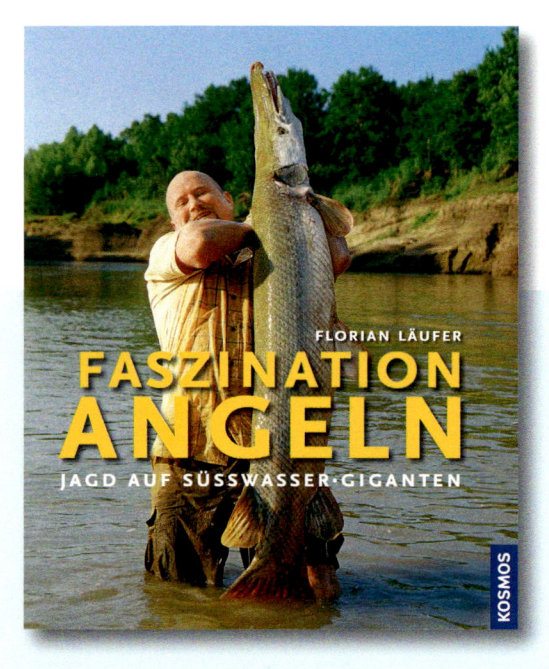

Florian Läufer | Faszination Angeln
144 S., 172 Abb., €/D 29,90
ISBN 978-3-440-10885-7

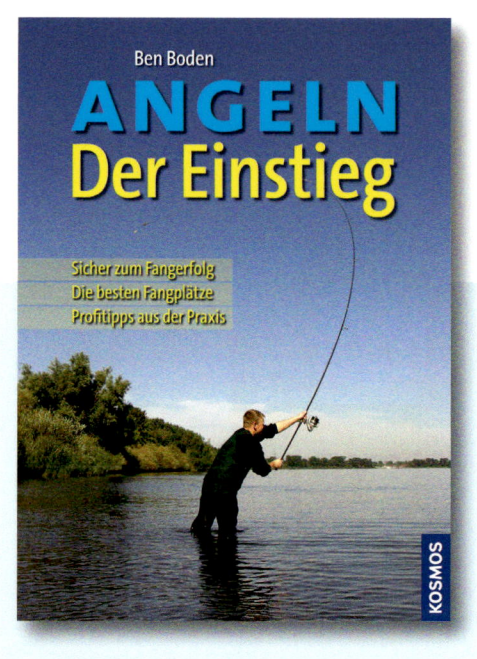

Ben Boden | Angeln – Der Einstieg
144 S., 226 Abb., €/D 19,95
ISBN 978-3-440-11131-4

Beute und Abenteuer

Angeln – Hobby ohne Grenzen. Auf der ganzen Welt wartet das Abenteuer auf den Petrijünger, an vielen exotischen Plätzen locken wahrhaft kapitale Fänge. Begleiten Sie Florian Läufer nach Ägypten auf die Jagd nach riesigen Nilbarschen, reisen Sie mit nach Texas, um urzeitlich anmutende Alligator-Hechte zu überlisten, lassen Sie sich faszinieren von gewaltigen Welsen und farbenprächtigen Arapaimas.

Ideal für Einsteiger

Die Jagd auf Hecht, Zander, Karpfen und Co. bietet Spannung und Entspannung zugleich, faszinierendes Naturerlebnis und einfach jede Menge Spaß. Und – Angeln ist kein Hexenwerk, sondern das ideale Hobby für jedermann. Wie überraschend einfach der Weg in die Welt der Petrijünger und zum erfolgreichen Angler ist, zeigt der ausgewiesene Experte Ben Boden.

Traumreviere.
Mehr wissen. Mehr erleben.

Rainer Lauer
Atlas der Angelgewässer Deutschlands
96 S., Kartenmaterial von 255 Angelgewässern
€/D 19,95
ISBN 978-3-440-11528-2

255 Top-Angelgewässer

Geografisch von Nord nach Süd sortiert, bietet dieser Atlas nicht nur 255 Top-Angelgewässer, sondern immer gleich das passende Straßennetz dazu – garniert mit regionalen Infos und kulturellen Highlights. Außerdem: Kartenausgabestellen, Fischbestand, Angeltipps – da bleiben keine Fragen offen!

Karsten Bronk | **Deutschlands beste Angelgewässer**
176 S., 174 Abb., €/D 19,95
ISBN 978-3-440-11096-6

Angelparadies Deutschland

In jedem deutschen Bundesland finden sich Perlen für die Angelfischerei. Man muss aber wissen, wo sich diese Gewässer befinden. Dieses Buch macht die Suche nach einem perfekten Angelgewässer erheblich leichter. Cirka 200 Gewässer in Deutschland und auch Österreich und der Schweiz werden hier vorgestellt und mit jeder Menge Infos zu Besatz und Angelmethode beschrieben.

www.kosmos.de/angeln